三聯學術

著作权所有：© 东大图书股份有限公司

本书中文简体字版由东大图书股份有限公司授权生活·读书·新知三联书店在中国境内（台湾、香港、澳门地区除外）独家出版。

本书中文简体字版禁止以商业用途于台湾、香港、澳门地区散布、销售。

版权所有，未经著作权所有人书面授权，禁止对本书之任何部分以电子、机械、影印、录音或其他方式复制或转载。

钱穆 作品精选

现代中国学术论衡

三联书店

Simplified Chinese Copyright © 2021 by SDX Joint Publishing Company.
All Rights Reserved.
本作品简体中文版权由生活·读书·新知三联书店所有。
未经许可,不得翻印。

图书在版编目(CIP)数据

现代中国学术论衡/钱穆著.—北京:
生活·读书·新知三联书店,2021.7
(钱穆作品精选)
ISBN 978-7-108-07144-6

Ⅰ.①现… Ⅱ.①钱… Ⅲ.①社会科学-研究-中国
Ⅳ.① C12

中国版本图书馆 CIP 数据核字(2021)第 070351 号

责任编辑　冯金红
装帧设计　蔡立国
责任印制　宋　家
出版发行　生活·讀書·新知 三联书店
　　　　　(北京市东城区美术馆东街 22 号 100010)
网　　址　www.sdxjpc.com
图　　字　01-2018-3659
经　　销　新华书店
印　　刷　北京市松源印刷有限公司
版　　次　2021 年 7 月北京第 1 版
　　　　　2021 年 7 月北京第 1 次印刷
开　　本　880 毫米 × 1092 毫米　1/32　印张 10.25
字　　数　180 千字
印　　数　0,001-5,000 册
定　　价　69.00 元
(印装查询:01064002715;邮购查询:01084010542)

目　录

序 / 1

略论中国宗教 / 1

略论中国哲学 / 23

略论中国科学 / 44

略论中国心理学 / 70

略论中国史学 / 105

略论中国考古学 / 161

略论中国教育学 / 173

略论中国政治学 / 198

略论中国社会学 / 219

略论中国文学 / 248

略论中国艺术 / 261

略论中国音乐 / 280

序

文化异，斯学术亦异。中国重和合，西方重分别。民国以来，中国学术界分门别类，务为专家，与中国传统通人通儒之学大相违异。循至返读古籍，格不相入。此其影响将来学术之发展实大，不可不加以讨论。

晚清之末，中国有两大学人，一康有为，一章炳麟。其时已西化东渐，而两人成学皆在国内，未出国门一步。故其学皆承旧传统。康氏主今文经学，章氏则主古文经学。而世风已变，两人虽同治经学，其崇儒尊孔之意实不纯，皆欲旁通释氏以为变。康氏著有《新学伪经考》《孔子改制考》，并自号长素，其意已欲凌驾孔子。其为《大同书》，虽据小戴《礼记·礼运篇》大同一语为号召，但其书内容多采释氏。惟康氏早已致力实际政治，谋求变法维新，故其宏扬释氏者并不显。章氏以为文排满下狱,在狱中读释氏书,即一意尊释,而排满之意则无变。自号太炎,乃尊顾炎武之不仕清廷,而亦显有凌驾顾氏之意。此下著书,皆崇释抑儒,孔子地位远在释迦之下。如其著《国故论衡》,一切中国旧传统只以国故二字括净。《论衡》则仅主批评,不加阐申。故曰中国有一王充,乃可无耻。其鄙斥传统之意,则更昭之矣。惟其书文字艰拗,故其风亦不扬。

章氏去日本,从学者甚众,然皆务专门,鲜通学。惟黄侃一人,最为章氏门人所敬,则以其犹守通学旧轨。康氏门人少,惟梁启超任公一人,早年曾去湘,故亦受湘学影响,知尊湘乡曾氏。先创《新民丛报》,后改为《国风报》。创刊辞中大意谓,国风相异,英法皆然,中国亦当然。其识卓矣。后为欧洲战役史论,叙述当时欧洲第一次世界大战之来源,提纲挈领,要言不烦。如任公,实当为一史学巨擘。惜其一遵师旨从事变法维新之政治活动,未能专心为学,遂亦未臻于大成。

及第一次欧洲战役既毕,任公游欧归来,草为《欧游心影录》一书。大意谓,欧洲文化流弊已显,中国文化再当宣扬。其见解已远超其师康有为游欧归来所草《十三国游记》之上,而亦与太炎大不同。惜任公为学,未精未纯,又不寿,年未六十即辞世,此诚大可惋悼矣。

与梁任公同在北平讲学者有王国维静安。先治西学,提倡《红楼梦》。新文学运动受其影响甚大。然静安终以专治国故，名震一世。当时竞治殷墟龟甲文，而国维教学者，应先通许氏《说文》为基础。可谓当矣。惜静安亦不寿，先任公而卒，亦大堪惋悼。

胡适之早年游学美国，归而任教于北京大学，时任公静安亦同在北平。适之以后生晚学，新归国，即克与任公静安鼎足并峙。抑且其名乃渐超任公静安而上之。盖自道咸以来，内忧外患，纷起迭乘，国人思变心切，旧学日遭怀疑，群盼西化，能资拯救。任公以旧学加入新思想，虽承其师康氏，而所学实有变。适之则径依西学来讲国故，大体则有采于太炎之《国故论衡》。惟适之不尊释。其主西化，亦不尊耶。而其讥评国故，则激昂有更超太炎之上者。独静安于时局政事远离，而曾为宣统师，乃至以留辫投湖自尽。故三人中，适之乃独为一时想望所归。而新文化运动乃竟掩胁尘嚣，无与抗衡。风气之变，亦诚有难言者。

旧学宏博，既需会通，又求切合时宜，其事不易。寻瑕索疵，漫肆批评，则不难。适之又提倡新文学白话文，可以脱离旧学大传统，不经勤学，即成专家。谁不愿踊跃以赴。其门弟子顾颉刚，承康氏托古改制义，唱为疑古，著《古史辨》一书，尤不胫而走，驰誉海内外，与适之齐名。同时有冯友兰芝生，继适之《中国哲学史》首册之后，续为《中国哲学史》一书，书中多采任公诸人批驳胡氏意，其书亦与适之书同负盛名。对日抗战时，余与芝生同在湘之南岳，以新撰《新理学》手稿示余，嘱参加意见。余告以君书批评朱子，不当专限理气一问题。朱子论心性，亦当注意。又其论鬼神，与西方宗教科学均有关，似亦宜涉及。芝生依余意，增《鬼神》一篇。并告余，朱子论心性，无甚深意，故不再及。并在西南联大作讲演，谓彼治哲学，乃为神学。余治史学，则为鬼学。专家学者，率置其专学以外于不论，否则必加轻鄙，惟重己学有如此。于是文学、史学、哲学及考古发掘龟甲文等各项专门之学，一时风起云涌，实可谓皆自新文化运动启之。

但适之提倡新文化运动，其意不在提倡专门，凡属中国旧学，逐一加以批评，无一人一书足资敬佩。亦曾提倡崔东壁，然亦仅撰文半篇，未遑详阐。适之晚年在台湾出席夏威夷召开之世界哲学会议，会中请中日印三国学人各介绍其本国之哲学。日印两国出席人，皆分别介绍。独适之宣讲杜威哲学，于中国方面一字不提。则适之所主持之新文化运动，实为批评中国旧文化，为新文化运动作准备。当时有唱全盘西化之说者。而适之仅提倡赛先生科学与德先生民主两项。于宗教则避而不谈，又主哲学关门。适之有"大胆假设小心求证"一语。其所假设者，似仅为打倒孔家店，中国旧文化要不得。一意广泛批评，即其小心求证矣。至民主科学两项，究当作何具体之开创与设施，则初未之及。亦别有人较适之更作大胆假设者，如线装书扔茅厕，废止汉字，改为罗马字拼音等。又如陈独秀之主张共产主义。

适之对此诸端，则并无明白之反对。要之，重在除旧，至于如何布新，则实未深及。

不幸而日本东侵，一九四九年后一切情势皆大变。中国旧文化、旧传统、旧学术，已扫地而尽。治学则务为专家，惟求西化。中国古书，仅以新式眼光偶作参考翻阅之用，再不求融通体会，亦无再批评之必要。则民初以来之新文化运动，亦可谓已告一段落。

继此当有一大问题出现。试问此五千年抟成之一中华大民族，此下当何由而维系于不坏？若谓民族当由国家来维系，此国家则又从何而建立？若谓此一国家不建立于民族精神，而惟建立于民主自由。所谓民，则仅是一国家之公民，政府在上，民在下，无民族精神可言，则试问西方国家之建立其亦然乎？抑否乎？此一问题宜当先究。

又所谓分门别类之专家学，是否当尽弃五千年来民族传统之一切学问于不顾。如有人谓，非先通康德，即无以知朱子。但朱子之为学途径与其主要理想，又何尝从先知康德来。必先西方，乃有中国，全盘西化已成时代之风气，其他则尚何言。

早于治朱子必先通康德之说之前，已有人主张不通西洋史即无以治中国史。于是帝王专制与封建社会之两语，乃成为中国史之主要纲领。又如谓非取法西方文学，即无以建立中国之新文学。于是男女恋爱武力打斗，乃为现代中国新文学必所共有之两项目。以此而言，一切学术,除旧则除中国,开新则开西方。有西方,无中国,今日国人之所谓现代化,亦如是而止矣。

余曾著《中国学术通义》一书,就经史子集四部,求其会通和合。今继前书续撰此编,一遵当前各门新学术,分门别类,加以研讨。非谓不当有此各项学问,乃必回就中国以往之旧,主通不主别。求为一专家,不如求为一通人。比较异同,乃可批评得失。否则惟分新旧,惟分中西,惟中为旧,惟西为新,惟破旧趋新之当务,则窃恐其言有不如是之易者。

此编姑分宗教、哲学、科学、心理学、史学、考古学、教育学、政治学、社会学、文学、艺术、音乐为十二目。其名称或中国所旧有,或传译而新增。粗就余所略窥于旧籍者,以见中西新旧有其异,亦有其同,仍可会通求之。区区之意,则待国人贤达之衡定。

一九八三年冬钱穆自识于台北士林
之外双溪时年八十有九

略论中国宗教

（一）

宗教为西方文化体系中重要一项目。中国文化中，则不自产宗教。凡属宗教，皆外来，并仅占次要地位。其与中国文化之传统精神，亦均各有其不相融洽处。此一问题，深值研寻，加以阐扬。

宗教重信，中国人亦重信。如孝、弟、忠、信，五常之仁、义、礼、智、信。惟西方宗教信在外，信者与所信，分别为二。中国则为人与人相交之信，而所重又在内。重自信，信其己，信其心。信与所信和合为一。孔子曰："天生德于予。"《中庸》言："天命之谓性。"《易·系辞》言："一阴一阳之谓道，继之者善也，成之者性也。"孟子言："尽心知性，尽性知天。"中国人观念中之天，即在其一己性命内。所谓"通天人，一内外"者，主要即在此。

离于己，离于心，则亦无天可言。故中国人所最重要者，乃为己之教，即心教，即人道教。

中国人亦非不重神，但神不专在天，不专属上帝，亦在人在物。孟子曰："圣而不可知之谓神。"则圣人即是一神。周濂溪言："士希贤，贤希圣，圣希天。"是圣人之更高境界，即当为一天人，即神人。圣之与天与神，亦和合为一，故尊圣即可谓乃中国之宗教。

中国人亦非不信有灵魂。古人言魂魄，魂指心之灵，魄指体之能。又言人之死，骨肉腐于土，魂气则无不之。则魂魄虽和合为一，亦可分别为二。魄附于身，魂在心，乃可流散于外，有不与其躯体以俱尽者。其实躯体腐烂，亦化为气，同一流散。惟中国人之视心身则有别，即视魂魄有别，亦即视神物有别。中国人乃于和合中见分别，亦即于分别中见和合。虽有分别，仍浑然和合为一体。西方人天与人别，内与外别，仅主分别，不复和合。但谓中国人有和合，不再有分别，则亦失之。

人死为鬼，鬼与人有分别，鬼与神亦仍然有分别。人之生，其心能通于他人之心，能通于古人之心，又能通于后世人之心，则此心即通于天地而为神。但不能人人之心如此。不能如此，则为一小人，其死则为鬼，不为神。惟有共同之心，则生为圣为神，通于天，而无死生之别。中国古人称之曰不朽。朽者在物在身，不在心。立德立功立言为三不朽，皆指心言。

人文之不朽依于自然之不灭。中国人亦言心气、性气、生气、魂气、神气。亦言天气、地气、山川之气。凡言气皆自然。又言才气，而不言德气。才亦人人俱有，见于外，属自然。德存于内，学养所成，属人文。韩愈言："足于己，无待于外之谓德。"西方人亦言性，而不言德。德则为中国人独有之观念，而为其他民族所少见。神可有德，而鬼则无德。若其有德，则亦为神，不为鬼矣。

人死而魂气无不之，生者之心则追念不已，而希其归来，故有招魂之礼。又设为神位，希其魂气之常主于此而不散。如生则魂气常主于身，今则以木代身，希魂气之常驻。至于躯体，则必朽腐，埋葬之而已。此为中国人重魂不重魄一证。但人死后是否有魂，此魂是否能归来常驻此木，此则有待人之信。西方宗教，信不求证。如上帝，如天堂，如灵魂，信其有，斯止矣。在科学与生物进化论上有种种反证，但宗教信者可以置之一旁不理不论。则宗教与科学及生物进化论，可以显相分别，而不害其各有存在，各有发展。但中国则不然。必求和合，凡信必求证，所谓无证不信是也。则人死之有魂气存在，又于何证之。曰，皆信之吾心，无反证即可矣。以信在心，无反证，即心安而理得，故可信也。

生人见鬼，东汉王充疑之。谓人有生死，衣服无生死，何以生人见鬼亦穿衣服。此之谓反证。但鬼是一具体，而魂气乃一抽象。具体可寻反证，抽象则不可求反证。魂兮来归，无反证可得，则可信之而心安矣。骨肉葬于土，恐有发掘，故设为坟墓，岁时祭拜，斯亦心安。祠堂神主，魂气所归，则可晨夕敬礼，其侍奉较之坟墓骨肉，殷勤尤远过之。

西方之上帝乃一具体存在，中国之天则属抽象存在。具体必求证，而上帝之在人世，则无可证。故耶稣言，恺撒之事恺撒管，为其无可证，乃分上帝恺撒而二之。耶稣钉死十字架上，乃恺撒事，上帝亦不能管。穆罕默德继耶稣而起，故使其信徒一手持《可兰经》，一手持刀，亦要管恺撒事，庶不致再上十字架。然而既持刀，而人世战争不必尽能胜，则上帝神灵岂不有反证。耶回二教同一上帝，究竟孰真孰假，谁是谁非，此亦无证，但亦可互作反证矣。

西方人信上帝，又信有魔鬼。上帝具偌大神力，宜可使不再有魔鬼之存在。信有魔鬼，亦即信上帝一反证。西方人仅重其所信，乃不重信者。信者受魔鬼扰，则其灵魂受灾祸。得上帝保佑，而灾祸始免。中国人则信其己，魔鬼上帝皆在己之一心。己心不受魔鬼之扰，则魔鬼亦无以扰之。魔鬼上帝之于己心，亦和合为一。而外力所在，有所不计。乃有杀身成仁，舍生取义，惟尊一己之德性，置身之死生于度外者。

中国既更重在信者之自身，则生平行事，果使问心无愧，纵不侍奉上帝，上帝亦不加罚。即如为臣事君，果使尽日祈祷，希君加赏，使遇明君，则决当斥之，不使在朝矣。中国人所重乃在己之道义，不计身外之功利。以农事为证，己之耕耘，必配合之于天时地理五谷之性。己之所能尽力者有限。故但问耕耘，莫问收获，惟求自尽己责。但业商者不如此想。其贸易谋利，乃是一种功利，非道义。功利则须仗不可知之外力，于是信仰其外在者，惟求于己有功有利。如上帝，能使己之灵魂死后上天堂。则其宗教信仰，亦属一种功利观。

《尚书·太甲篇》有言："天作孽犹可违，自作孽不可活。"农夫三年耕，有一年之蓄。九年耕，有三年之蓄，则遇天时水旱，可以无患矣。是天作孽犹可违也。使己不负耕耘之责，则百亩之地，宁不荒芜，是自作孽不可活也。商业民族则不如此想，贸易求利，其外在所遇不可知，此乃西方宗教信仰崇奉外力所由起。

印度释迦所提倡之佛教，虽亦同是宗教，然与西方耶回二教有大不同处。一则释迦言涅槃，乃抽象辞，与耶回二教之上帝天堂为具体性者不同。二则释迦言尘世生老病死四苦，皆由生前作业来。生前作业，乃人类本身事，与耶回二教之信灵魂非人世现实者又不同。三则释迦乃以一皇太子离家出走，菩提树下得悟，又经修炼始成佛，与耶稣穆罕默德之自始即由上帝命其传教，初不经由其自身之特殊修炼者尤不同。信佛教，同经修炼，同得成佛。耶回二教，信者仅得灵魂上天堂，绝不得同成为耶稣与穆罕默德，此又大不同。又佛教虽信者同得成佛，则依信者各自之修炼，又递有阶梯，如佛之下有菩萨，菩萨又分十地。耶回二教信徒则一律平等，同此祈祷，同此歌颂。仅任职教会者，有地位之不同。教皇乃经选举，已恺撒化。及其死，亦仅得灵魂上天堂而止。抑且诸佛乃在诸天上，即诸天亦来听佛法。耶回教中之上帝，则绝不来听耶稣与穆罕默德以及历代教主之传道。故耶回二教，乃于平等上有极大一不平等。佛教则于不平等上有绝大一平等。此皆其大不同处。

佛教来中国，乃于中国传统文化有其近似处，但亦有一大不同处。佛教与耶回二教同对人生抱悲观，而中国人对人生则抱乐观。佛教在中国已极盛行，宋代理学家起，周濂溪教二程寻孔颜乐处，而生老病死不为苦，此即对佛教一反证。苟使反之吾心，信孔颜儒道，亦在救世救苦救难，而吾心则乐，则何必效释迦之逃避出世。中国人之由释返儒，则仍在其一心。即理学兴起前之中国高僧，亦知反之己心，则即身可以成佛，立地可以成佛，而无前世作业之为障。南北朝时，竺道生已阐其义。唐代禅宗，更盛唱其说，而天台华严相与助成之。此为中国化之佛教。

印度地居热带，生活易足，人心懒于工作，易于厌世。中国地居温带，以农立国，勤劳节俭，乃为生之本。故佛教主出世，而中国人则安于入世。此乃中印双方之大不同处。西方人入世必尚争，中国人入世则尚和。此又中西双方之大不同处。

和则生乐。中国人言"乐天知命"，乐天即知命。孔子曰："五十而知天命"，乃知天之所命于己者，此即为己之道。中国人言道，有天道，有人道，人道之大者为仁。曾子言："仁以为己任，不亦重乎。死而后已，不亦远乎。"仁道即人道，亦即天道。以为己任，则即为己之道。死而己之责任方尽，乃得休息。惟仍有后人，继续任此一大任。此为中国信仰之特殊处。

人之生必归于死，此亦天命，人人易知。人之生必付以一番责任，此则非人人所知。天既付人以责，又必付人以能任此责之一番才能，中国人称此曰德。孔子曰"天生德于予"是也。此德亦称之曰性。《中庸》言"天命之谓性"是也。然人具此德性，未必能发挥为才能，以善尽此责，则必待于学。孔子曰："十室之邑，必有忠信如丘者焉，不如丘之好学也。"忠信乃天命之性，而学则是为己之道。人必先学而后教。苟其不学，又何以教。孔子曰："学不厌，教不倦。"学而不教，斯亦可谓之不仁。但学在先，教在后，故宗教之在中国不盛，而惟学为盛。《论语》二十篇，开首第一字即为一学字，此可证矣。故宗教信在外，而中国人则信在内，首当信己之能学。

己之学，首要则在立志。孔子十有五而志于学，三十而立是也。孔子七十，始曰："从心所欲不逾矩。"故中国人之教，乃教人立志为学，其所学则为道。孔子曰"志于道，据于德，依于仁，游于艺"是也。其道则曰为己之道，以达于人道，通于天道。其发端则在己之一心，其归极亦在己之一心。故若谓中国有教，其教当谓之心教。信者乃己之心，所信亦同此心。其实世界人类其他各宗教亦可谓同是一心教。欧洲人之心，在其各自之个人，本无心于斯世斯人，其所奉之教，乃犹太人耶稣所创立。耶稣已预为欧洲人留下一地位，曰："恺撒事恺撒管。"但不仅耶稣上了十字架，直到近代之核子武器，皆属恺撒事，上帝不能管，此亦见欧洲人之心。耶稣之言，亦久而有验矣。

一手持《可兰经》，一手持刀，此亦阿拉伯人之心。离家兀坐山洞中，或大树下，此为印度人之心。修身齐家治国平天下，则为中国人之心。凡教必本于心，此亦中国古人所创之人文大道，可以证之当前全世界之人类而信矣。

近代中国人则惟西方是慕，然不热衷于其宗教，独倾心于其科学，此选择亦可谓妙得其宗矣。科技为今日国人所竞崇，先以赚人钱，最后必达于要人命。核子武器诚属科技之最尖端。果使第三次世界大战幸不发生，而科技继续进展，则必有不上战场，核武器不待使用，而更有不见痕迹之新杀人利器之出现。如是则世界真有末日，而死者灵魂尽得上天堂，一切事尽由上帝管，更不由恺撒管，耶稣之言，亦久而有验。耶稣之最先宗旨抑或可由此而达矣。我诚不胜其为灵魂界庆贺，但亦不胜为生命界悲悼矣。然果使人心能变，人同此心，孔子魂气依然流散天地间，则或有中国人所崇奉之心教之所想象之一境之出现。纵不在中国，或可出现于西方。夷狄而中国则中国之，亦安知其必无此一可能。此其为中国信仰之最后希望乎？我日祷之，我日祷之。

　　一神多神，又为近代国人衡评中西宗教信仰高下一标准。惟中国之多神，亦中国人心一表现。凡中国人所亲所敬，必尊以为神。如父母生我，乃及历代祖宗，皆尊以为神。立德立功立言三不朽人物，纵历数千年以上，中国人亦必尊以为神。士农工商四业，除商业外，孔子为至圣先师可不论，如稷为农神，夔为乐神，其他百工尊以为神者难缕举。自人文界推至自然界，吾心亦莫不有敬有亲。敬而不亲，于心有憾。亲而不敬，于心有愧。故天地亦如父母同尊为神。敬之与亲有间，则礼生焉。礼者，体也。天地万物，实与心为一体。而此体之本，则在我之心，此即孔子之所谓仁,而中庸则谓之诚。诚者天之道,诚之者人之道。于我心而见其真实不二,斯得之矣。故孔子曰:"人而不仁如礼何。"然非礼亦无以见仁,犹之无躯体亦无以生魂气。故中国人言天必言地,苟非有地,则亦不见有天之存在。故子贡曰:"夫子之文章可得而闻,夫子之言性与天道不可得而闻。"而夫子之自言则曰:"弟子入则孝,出则弟,谨而信,泛爱众而亲仁。行有余力,则以学文。"夫子之文章亦惟子贡之徒乃始得闻。故中国人之教,以心之亲为先,以心之敬为后。知其亲,仁也。知其敬,则为智。而教亲教敬,则重在行。行之真实不虚,则礼是矣。礼不仅在人与人之交往,又必遍及于凡可亲而敬者。故在家有灶神,乡村有土地神,城区有城隍神。名山大川,所至有神。远之有太阳神、月神、北斗星神。吾生四围,凡所接触,多所敬,多所亲,遂多尊以为神。孔子曰:"祭神如神在。我不与祭,如不祭。"则心与神为一。通天人,合内外,皆此心,皆有神,皆有礼。则天地亦只是一篇大文章,故中国人之教亦称文教,又称礼教,则多神又何鄙夷之有。

中国人又常神圣连言。圣言其德,神言其能。如谓神工神能是也。工能见于外,而德则存之内。然苟使无德,又何来此工能。西方人重能不重德,凡神皆以其工能言,而不称其德。近代国人则以己所尊崇之德，转以奉之西方。如耶稣诞称圣诞，新旧约称圣经。其他凡耶教中一切皆称圣，如称圣约翰圣彼得神圣罗马帝国等是矣。甚至奥林匹克运动会传递火把，亦称圣火。但中国观念神在外，圣在内，惟通天人一内外，乃以神圣连称。如中国人称天地君亲师，纵亦言天地之大德，终不言圣天圣地，亦不言天圣地圣。司马迁所谓"天人之际"即在此。人有圣德，而可上通于神，则在其魂气，不在其躯魄。故中国人之于政治领袖，亦只希其为圣，断不以神望之。至如父母，则不必尽为圣，所谓父子不责善是也。而亲之更胜于天地。亲之，斯亦敬之矣。父母可与天地同敬，而君王天子则绝不能与父母同亲。至于师，则可敬亦可亲，所谓心丧三年，则师之由敬得亲，而其亲乃可等于父母。君虽当敬，但亲不如师。犹之地之可亲，亦胜于天。此其当亲当敬，可亲可敬，岂非皆一本于己心。故中国之教亦称名教。天地君亲师，皆于其一体中分别所立之名。惟此体则本之一心。而此心则即古人之所谓魂气也。由是言之，故惟孔子魂气不散，宜为吾国人惟一之信仰所在矣。则果谓中国亦有宗教，宜称为孔教，亦无疑。

（二）

中国自身文化传统之大体系中无宗教，佛教东来始有之，然不占重要地位。又久而中国化，其宗教之意味遂亦变。

中国文化最重教育，即政治亦教育化，周公之制礼作乐是也。周公用之于政治，孔子播之于社会，儒家精神乃以教育为主。为儒则必为师，尊师重道，又为中国文化传统主要精神所在。

中国人之教，为师者必为其弟子留下地步。中国人之政，在上者亦必为在下者留地步。君臣相处有礼，庶可乐。礼之流衍，有各种制度。一切限制与度数，皆为对方留地步，与掌握权力以把持其下之意义大不同。

礼者，于分别中见和合，于上下间见平等，而犹贵于死生人鬼之间得其通。周祚启于武王，但上推文王，又必上推后稷，以见大业之由来。故有宗庙之祭，乃教为君者勿存自尊自贵之心。先有列祖列宗，传递此业，又其上则有天。天人相通，先后相承，岂任一人所能独擅此大业。然则中国之礼，即中国之宗教，其原始尚远在周公之前，而传递则直达于近世。故亦可谓中国有宗教，而无教主。为之主者，即天，即上帝，即列祖列宗。其教直达于吾心，使吾心能上通于列祖列宗，以达于天，达于上帝，斯此大业乃可保持而弗失。非我能保持之，乃吾之列祖列宗得天与上帝之同意而始获保持之。

天子宗庙之祭，列国诸侯皆来陪祭。诸侯亦各有国,乃由中央天子之列祖列宗所封建。而得此封建,亦不在己,乃在其列祖列宗。故诸侯之归其国,又必各自祭其祖宗。更下至于庶民之受百亩而耕,亦祭其祖宗。尊祖敬宗之礼,固已下达于天下。礼不下庶人,非指此。此之谓宗法社会。

人之对其祖宗死者有礼,人与人相处亦有礼。父子兄弟夫妇相处,必各为其对方留地步。君臣朋友相处,亦必各为其对方留地步。故五伦之间亦各有礼。礼者,体也。有礼则相互各有地位而共成为一体。父子相与即一体,慈孝主在心,见之行事即成礼。夫妇亦然,其他诸伦莫不然。

中国人所信在天,在上帝,在各自之祖宗。其所奉行,在各自当身人与人之间。而天帝祖宗,亦必为当世人群留地步,如是信,如是行,由此乃有人道。人道由天道来,亦由鬼道神道来。鬼亦人也,虽已死,而有其不死者仍留在人间。故此世界乃人鬼合一之世界。鬼世界即融合于人世界中,其主要乃在人之一心。身必有死,心可不死。此心寄在己之一身,亦寄在父子夫妇五伦大群间,并可寄在前世及后世之人间。周公孔子之心,即上承其前世人心来,亦仍寄在后世之人心。

孔子继周公而起,即周公之心以为心。孔子之心与周公之心相通,故时梦见周公。此心孔子称之曰仁。故孔子曰:"人而不仁如礼何,如乐何。"继周公,即敬周公之心。故周孔之教,亦可谓之心教。周公礼乐,主要使用在政治。孔子仁道之教,则推广以及于全社会全人群。周公孔子非为宗教主,而后代中国人信奉周公孔子,至少当不下于佛教之信奉释迦,耶教之信奉耶稣。

在朝当政,则当信奉周公以为政。在野不当政而当教,则当信奉孔子以为教。中国儒家毕生所志即在此。政教对象在于外,而治之教之之大任,则归本于己之一心。其他民族之宗教,其所信,皆在外。中国宗教,则既信外,亦信内,而毋宁所信于内者当更重。其他宗教,莫不教其信者奉献其身于所信。而中国人之教,而教其修养所信于己身己心,而加以表现加以发扬,不啻教人各以释迦耶稣自任。此则其大异处。

佛教来中国,教人先出家。中国人生重家,其道大异。但后世中国社会,父母死必邀僧侣来家诵经念佛,超度亡魂,僧侣亦乐为之。实则僧侣心中亦各有其父母之存在。此即佛法中国化之一证。又佛教主人身地、水、风、火,四大皆空,既不主有人世界,自不主有鬼世界。但以此心悟此法,佛心佛法,则可常存宇宙间。中国佛教乃专从此方面来加发挥,来加宣扬。此心此法即此道,此道弥满天地间,则为佛教中国化之更大表现。此心此道,则以己为之主,故曰即身成佛,立地成佛,则人世界即可为佛世界,实即人世界即可为圣贤太平世界。此又中国人生理想之所在。

每一宗教各奉一教主，耶回两教皆然。佛教分大乘小乘。释迦最先所说或仅属小乘，此后异说宗派纷起，遂有大乘。我爱吾师，我尤爱真理，大乘佛学已趋哲学化。但说法日分，则教主被信奉之地位亦日降。佛教在印度，终于衰落，亦此之故。其来中国，则惟传大乘，宗派更日增，而益见佛教之盛。此亦中国民族性情使然。

中国先秦有诸子百家，一师授教，学者称弟子，其教称为家言。家言亦有分歧，儒分为八，墨分为三。此如子孙分家，但共戴一祖。祖下又分宗。合中有分，分中有合，此乃中国之宗法精神。中国僧侣又为佛法判教，各宗各派尽认为释迦之说，但有先后之别。判法各不同，然仍同为一教，则不啻合西方之宗教与哲学而一之矣。此诚中国文化一大特色。

凡宗教，必为天下古今全人类立教，不为俗世一时一地一事立教。故成为一宗教，皆主出世。中国人则主要为俗世人立教，曰夫妇，曰父子，曰家国天下，斯亦古今人类共同皆然。惟中国之教更重在各自一己之奉行，孔子谓之为己之学。故中国人学尤重于教。孟子曰："乃我所愿，则学孔子。"称愿，则是学者之自由。孔子已逝世，圣人先得吾心之同然，求之己心，即得先圣人之教矣，故又曰："归而求之有余师。"此则教者与学者相平等，而吃紧则更在学者。孟子又曰："人皆可以为尧舜"，但不言人皆可以为孔子。此因尊师重道，孔子始立教，故后世尊之曰至圣先师。而自孔子以下，再不尊奉人为圣。颜子孟子皆称亚圣，则孔子不啻为中国人之教主矣。实则人人胥学，斯人人胥可为。故周濂溪曰："士希贤，贤希圣。"佛教中国化，亦称即身成佛，立地成佛，皆在一己，此即独立义。其为教，则主在淑世，此即博爱义。近代国人竞慕西化，群言自由平等独立博爱，实则中国人之为教为学，已尽此四者而有之。

孟子又曰："可欲之谓善，有诸己之谓信，充实之谓美。"西方哲学探求真善美，皆在外。如孟子言，则真善美三者同在己之一身一心，无待外求。则中国之教与学，已并西方之哲学与宗教而一之。而在中国，则无宗教，无哲学，此诚中国文化之深义所在。当商量，当涵养，不惮邃密深沉以求之。

《中庸》言："天命之谓性，率性之谓道，修道之谓教。"人同此性，即同具一天。耶教言天堂，与尘世别。中国人观念，天堂即在尘世，同在人之心。故孔子曰："十室之邑，必有忠信如丘者焉"，是即人人已同得为一真实之信徒矣。修道之谓教，则如孔子。孔子无常师，又曰："三人行，必有吾师。"三人中，一人即己，其他两人或有善或有不善，择其善者而从之，其不善者而改之，则人尽吾师也。何以知其善不善，则比较同行之二人而即见，故曰三人行。俗语不怕不识货，只怕货比货是已。孟子谓"舜善与人同，乐取于人以为善"，若就宗教言，岂不先有信徒，始有教主。为教主者，乃学于信徒以为教。濂溪言"圣希天"，实则天已散在各人身上，各人心中，此所谓通天人，合内外。惟必以一己好学之心为之主，故《大学》言"自天子至于庶人，一是皆以修身为本"。

唐以前中国人皆同尊周公孔子，则献身政治终为人生一大事。惟政教合，故孔子与周公同尊。及宋以后，乃改周孔为孔孟，又增以《大学》《中庸》定为"四书"，为人人所必读，其重要似犹过于"五经"。则教尤尚于政，学尤尚于仕。不必出身为仕，而人生大道亦可尽于己之一身。但终不谓恺撒事恺撒管，政治仍在此人生大道中。如信佛教，亦可不出家，为一居士。此见中国人性情之广大融通处。故中国人能信佛教，同时又能信回教耶教，而和平相处无冲突。庄老之徒，其后亦创为一道教。儒家则终不成为一教，更见为广大而高明矣。

中国民俗又有土地城隍，及其他诸鬼神之奉祠，并及于妖精百怪。此皆非道非释，不成为教。在上者或斥以为淫祠，但亦不严加废禁。亦见中国人性情之广大融通，不仅合天人，又合大地山川，并及宇宙万物而为一。要之，则主在人之一心。能慈能孝能忠能信,则随其宜而并容之。今国人则必斥之谓非宗教,非科学,非哲学。但就文学论,则此等亦有可为文学题材者。即如清初《聊斋志异》,乃民间一流传甚广之文学作品。以文学眼光视之,亦终不宜尽斥为迷信。故为中国社会来写一部中国宗教史,此等亦为中国文化体系中之一鳞一爪,不当摒弃不述。

孔子曰:"敬鬼神而远之。"又曰:"祭神如神在,吾不与祭,如不祭。"是孔子于鬼神,非信非不信。宗庙社稷,以至祖先祠堂,祭拜之礼,特以教敬,斯已矣。敬则仍在己之一心,务使己心能敬。"知之为知之,不知为不知,是知也。"知与不知分,则信与不信亦难定。又子不语怪、力、乱、神。此四者,西方文学,一切小说戏剧多好言之。西方宗教则惟上帝一神,与文学中言神有别。今人谓西方宗教乃一神论,实亦可谓之无神论。中国古诗三百首,以及《离骚》《楚辞》,皆言神,但与西方文学中之神不同,以其与怪、力、乱不同。故若谓中国有宗教,乃多神教,而孔子亦近神。汉赋及乐府,下至诗词散文,以及小说传奇,虽亦间有怪、力、乱,然皆非言怪、力、乱,乃别有所指。如《水浒传》乃以忠义为言,非倡乱。《金瓶梅》则及于乱矣,非乱于上,乃乱于下,非乱于国,乃乱于家,斯尤乱之甚者。然《金瓶梅》终为禁书,不得流传。《聊斋志异》言怪,亦非言怪。凡中国文学中言神,则莫不涵敬意。此见全部中国文学虽言怪、力、乱、神，亦无大违于孔子之教。近代国人乃以西方文学为宗，提倡新文学，怪、力、乱皆不排斥。而《金瓶梅》则以新文学观念再获提倡研究。亦有人言，提倡新文学势必达于非孔反孔，此亦一例矣。

又如平剧中有《白蛇传》一剧，白蛇为怪为乱，而法海则为神为力，双方斗法，白蛇负，被幽雷峰塔下。白蛇夫许仙官，乃一极平常人。然剧中表演，毋宁同情许仙官与白蛇精，而于法海之神通广大则转少赞赏。尤其是祭塔一幕，白蛇与其子相晤，唱辞哀怨，可使闻者泣下。夫妇母子，人伦大道，剧中寓意，亦不失中国文化大传统。惟偏在怪、力、乱、神方面，乃终成为一小说一戏剧，终非中国文学之正统。

今再言孔子何以不语怪、力、乱、神。姑再举一小例。余幼时亲见乡间有招魂术，一村妇口念咒语，能招亡魂附体发言。其言非亡魂亲人绝不知，而此村妇能言之。此术遍布中国全社会。类此术者尚多，今不缕举。凡此皆属神而怪。今国人尽斥此等为迷信，又谓其是一种低级信仰。中国人言魂魄，魄附体以俱灭，魂气则无不之，如孔子之魂气，岂不仍流布存在于今日之中国。村妇招魂及其他怪术，实皆有关魂气方面。若认此即为中国之宗教，则中国宗教中实涵有极多科学成分。即须有此下一种新科学加以深究与详阐，不得以西方科学所无，即尽斥之为不科学。但非积长时期多数人之研寻，不易遽得定论。孔子则志在人道，志在教人心能有信，能有敬，求之内，不求之外，所以不语怪、力、乱、神，并其言性与天道亦不可得而闻。

后起如道家阴阳家，多言自然，言宇宙万物，遂多转入人间迷信。倘能深究，实皆有关科学。英人李约瑟著《中国科学史》，乃谓中国科学源于道家。惟孔孟儒家则所重不在此。中国文化大体系偏重儒家一途，自然科学乃不能如西方之畅盛发展。若以为此乃中国文化之所短，实亦即中国文化之所长。盖中国亦自有科学，自有发展，特其途向不同，此亦中西文化体系之相异处。

孔子所常语者为礼，礼中必有鬼神，又所尊奉。惟礼非为鬼神而有，乃为己心而有，故孔子言："人而不仁如礼何。"礼者，体也。主于中属于内者为心，见于外则为体。故礼必随时随地随事而变。心则一，无变。然必合内外乃成体，乃为一，而必多变，而变必归于一。故孔子之教，可谓之礼教。中国之政治，亦可谓之礼治。即中国之文学，亦必有礼之意义存其间。礼即此人文大体。亦可谓凡属宗教皆即礼，乃于人文之礼中求别创一礼，故宗教遂成为文化中之另一体。中国之礼，皆大通合一，故中国宗教，亦同在此文化大体系中，而可不别成为一体。

中国有吉、凶、军、宾、嘉五礼，治军亦一礼，故亦无力乱可言。若如今世西方之有核子武器与太空飞行，以中国观念言，则怪而进于神矣。其神为可尊乎？不可尊乎？要之，已不在礼中。礼必有常，又必合内外以成体。核子武器乃分裂敌我，显为二，不为一，又不可常。故治军果有礼，核子武器绝不在其内。周孔之言礼，亦可谓其非宗教，非哲学，非科学，非文学。非我族类，其心必异，以其他民族之文化来相绳纠，则宜见其为无一而有当。

西方文化乃求合诸体以成体，而此诸体则皆各求发展，不易合成为一体。中国文化则从一体中演出此宗教科学哲学艺术之诸项，凡此诸项，皆不得各自完成为一体，此其异。

惟其西方人文不易合成为一体，故必以法维持之。中国非无法，但言礼法，不言法礼，则法亦必统于礼。乃从一体中生出法，非由法以抟成此一体，亦已明矣。中国人又言道法，则法必统于道。法则为一种力，其力在己之外。礼与道则为一种情，一种意，此情意则在人之心。故曰王道不离乎人情，则不能外于人情而有法，亦即此见矣。而成为一宗教，又岂可外于人情乎？西方教会组织实亦是一种法，一种力。中国不尚法，不尚力，故若中国无宗教。西方一切组织，一切系统，乃尽在外形上作分别。中国则在各己之内心上抟成为一统。此为中西文化之最大相异处。

今再由教而言学。西方学校亦尚组织，有系统。每一人由小学中学至大学，分科受教，其所师，当在百人上下。故西方人无尊师重道观，惟求自创造，自发明，自为一专家。中国有私塾，有书院，皆一人掌其教。故来学者必知尊师。其自居则为门人，为弟子。故西方宗教有教主，而学校之教则无主。中国则无宗教，而教必有主，有师道。天地君亲师，师居其一。亦可谓西方乃有教而无师，中国则凡教必有师，斯又一异。

中国人崇尚人性，性亦可流为不德，而德则必从性中来。艺术亦必本之性。西方人言真善美，皆从外面着眼。中国人则一返之己性。孔子曰："知之者不如好之者，好之者不如乐之者。"知属真理，好成道德，乐则艺术。若就此意言，科学在人生中，必进而为道德，尤进乃为艺术。此为中国人观念。西方宗教主原始罪恶论，善德则一归之天，但人为不善亦本之性，则其于道德既不好之，亦不乐之矣。宗教信仰乃是一种畏天命，非知天命。既不知之，又何好何乐。自中国人言之，则亦一种功利观而已。故西方宗教乃分天与人为二。世界必有末日，科学乃求以反天，人凭其知识技能来利用天，征服天。中国人之道德艺术则通天人，合内外，而自人性人情人心为出发点。东西文化分别，可谓主要正在此。

略论中国哲学

（一）

哲学一名词，自西方传译而来，中国无之。故余尝谓中国无哲学，但不得谓中国人无思想。西方哲学思想重在探讨真理，亦不得谓中国人不重真理。尤其如先秦诸子及宋明理学，近代国人率以哲学称之，亦不当厚非。惟中国哲学与西方哲学究有其大相异处，是亦不可不辨。

中国人好人与人相处，不愿把自己割裂人外，高自标置，轻视他人。此一种谦恭退让之心理积习，乃于中国学术有大影响。即如孔子，近人每称孔子思想，孔子哲学，此亦有宜。但孔子最喜提出一仁字，却谓"若圣与仁，则吾岂敢"。此固见孔子之谦恭退让，但孔子于此仁字虽加解释，而未作详细之阐申。只答他人问，或自偶言，《论语》所载，逐条不同。

近人又好为孔子仁的思想仁的哲学等论文，多就《论语》各条汇集为说，自加发明。但谓孔子思想无逻辑，无组织，无条理系统，则又不然。此显见中国哲学与西方哲学之有不同处。

孔子提出此仁字，后代国人递相传述，亦特为作注。东汉末郑玄曰："仁者，相人偶。"此三字乃仍须后人更为解释。康成意特谓人与人相偶而仁始见，若非人相偶，将不见有此仁。唐代韩愈又曰："博爱之谓仁。"中国人每仁爱连言，以爱说仁，宜无不当。但人之爱各有别，又如何乃为博爱，此则仍须有说。南宋朱子注此仁字则曰："仁者，心之德，爱之理。"康成相人偶从外面说，昌黎博爱从内心说，朱子则说内心之爱亦有条理不同，则三人说实一贯相承。惟朱子言德字理字，若非详加阐说，仍不易明。余只就近代通俗语说，仁只是一种同情心，人与人有同情，即是仁。但不知此说究有当否，又不知此后人更将如何来说仁。然则只一仁字，乃成中国两千五百年来一项共同思想，共同哲学，而似乎仍未达于一定义之完成。此又中国哲学与西方哲学之一不同处。

孔子又每仁礼连言。礼字似乎不专属思想，而中国此一礼字，却愈推愈广，愈传愈久。直至清代秦蕙田编为《五礼通考》一书，分为吉、凶、军、宾、嘉五礼，尚仅专就上层政治方面，根据历史事实加以纂修，而卷帙之浩繁，内容之复杂，已足惊人。今不得谓孔子哲学思想不重礼，而礼之考究，则又似乎不宜尽纳入哲学范围内。此则又是中国哲学与西方哲学一不同处。

孔子又每仁智连言。此智字似当属思想范围。何等思想始属智，此似一思想实质与方法问题，但孔子又似未加详言。中国后人常以仁义礼智信五字并言，《论语》固亦言及义字信字，但专以仁礼仁智并言，似乎已占孔子思想之最主要部分。《中庸》又以知仁勇为三达德，智与知宜当作何分别。今人言哲学，似专归之思想与知识方面，而于孔子之言礼言智言勇言信，有所不顾，则宜不能得孔子真意之所在。此又中国哲学与西方哲学一不同处。

继孔子而起者有墨翟。儒墨成为先秦思想之两大派。墨翟言兼爱，与孔子言仁有不同。孔子言爱有分别，朱子言仁者爱之理是已。兼爱则是一无分别爱，故曰："视人之父若其父。"既不主分别，乃亦不言礼。发明孔子言仁，不得忽略此礼字。墨子非礼又尚同，孔子则尚别，其言"君君臣臣父父子子"是也。故孔子又曰："必也正名乎。"名即其别也。若谓视人之父若其父，则父之名已不正。于是墨家之后乃又有名家，其论名，则与孔门儒家言又不同。然则讨论孔子思想，必当以与孔子相反之墨家作参考。而衡量墨家思想，又当以后起儒家之与墨家相驳辩者作论点。要之,中国思想属共同性,属一贯性,即儒墨相反,亦犹然。而后起儒家言礼又有主张大同者,则在儒家思想中又渗进了墨家义。孟子曰:"能言拒杨墨者,圣人之徒也。"乃后起儒家,又转引墨义来广大儒义,即大同之说是也。此见中国思想特富和合性。故治中国思想必当就中国思想之发展与演变中来说。苟以治西方哲学之态度与规则来治中国思想,则实有失却真相处。

儒墨之后又有道家。兹据老子为说,老子曰:"道可道,非常道。名可名,非常名。"老子特举道与名两词,其实即据儒墨之所争而言。不通儒墨,即无以通老子。老子又曰:"失道而后德,失德而后仁,失仁而后义,失义而后礼。礼者,忠信之薄,而乱之始也。"此处老子所用道德仁义礼各词,皆承儒家言,而意义各不同。又老子此处反礼则同墨,是则儒墨道三家,在当时实同具有共通性,一贯性,而亦并有其和合性,与西方哲学之各自成为一专家言者,又大不同。

继老子之后有《中庸》,其书当出秦代,为治中国思想哲学者所必究。而其书收入《小戴礼记》中,则治中国思想哲学者,绝不当置礼于不问,此又一证矣。《中庸》言:"天命之谓性,率性之谓道,修道之谓教。"此天、命、性、道、教五字,皆前人所熟论,而《中庸》承之。子贡言:"夫子之言性与天道,不可得而闻。"但孟主性善,荀主性恶,皆力言性。天命犹言天道,孔子所不言,墨与道始言之。庄老道家不言性,专言道。荀子言庄子知有天不知有人,则庄老所言皆天道,非人道。老子曰:"人法地,地法天,天法道,道法自然。"则庄老言道,即言自然。孟子曰:"莫之为而为者,天也。"则此天字亦犹指自然。《中庸》言:"天命之谓性。"斯性亦犹自然,是在儒家言中已融入了道家义。又《中庸》言:"率性之谓道。"此道始是人道,而连上句言,则天道人道亦一而二,二而一矣。是则虽同用此天字道字性字,而内涵意义则各有别,此即老子道可道非常道名可名非常名之旨也。是则儒家之显用道家义,又益明。

又有两书为治中国思想哲学者所必究,一为秦相吕不韦之《吕氏春秋》,一为汉代淮南王刘安之《淮南王书》。两书皆会集宾客通力为之,又皆会合以前诸家言,而求和通成一定论。此又中国思想有其共通性一贯性和合性之一明证。其实孔子以下两千五百年来之中国思想,莫不求会通和合以臻于一定论,一如《吕氏春秋》《淮南王书》之所为,而岂欲各自独立,以各创一新见,以求异于他人之谓乎。此尤是大值研讨一大问题之所在也。

继此再言宋明理学。朱子力言理气,近人依据西方哲学术语,谓朱子乃主理气二元论。实则朱子明言气中必有理,理即见于气,则理气亦二而一,一而二,可谓朱子乃主理气一元论。朱子又言,必分先后,则当理先而气后。据是言之,可谓朱子乃主理一元论。其实朱子理气二字,采自庄老道家。佛家华严宗亦用此理字,故有事法界,理法界,理事无碍法界之分别。朱子编《近思录》,第一卷为《道体》,可见北宋周张二程尚用道字,不用理字。朱子用理气二字乃后起,采之道释两家,但朱子又确是儒家之嫡传正宗。此可见中国思想中国哲学,不主独自创造,特立一新说,乃主会通和合,成一共同的,一贯的,有传统性的定论。此乃中国思想中国哲学之与西方大不同处。

同时与朱子树异者有象山。后世称朱陆异同。朱子主性即理,而象山则主心即理。孔子七十而从心所欲不逾矩,此可谓之心即理。然自十有五而志于学,经五十五年工夫,而始达到此境界。而孔子之所谓学,显然不专指思想,故曰:"学而不思则罔,思而不学则殆。"学与思分作两项工夫言。此又中西一大不同处。朱子在此上亦言之极谦逊,说象山偏在尊德性,自己偏在道问学,戒学者当兼取象山讲学长处。西方哲学则既非尊德性,亦非道问学,又显与中国学问途径有别。

象山之后又有明代之王阳明,理学遂分程朱与陆王。相传阳明晚年有天泉桥四句教,阳明曾告其门人钱绪山,"无善无恶心之体,有善有恶意之动,知善知恶是良知，为善去恶是格物。"其实此四语，只是在解释《大学》。象山教学者先立乎其大者，则本《孟子》。陆王乃理学大师，又是理学中最富创辟性，最不喜拘守旧说，敢于自立己见，自信己意，与程朱有不同。实则此两人亦仍是为前人作解释而已。或认为陆王近禅，多释氏义，则朱子何尝不近庄老，多道家义。中国学人必前有所承，必主会通和合。而陆王之与程朱同为儒学，则大体无疑。今吾国人喜据西方传统来作批评，则中国古人全无是处，又何必作程朱陆王之分，又何必作儒释道之别乎。

钱绪山以阳明四语告之同门王龙溪，龙溪不以为然，谓"心体既无善无恶，意亦无善无恶，知亦无善无恶，物亦无善无恶"。两人以此相争，告阳明。阳明则曰，予本有此两意，龙溪之语可以开示具上根性人，绪山语则以开示上根性以下之普通人。实则绪山四语明明闻之其师，龙溪对之持疑，阳明闻之乃谓本有此两意，龙溪语乃以告上根人。此两番话乃启此下大争论。今就另一方面言，岂得谓绪山仅一普通人，不具上根，故阳明只告之如此，龙溪独具上根，故告之如彼。今当谓龙溪语本非阳明所告，阳明乃闻而欣然，加以同意。此其心胸之宽阔，意态之和平，亦见阳明平日为人之真可爱矣。中国人论人，尤重于论学。象山阳明，论其人则亦确然儒者。论其学，论其所言，纵有失当，而不害其为人。此尤中国文化传统一大特点，乌得专据学而不论人，亦如专据思而不论学，皆非其正。

孟子言知人论世，今人则谓欲究一家之思想与哲学，必同时讨论其时代背景。此即见用心广狭之不同。西方哲学只重其思想，中国则更重其人。无论为老为释，其人则均可重。无论为汉儒宋儒，其人亦俱可重。无论其为程朱与陆王，其人亦同可重。不仅哲学如此，一切学皆如此。如史学，如文学，如艺术，为一书法家，为一画家，皆如此。今人则不论其人，专论其学，则宜与中国自己传统必有大相违背处。抑且时代背景，人各有别，而中国则又必有一共同传统。学由人来，人由天来。此又其一大相异处矣。

抑且西化东渐，乃最近百年之事。以前中国人只读中国书，只想做一中国人，其有与西方不合处，宜皆可谅可恕。中国人亦非专己自守。佛法东来，中国高僧信其法而传之者多矣。然凡为高僧，皆言佛法，却不来反儒教。佛法传则儒教自息，不待先辟儒始传佛，此亦中国人意态。如韩愈力辟佛，但其遇见大颠亦加喜好。其徒李翱，则多采佛说，但亦于愈未尝稍加以辟斥。亦有力加以辟斥者，则如顾亭林之于王阳明。然知人当论世，晚明以下之王学流弊，则洵有可斥矣。

又余尝谓中国人自居必知谦恭退让，故其待人则必为留余地。发言自抒己见，每不尽言。若对方是上根人，我自不烦多言。若对方系普通人，则我虽多言亦何益。中国人做人，本非由单独一己做，康成之所谓相人偶是也。如孝，则必对父母，而父母各异，如何孝其父母，亦何一言可尽，故必求人之反之己性，反之己心，以自尽其孝，则不必亦不能写为孝的哲学一书。此犹孔子并不写为仁的哲学一书是已。故若谓中国有仁孝哲学，则必人人自为之，又必待此下百世人同为之。中国哲学之必为有共通性，一贯性，传统性，而不成为专家言者在此。则又何必强中国人必为一西方哲学家，乃始谓之是哲学乎。道不同，不相为谋。若他年西方哲学其道大行，则中国古人言自亦无人理会，不必特加以申斥也。此亦是一套自然哲学。不知今日专心慕好西方哲学者，意谓如何。

（二）

西方思想重分别。如黑格尔辩证法，有甲则有非甲，合为乙。又有非乙，合为丙。始此以往，则永无止境。故西方思想有始而无终，有创而无成。有变有进，而无完无极。中国则不然。乾道生男，坤道生女。男不称非女，女不称非男。男女和合为人，既具体又确切。人又与禽兽别，但人与禽兽合称动物，以与植物相对。有生物则与无生物对。万物与天地对，合成一大体。在此一体中，天地万物亦各有止有极，即有成有终。

人有男女，禽兽亦有雌雄牝牡，则正反合一形式，已臻复杂。又如男女结合为夫妇，则夫妇即成为一体。此非于一男一女之外别有增加。又如死生为一体，生可以包括死，死可以融入生，亦非于生之外别有死。即如天地，地可以附于天，非天之外别有地。一阴一阳之谓道，其实阴亦即归纳于阳，非于阳之外别有阴，亦非于乾之外别有坤。曰天，曰乾，曰阳，即可以尽此宇宙矣。

乾道成男，坤道成女，则妇从夫，乃天道。今人则讥此为中国之重男轻女。然英国至今始有一女首相，美国至今尚无一女总统，则西方岂不亦重男而轻女。又如宗教信仰，上帝亦属男性，独阳无阴，岂不亦是重男轻女之一证。而耶稣终有一圣母，则亦如中国虽重乾而终有一坤与为对立矣。

《易·系辞》有言："夫乾，其静也专，其动也直，是以大生焉。夫坤，其静也翕，其动也辟，是以广生焉。"是《易》以动静配乾坤，而乾之与坤，又各有动静。又言："阖户谓之坤，辟户谓之乾。一阖一辟，谓之变。"是则又谓坤之辟即乾，乾之阖即坤矣。此与西方哲学中之辩证法又大不同。即如男女，亦可分动静。男偏动，女偏静，而男女双方又各有动静。固不得谓男性无静，女性无动。《易》义至显且明，具体可证，无可非难。则黑格尔之辩证法，可见其疏略而不备。

《易》谓乾之静，专。专者专一，即专于天，亦即自然。在《中庸》则谓之诚。诚则必专必一，否则不见其为诚，故曰："诚则一。"尽宇宙间，惟其为至专至一，乃至无可名，故道家又称之曰无。无之对称则曰有，而一切有则可尽包涵于无之中。故有无正反之上，更无一合。合即合于无，犹天地正反之上，即合于天。西方哲学则不能有中国人天之一观念。如科学中之天文学，研究太阳系乃及诸星群，自中国人观念言，皆应属地不属天。又如宗教言上帝管理天堂，自中国人观念言，此天堂亦应属地不属天。此上帝乃一超人格之至高之神，但仍有其人格性，仍非中国人之所谓天。上帝管理天堂，宰制灵魂，则上帝与天堂灵魂非专非一，非可谓上帝即天堂灵魂内在所存之一诚。若谓西方有此诚，即西方哲学所谓之真理，此真理之诚，则在外不在内，故不专不一，而非中国之所谓诚矣。

惟此专一之诚，其动乃能直。直之反面为曲。而依中国观念，则曲仍包在直之内。故《易》曰："直方大。"直向前，遇阻而改向，然仍是直向，则直与直之间乃成一曲，中国人称之曰方。方者直之改向，而仍不失其直，乃成一曲。《中庸》曰"其次致曲"是也。能直能方，则能大矣。故中国所谓之一曲与大方，仍是一体。依西方几何学言，方则已成一面，而其实只是一线，线则是直。直只是一线，而其实只是一点。依中国观念言，点始是一专。所专则只在一点上，而此一点实亦可谓之无。孟子曰："莫之为而为者谓之天。"故天属无为，即属自然。而无为自然，乃属动静而一之。

至于坤之静则曰翕，其动则曰辟。翕者收敛凝聚义。不专不一，则其势必分散。凝聚此分散，而使归于一，则曰翕。既翕而为一，则其动向前，如门之翕而辟。翕者向内，成一中。辟者向外，成一和。故庄周言："得其环中，以应无穷。"

西方人好言创造，而中国人则言保守。其实创造必求一成。使其有成，自当保守。故中国政府每一朝代有创始开国之君，亦必有继统守成之君。若如西方人，永求创造，而终不有成，则此创造为无意义无价值，复何可贵。

希腊人能创造一希腊，但不能守。罗马人能创造一罗马，但亦不能守。现代国家虽亦各有创造，但迄今亦各不能守，于是乃转而为今日之美苏对立。但核武竞赛，今日之局面，此下将仍不能守。故西方历史乃一有创无守之历史，有进而无止，有始而无终。此为有直而不专，有辟而无翕，有动而不能静，则无正反合可言矣。

中西文化之不同，其实起于农商业之不同。中国以农立国，五口之家，百亩之地，几于到处皆然。父传子，子传孙，亦皆历世不变。日出而作，日入而息，夫耕妇馌，老人看守门户，幼童牧牛放羊，举家分工合作。春耕夏耘秋收冬藏，同此辛劳，亦同此休闲。其为工人，亦与农民同有规律保障之生活。一家然，一族一乡同然。同则和，安则乐。《论语》二十篇之首章曰："学而时习之，不亦说乎？有朋自远方来，不亦乐乎？人不知而不愠，不亦君子乎？"孔子之所以教人，实即当时中国农民之同然心理也。而后人之所想象一天人合内外之境界，则从来农人之生活境界也。

西方古希腊亦有农民，摒之在野，沦为农奴。商人则居都市中，越洋跨海，远出经商。然买卖双方，须各同意，乃得成交。购与不购，购价几何，皆决定于购方，乃购方之自由。故售方亦如赌博，在己无确定之把握。同队而出，赢利厚薄有不同，故亦不免有妒争之意。归而家人团聚，则别求一番快乐以自慰。故其为生，杂而无统，分别而不和，向外多变，不安而争，不和不乐，而亦前进无止境。于是乃成其所谓个人主义与唯物史观。先则争利，继以寻乐。而利非真利，乐亦非真乐。人生乃在寻与争之中，究竟目的何在，则寻不到，亦争不得，乃惟新惟变之是务。

西方人重创造，并不许模仿。商业货品必有商标，一家专利，不许他家冒用。标新立异，花样迭出。此风影响及于学术界，于是哲学家中，乃有我爱吾师，我尤爱真理之名言。真理同为哲学家所寻求，但前人所得，后人亦不贵承袭。故开新始可赏，守旧不足珍，否则乃无一部西洋史。而中国人则谓，天不变，道亦不变，师法相承，循规蹈矩，不贵新创，始合理想。此又其大不同处。

又如近代西方生物进化论言："物竞天择，优胜劣败，适者生存。"中国人好言龙，龙乃古生物，今已失其存在，岂为劣者。如蝇如鼠，岂为适而优者，乃得迄今生存。中国人则仅言"天地之大德曰生"。又曰："胜败兵家之常事"，又不以成败论人。如诸葛亮司马懿，五丈原对垒，诸葛病死军中，西蜀亦即灭亡。司马一家，开创西晋。而中国后人极尊诸葛，司马氏岂能相比。又如关羽岳飞，尊为武圣。以其事败，恐人不知敬，故乃特加崇扬。今人则谓乃崇扬失败英雄，不知关岳之所成，乃有更大于其失败者。此亦崇敬其成，非崇敬其败也。中国人主和合观，不主分别观。会通于他时他地而观其大，则关岳有成功。分别于他时他地而单独观之，则惟见关岳之失败矣。

故中国人言思想贵主通，西方思想则贵有别。西方人须一家有一家之特出思想，而中国人则贵在共同问题中有共同态度共同思想。故西方人贵有一人内心思想之独特异人处，中国人则贵观察于外而有其共同之标准与尺度。孔子曰："述而不作，信而好古。"但孔子生时已非古人之时，故虽信而好古，但亦有变。所谓述，乃亦孔子之新，而无背于古人之旧，此之谓通。两汉亦通于三代，唐亦通于汉，五千年历史相承，仍贵有一通，仍不失其为一中国。哲学史学，亦贵通。故孔子作《春秋》，谓之史学，而不谓之哲学。孔子作《春秋》，实述旧史，仍守旧法，故史学又与经学通。又谓经史皆是文章，则文学亦与经学史学通。而出于孔子之手，为孔子一家言，则经史子集四部之学，在中国实皆相通，而学者则必称为通人。

人类相同，故可信。孔子曰："后生可畏，焉知来者之不如今。"此犹谓焉知来者之不有如丘其人者出也。扬雄亦言："后世复有扬子云，必好之矣。"则中国人既信古人，亦信己，又信后人。守旧即以开新，开新亦即以守旧。孔子守周公之旧，乃即所以开己之新。故孔子乃承周公之传统而现代化。周公乃如一旧孔子，孔子则如一新周公，新旧之间，变中有化，化中有变。变属地，化属天。中国人观念中之天，乃为一大化。西方人则知变不知化。故就双方历史言，可谓春秋战国化而为秦汉。西方历史，则希腊变而为罗马，乃从头新起，不得谓希腊之化而为罗马。中国人言"人文化成"，西方人实无此观念。即如西方一部哲学史，亦仅可谓由柏拉图变出亚里士多德，由康德变出黑格尔，不得谓亚里士多德与黑格尔乃由柏拉图与康德化成。故一部西洋哲学史，可谓创新立异，有无穷之变。而一部中国思想史，则上下古今，一体化成。此乃其大相异所在。

西方人言变，则谓之进。然进之反面为退，西方人又知进不知退。农业社会，百亩之地，不能再进。而三年耕有一年之蓄，九年耕有三年之蓄。春耕夏耘在进在取，秋收冬藏在守在退。而三年之蓄，则更在进中预求退。此乃中国人进退之合一。而西方商业社会进展至资本主义，富则求愈富，进则求愈进，乃不知所谓退。

孔子志在学周公，乃及其老，则曰："道之不行我知之矣"，又曰："久矣吾不复梦见周公"，是孔子志在进而知退一大证。汉唐儒以周孔并尊，宋明儒乃以孔孟并尊，以孟子易周公，此亦求进而知退之一例。大体言之，儒家主进，道家主退。乃中国儒学自《中庸》《易传》以下，无不兼融道家言，故知进必知退，乃中国人文大道之所在。顾亭林有言："国家兴亡，肉食者谋之。天下兴亡，匹夫有责。"是中国人之退，亦即所以为进矣。此义尤值深求。故曰进曰退，一正一反，其合则在退，但亦可谓之在进，此乃中国之大道，非简单申衍可明矣。

今人言进，则曰进取。中国古人言退，则曰退守退藏。取之与守与藏，亦正反相对，而其合则当在守与藏。但西方人则知取，不知守，不知藏。大英帝国数百年来，其所进取于全世界者，亦可谓既久且广矣。但其所守所藏今又何在？中国人言开花结果，实则开花是在进，而结果则已在退在藏。由旧生命展演出新生命，其主要机栝即在此所结之果。西方人生，则似惟主开花，而不知求有结果。希腊罗马之与英法现代国家，都曾开花，但皆无结果，即由其不知有退藏一面。一切西方哲学，亦如正在开花，故一部西洋哲学史可谓繁花盛开。而一部中国思想史，则惟见其果实累累，不见有花色之绚烂。此亦一大异。

《易·系辞》言："坤之静为翕，动为辟。"翕即退藏于密也。其辟仍是所翕之辟，非向外有进取。君子暗然而日章，暗与章又一对立，乃其暗之日章，非弃其暗而进于章。故西方进取，必见为异体。而中国之退藏，则仍属同体。中西之异即在此。

又如中国人言魂魄，亦一对立。魄属体，魂则属心，而体则统于心。体相异而易坏，心则同而常存。体坏则魄不存，心存则魂常存。孔子之体已坏于两千五百年之前，故孔子生前之魄已散。孔子之心则一成不坏，故孔子之魂则犹存于两千五百年之后。中国人谓此为不朽。故死生对立，一正一反，亦可谓之以死合生。惟其死中有生，生能合于死，故得死后有不朽，而中华民族乃历五千年而长存。中国之国土，则即成为中国之天堂。西方亦死生对立，其和合则又另为一事，即其宗教信仰之灵魂与天堂，故此世界乃必有末日之来临。西方近代科学之核武器创造，则不啻为促成此末日来临作准备。

西方哲学如黑格尔，其主正反合，乃于合一后仍有其新的对立，则此世界，无止无歇，永成一对立。中国观念则正反本属一体，天人内外本属和合，乃由和合中展演出对立，而终无害于其和合之一体。故在西方学术界，乃有科学哲学之对立，在中国则并无此对立。西方又有宗教与科学之对立，中国则仍无此对立。

西方科学宗教，一主物，一主神，然皆具体落实。惟主神则在可信，主物则在可证，其先皆属一种大胆之假设。哲学则架虚乘空，不具体，不落实。如柏拉图之理想国，即乌托邦，绝不从当时希腊实况或雅典实况建议设计，乃仅从其一己意见发言，故与中国古人之政治思想如周公如孔子者大异其趣。故西方哲学重客观，不重主观，于此哲学家本身之时代与地区，乃绝不介意。即如康德，其人生平，记载备详，但与其哲学无关。在中国，则读其书贵能知其人，如《论语》《孟子》是矣。读庄子书，虽不能详见庄周之为人，但亦可从其书约略推想。读老子书，则书中惟见老子之思想，不见老子之为人，乃始与西方哲学家有其类似处。读中国文学亦然。如读屈原

《离骚》，可知屈原其人。读司马相如诸赋，则作者其人不在内，故扬雄讥之为雕虫小技。读李杜诗，则知李杜其人。读韩柳文，则知韩柳其人。读《水浒传》与《三国演义》，并不能知施耐庵与罗贯中，故小说不为中国文学之正宗。即如读《史记》，亦可备见司马迁之为人。读《汉书》，则班固为人较少见。而史汉两书高下，亦于此判矣。此亦中国学术传统精神之所在。今人乃一切以西方为衡量，乃谓不先读康德哲学，无可明朱子之思想。是朱子在康德前，已预知其后世西方有康德而先与之同，斯亦出神入化，可谓极人类聪明之至矣。否则一切思想必以康德为宗主，同则是，异则非，尽可专读康德书，专治康德哲学，何不惮烦必再及于朱子。

近代人严复，译西方哲学书，有《群己权界论》。群与己亦相对立。然依中国人观念，中外古今，群中只有己，群为其大共相，己为其小别相，大共中有小别，仍为一体，非对立，则何权界可言。中国人一切学术思想行为只一道。尧舜之禅让，禹之治水，稷之教稼，契之司教，夔之司乐，皋陶之司法，盛德大业，其道则同，皆本于天，此亦可谓乃中国之宗教。旁及于农田水利音乐律法教育诸端，则科学艺术胥融纳其中矣。此亦可谓中国传统哲学思想之主要精神所在，而实亦无独立之哲学。近代国人必崇西化，特据西方哲学，求为中国古人创立一套哲学，而又必据西方哲学作批评，使中国哲学乃一无是处，终亦不成为哲学。斯诚不具体不落实，亦西方哲学架空乘虚之一端矣。

兹再言抽象与具体，亦相对立。西方则认为先有具体，乃有抽象。中国人观念则先有抽象，始有具体。如乾为象，坤为形。乾属天，坤属地。象必先于形，即天必先于地。故中国观念，具体即在抽象中。虽对立，非对立。如人身属形，必先有人，乃始有此身之形，但非此形之即为人。亦如天之生人，必先生群，始有己，非天之先生各别之己，乃始合之而为群。故西方有个人主义而中国无之。依中国观念，亦可谓先有家，乃有己。先有国，乃有家。先有天下，乃始有国。先有一共通之大同，乃始有各别之小异。故各别之小异，必回归于此共通之大同，乃始得成其为一异。西方人则认为先有异，始有同。先有己，始有群。群纵有同，而己之各别之异则更重。然则使无人类共通之群，何来而有此分别各自独立之小己乎？故西方人乃认为可以无此天下，而仍有一大英帝国之存在。则大英帝国之不可长存，亦不烦言而知矣。

故言学术，中国必先言一共通之大道，而西方人则必先分为各项专门之学，如宗教科学哲学，各可分别独立存在。以中国人观念言，则苟无一人群共通之大道，此宗教科学哲学之各项，又何由成立而发展。

故凡中国之学，必当先求学为一人，即一共通之人。而西方人则认人已先在，乃由人来为学，宜其必重一己之创造矣。但人各不同，如康德与卢骚同为一哲学家，而其人则大不同。亦如同为一夫妇，而其为夫妇者则大不同。同为一国，而其国则亦可大不同。今人则又喜称汉帝国唐帝国，此亦泯此中西双方之立国精神矣。

今人又盛言科技。庄子曰："技而进于道。"孔子曰："志于道，据于德，依于仁，游于艺。"是中国古人无论儒道两家，莫不以道为本，以技与艺为末。志道明道行道，是其本。技与艺，皆包涵在道之中。游于一艺，可相分别，会通和合，则皆一道。此可谓是中国哲学，道与技亦相对立而和合为一。而西方人则知有技有艺而不知有道，亦可谓西方人乃认技与艺即是道。即如近代之核武器，乃为西方之尖端科技，大量杀人，亦即道。故西方哲学必异于宗教，异于科学，异于艺术，乃始得成其为哲学。又必各自相异，不相会合，乃始成为一专家。是哲学亦成一技，而非道。一切学术合成一无道，则多技亦合成为无技。即如当前美苏核武竞赛，又焉有其他一技可加以遏止。纵使复有一新技出，能对近世之核武器加以遏止，则仍必有一新技与之相对立，其为一无止无歇之无道世界则依然耳。

略论中国科学

（一）

中西科学有不同。中国科学乃人文的，生命的，有机的，活而软。西方科学乃物质的，机械的，无机的，死而硬。有巢氏构木为巢，燧人氏钻木取火，建筑烹饪长期发展，亦人文，亦艺术，但不得谓之非科学。自房屋建筑，进而有园亭，有山林名胜，有河渠桥梁，深发自然风情之结构，遍中国精美绝伦者到处有之，谓非有一种科学精神贯彻其中，又乌克臻此。但在中国学术界，无独立科学一名称，亦曰"人文化成"而已。故在中国，乃由人文发展出科学。在西方，则由科学演出为人文。本末源流，先后轻重之间，有其大不同。

烹饪为中国极高一艺术，举世莫匹。但烹饪中亦自有科学。即论茶之一项，自唐以来千数百年，其种植、其剪采、其制造、其烹煮，又如茶垆、茶壶、茶杯种种之配备，以及各地泉水之审别，茶品之演进，与夫饮茶方法之改变，饮茶场所之日扩日新，苟写一部中国饮茶史，亦即中国社会史人文史中重要一项目。其处处寓有科学方法贯彻其内，则亦可谓与中国科学史有关。

神农尝百草，为中国医学之开始。中国医学之对象，为人之整体一全生命。西方近代医学则必自尸体解剖入门，其视人身亦如一机械。各器官则如机器中各零件，医学即修理此各零件，而似乎忽视了整体生命一认识。西方医学亦知有血脉，但无气之一观念。人之一切知觉记忆，则在人身之脑部，而无中国心之一观念。中国人所谓心，非指胸口之心房，亦非指头上之脑部，而所指乃人之整体全生命之活动。此观念亦为西方人所无。

依中国人观念言，一身之内，气属形而下，心属形而上，此则仍是一种人文观。若就自然方面观，以宇宙整体言之，则气属形而上，心应属形而下。此则中国医学可通于西方之哲学神学，而与西方医学转有不同。司马迁言明天人之际。人身为一整体全生命，此属小生命。宇宙亦为一整体全生命，则属大生命。故中国医学属生命的，即犹谓中国科学乃生命的。而西方科学则显属非生命的，此则中西科学之大异处。

中国医学主要在切脉，方寸之脉之跳动，即可测知其全身，而病况由以见。西方人诊病则必分别人身各部位各器官而加以判定。故中国医学乃生命的、有机的，而西方医学则属机械的、无机的。

中国医学之用药亦主有机的。神农尝百草，百草亦各有其生命，生命可与生命相通，故用草为药可以治人病。西方人视人身如一机器，属无机的，故其用药亦用无机的，由化学制成。此有机无机一分别，依中国人观念言，可谓科学亦当本源于哲学，但西方则分别为两种学问。中国乃无独立之科学，亦无独立之哲学，一切知识贵能会通和合，乃始成其为学问。

中国人又有静坐养气养神，以延年益寿之术。养神即养其心，心亦即是神。西方人则惟知运动健身，不知静坐养神，此又观念不同而方法亦随之不同之一例。中国人又能在静坐中预知外面事，如宾客远道来访，未到门，而坐者早知之。此事古今皆有，但既非科学，亦非哲学，今人则称之谓神秘。惟生命既可与生命相通，则预知宾客来访，亦非神秘。但中国人则认为非人文要道所寄，故虽有其事，惟任其偶尔有此发现，置不深究。

人之心神既可与远道宾客相交接，乃亦可与死者心神相交接。死生界限，迄今仍难定。又如客死他乡，其生命机能或未骤绝。中国有辰州符，念咒焚符，使死者随其步行，历数日数百里之遥，抵达死者家门，乃始倒地不起。此事极神秘，但非人文要道，中国人乃亦置不深究。但论其始，必有人先通此术，乃以传人。其如何得通此术，倘详述经过，亦一绝大科学问题，不得谓之乃神怪。

今姑称之为通神之术，此种通神之术，中国到处皆有。即如堪舆风水，选择墓地，皆用之。余有一友，学西方交通测量之术。有一仪器，持在手中，可测地下水道水量。对日抗战时，奉命测量云南道路，逢古坟墓，树木旺盛者，试测之，乃知其地下必有大量水流。询其子孙，必尚旺盛。逢古坟墓，树木凋枯者，试测之，其地下水流必已枯竭。询其子孙，亦必凋零，或无后继。然则坟墓风水岂不显与后代子孙有关，但堪舆家又何从得知，岂不近似西方近代之科学。但中国无科学之名，故亦可称之为一种通神术。而今人则一依西方科学观念，称中国堪舆风水为迷信，为不科学。今称通神二字亦不科学。实则中国即人文大道，亦主通神。宋儒张横渠所谓为天地立心，为生民立命是也。此乃往圣之绝学，所以开万世之太平者。是则中国之人文大道，圣学精华，亦可谓乃是一种通神之高层科学矣。

大禹治水，又是中国科学史上一绝大工程。中国以农立国，农田灌溉，水利工程，最所重视。洪水泛滥则为害。在大禹前，当早知有水利，而洚水乃益见其为害。此下水利水害问题，乃中国人文学中一大条目，亦即中国科学史上一大要项。战国秦李冰父子，为四川岷江凿离堆，除水害，兴水利。两千年来，承续修理，史迹昭然。胡渭之一部《禹贡锥指》，中国四千年来，黄河之水利水害，亦昭揭可知。又如自元以下之运河，北起通州，南迄杭州，运河之水或自高向低，或自低向高，五六百年来之国计民生，所赖实大。此非中国科学史上之一绝大成就乎。惟中国学者则一以此等尽纳入治平大道中，而不成为一项独立之科学工程，如是而已。

大禹治水以下，周公制礼作乐，又为中国人文史上一绝大创造。礼乐中皆涵有科学。有礼器，有乐器。礼器有鼎彝，永传为中国之最佳艺术品。乐器有金、石、丝、竹、匏、土、革、木八项，逐项制成乐器，皆赖科学。但何以必金声而玉振之，则乃艺术，非科学。但中国仅称一乐字，无艺术科学之名。后人又谓丝不如竹，竹不如肉。因丝属器声，竹则人与气经竹管以成声，肉则纯是人声。贵能从人心中直接露出，乃始为音乐之上乘。中国音乐，人声为主，器声为副。西方音乐，则似以器声为主，人声为副。本末源流，先后轻重，又各不同。

中国音乐又以辞为主，声为副。古诗三百首，皆求语语直接出自人心肺腑中，又能语语深入人心肺腑中。传至今三千年，读其辞，仍能感人心，不啻若自其口出，亦不啻若自其心出。《离骚》楚辞继之，亦然。汉乐府及五言古诗、唐诗、宋词、元曲亦莫不皆然。皆配以声，附以气，但必以辞为主。辞则必以心为主。如汉赋之务为堆砌炫耀，所争在字句上，则雕虫小技，壮夫不为。此则中国一套大哲学，科学艺术文学一以贯之，而科学转见为末矣。自明代昆曲以至近代之平剧，亦一贯相承，乐声仅为副，人声心声歌声始为主。一歌一唱，皆能深入人心。剧中人事，亦皆由此选定，皆重在剧中当事人之心，而遂以感通听众之心，此乃成为中国之艺术。剧场中一切表现，皆配有科学，隐于一旁，似可无见。

抑且古代少事物侵扰，其心纯深，故易感。后世事物侵扰多，其心杂而浮，则不易感。今则为科学世界，惟见物，不见心。而又提倡通俗白话新文学，皆由当前事物充塞，不见作者心，又何以感读者心，今人乃竟有称之为短命文学者。非求通神，仅求过目。能传数十年，斯可名震一世矣。文学如此，其他亦然。

礼又有衣裳冠履之制。衣裳冠履皆成自科学。中国之丝织品亦科学，而成为一种高尚之艺术。西方人亦有衣裳冠履，但多成为商品。中国人衣裳冠履从人文大道中来，亦修齐治平一要项，非为经商。如观平剧，衣裳冠履皆以见人品，非可随便使用。又如女性美，在其一颦一笑，一顾一盼上，不在其涂唇画眉上，服装则尤其次。故平剧化装，乃可一成不变，盖亦有礼意存焉。故周公之制礼作乐，其深意所存，乃在后代中国人之永久追寻中。

先秦诸子早期有墨翟，公输般为攻城之器九，而墨翟九破之。墨翟又能为木鸢飞空，三日不归，则墨翟乃中国当时一大科学家。墨经中所传有关科学之义理，颇有与近代西方科学相似处。然攻城灭国，非中国人文大道之所重，后世遂少公输般、墨翟其人。三国时诸葛亮凿修剑门栈道，又为木牛流马，以利运输。道路交通，古今所重，剑门栈道今犹存在，木牛流马则终废弃。可见中国科学上之发明，有递相传袭，续有进步者。有弃置不理，终成绝响者。此见科学亦必融入人文大道中，不能独立见重。

先秦诸子中期有邹衍，会通儒家人文，道家自然，创为阴阳家言。一阴一阳之谓道，其言实求本于天道以言人道，主要在言金木水火土五行，实皆科学。惜其书已失传。今姑据《吕氏春秋·十二纪》《小戴礼记·月令》及《淮南子·时则训》言之，此亦五行家言之主要一端。汇合天文、地理、有生、无生，而一以人事为主，又一以农业为主，本于历法，分一岁十二月为二十四节气，使务农者知所从事，而其他生产工业亦旁及焉。又推而上之于国家之政令。自然科学、人文科学、社会教育、日常人生一体兼顾，亦可谓中国学术思想共同理想所在之一例。宜其言为此下儒道杂诸家均所采用，而有迄今两千年仍奉行不辍者。

又如历法，西方用阳历，中国用阴历，但亦不得谓阴历不科学。抑且阴历中亦兼用阳历。若依阳历，日南至日长至当为一年之首。故中国俗言冬至夜大过大年夜。但中国重农事，春耕、夏耘、秋收、冬藏，一年必以春为开始，而冬至则冬未尽，春未到。故孔子言行夏之时。汉以后，历代正朔皆奉夏历。观于《吕览十二纪》《小戴礼记·月令》《淮南子·时则训》，则中国之历法不仅与人生习惯息息相通，亦与政府法令处处相关。中国之阴历，其意义价值，已融入中国之全人生。惟阴历亦有其缺点，如一岁十二月，又补以闰月是已。今改用阳历，亦非不科学，而于中国之传统人生则终有失其调和处。故政府虽行阳历，而民间则仍多沿用阴历。毛泽东一尊马恩列斯，而民间亦仍过阴历年，不过阳历年。则人文传统之难合处，有不知其然而然者。西方阳历应以冬至为易岁大节。而耶教盛行，乃改尊耶稣诞辰，其距冬至不过数日之遥。则西方之尊耶诞，其为科学，抑为人文。尊科学，又岂得拒外人文于不顾，此又深值讨论一问题矣。

邹衍又言五德终始，其指导上层政治者，谓自古无不亡之国，其言深有理，乃在劝帝王之禅让。而权臣乃利用之以篡弑，先之有王莽，继之有曹操、司马懿，为世大诟病。其学因此不行，其书亦失传。然其流传社会下层者，则如上述医学、堪舆之类，及其他诸端,仍传习不衰。今日国人之所讥为迷信不科学者,则几乎胥与旧传阴阳家言有关。

孔孟儒家主言人道,庄老道家主言天道。《中庸》《易传》则主以人道上通于天道,兼采道家言,犹不失儒家之正统。故两书皆主提挈向上,发挥一共通道理。阴阳家言则主以天道下通人道,然舍人道则天道又何由定。故其言多放散向下,流于逐事逐物之博杂上去,而不免于人类内心之深处有疏忽,此则其缺失所在。西方自然科学,无以定人道,仅求供人用。西方宗教家言,亦无以定人道,仅求减人之罪恶。而政教分离,终成一大病。中国阴阳家言,其大路向已不如儒道两家之精深而宏大。然人文终不能脱离自然而独立。生由自然,死归自然,人生终在大自然中,同是一自然。阴阳家本自然讲求人生,其说而中者仍不少。即上论中国通神之学,亦多本于阴阳家言。虽宗主有失,但亦不得谓其全无得。今求研讨中国科学史,则中国阴阳家言亦仍值再作研讨。

秦代有蒙恬,传为笔之发明人。笔之发明当在前,而在不断发明过程中,蒙恬或为其一人。中国有文房四宝,曰笔曰墨曰纸曰砚,此亦皆一种科学发明。如笔有羊毫、有狼毫、有兔毫、有兼毫,于多兽中独取此羊、狼、兔三兽之毫。《中庸》曰"率性之谓道",诸毫皆有性,择其性相宜者以制为笔,以通于操笔作书者之性,则此造笔者亦可谓其有通神之技矣。

又纸与墨与砚，皆必与笔之物性相通，乃得成其妙用。而造纸之术则尤多变。观于中国之文房四宝，乃知中国人之善于会通配合，乃有不知其然而然者。造墨、造纸、造砚者，皆未必通书法，亦未必能互相通。而书法家则兼用此四宝，以成其书法之妙，此非一种神通妙用而何。书法为中国人一种特有艺术，内可以代表书家一己之德性，外可以传百千年而仍得后世人之爱好模仿，此亦一种神通妙术矣。中国人之所谓神通，当于此等日常具体事上求之，斯不失其妙。

群言中国在科学上有三大发明，一指南针，一印刷术，一火药。此三者，惟印刷术为用最大。余尝谓宋代乃中国历史上之文艺复兴时代。论其都市工商业，则远逊于唐。但印刷术发明，书籍传播易，理学家乃能会通群说以定一是。其言愈简，其所包涵之意义则愈见有神通之妙。此诚学者所宜细心潜玩。

北宋又有邵雍康节，与二程同时。远得华山道士陈抟之传，乃欲以数理阐释历代之治乱兴亡。其学颇似阴阳家，亦欲本天道以贯通之于人道。后起理学家摒不列之于理学之正统。然其言易，颇多妙理。其数学之流行，如民间算命之术，亦多上推之康节，乃亦颇有奇验者。上之有邹衍，后之有邵雍，实皆可谓是中国之大科学家，同时亦可称为中国之大哲学家。而邵雍犹然。此两人皆曾于中国学术史上有大影响，尤多流布于下层社会。近人皆讥之为迷信不科学。而要之，如邹衍，远在古代，已难详论。而康节，亦终可谓是一神通之妙人。其遗闻轶事，实大可珍玩，而可从一新途径新观点以重为阐发者。明初有刘伯温，读其诗文集，当为一文学家。乃民间相传，则俨以继邵康节，此仍待详考。但其在学术史上，则断不能如邹邵两人之所影响。

中国方士神仙长生之术，发明有铅汞配合之方，流入西方，遂有今日之化学。中国人发明火药，已知用炮，流入西方，遂有近代西方枪炮火器之开始。明初三保太监郑和下西洋，先西方人直达非洲。西方之有远洋航行，亦自中国指南针之传入。可谓近代西方之殖民政策帝国主义，则胥得中国科学之翼助。然在中国则止而不前。可以富、可以强，而中国人乃终认其为于人生大道利少而害多，乃不更进一步加以运用，以成如近代西方富强所赖之科学。此岂诚是中国人之愚而无知，抑故步自封，守旧好古，而不求进步之谓乎？此非会通全部中国史，深知其文化传统之神通妙用所在，则无以释之矣。

近代国人极慕西方科学，然中国亦自有之。英人李约瑟撰为《中国科学史》一书，乃国人亦未能深玩。还就本国史本国文化传统，则李书之未加详发者亦多矣。其终将有人焉，重为撰述一书，以发明中国科学之真意义、真价值所在，而使国人继前轨而续有开新。余日望之，但恐终不能当余之生而见之矣。天乎，人又何尤。

（二）

1

近代国人有自然与人文学之分，此亦承西方来。然此自然与人文两名词，则远在两千年前，为中国所固有。但用以译述西方学术，实大有问题。自然乃庄老道家语，义谓自己如此。西方科学则主反抗自然，战胜自然，其最要发明则为各种机械。机械非自然，则乌得称西方科学为自然科学。

人文二字，则源于儒家经典《周易》，所谓"观乎人文，以化成天下"。人文犹称人生的花样。如夫妇、父子、兄弟、君臣、朋友皆是。自有巢氏、燧人氏以前当已有父子一伦，迄今不能免。亦可谓自石器时代至今电子时代，同有此父子一伦。此为人文即自然，而与自然终有别。中国极看重此一别，西方则不然。如电灯、自来水，依西方观念言，同属人文。而中国观念，则所谓人文，当有更高驾出于使用电灯、自来水一类之上者。故虽同样使用电灯、自来水，而人文仍可大不同。

大抵从中国言，道家重自然，儒家重人文，而两者仍有其相通处。如儒家言性命，亦即自然。人生天地间，生命所赖在一身，此身之食衣住行，则种种有赖于身外之物，故人生亦只是天地万物中一自然。但由自然展演出人文，而人文亦终不能脱离自然，而仍必以自然为依据为归宿。姑以食衣住行言，中国在此四方面种种讲究，种种成就，其极多处可谓已冠绝人寰。但只可说是人文进步，不能说是自然进步。

先言饮食。中国烹调饮膳之美，举世称羡。但中国人最称羡者，孔子之饭疏食饮水，颜子之一箪食一瓢饮，两千五百年来传在人口。盖中国人生重礼，礼属人文，非属自然。饮食亦必有礼。孔颜之饭疏瓢饮，有大礼存焉。姑言饮。李白诗："举杯邀明月，对影成三人。"酒贵酬酢，李白则庄老道家中人，但其随时随地随口流露，一人独饮，何等闲畅，乃必谓月下影前，俨成三人。中国人文精神之陶冶，真可谓无微不至矣。唐诗又曰："劝君更尽一杯酒，西出阳关无故人。"故人对饮，此又一种人文精神。又曰："清明时节雨纷纷，路上行人欲断魂。借问酒家何处有，牧童遥指杏花村。"思乡则思饮，而此酒家则在杏花村里，饮酒而对杏花，犹如饮酒而对明月，此是何等情调。明月杏花皆属自然，而饮者之情调则属人文。其实则自然亦融入人文精神中，不能脱离自然以独成其为人文。又云："欲饮琵琶马上催。"此又是何等情味。非有此一种人文精神，则一切自然无意义、无价值，皆为之变色矣。

又如衣。中国锦绣之美，亦岂不为举世称羡。然而卫文公大布之衣、大帛之冠，更称美一世，传诵千古，故衣锦则尚䌹。而晏子一羊裘三十年，亦受人崇敬。此则人文价值之远胜于自然价值可知。《吕氏春秋》载一故事，一师、一徒，夜行遇大雪，不克进城，当露宿路上。师告其徒，今夜非一人穿两人衣，俱将冻毙。我以传道救世，君衣当授我，庶我得活。其徒谓，师以传道救世，此正其时。我得师衣而活，即师道。其师无奈，乃脱衣授其徒。此亦衣非重，死生非重，而惟道为重之一例。中国人文所重即在道。后世科举，未中第，未登仕途，皆布衣。此亦一礼，亦一道。然布衣重于君相，代有其人，正为其能传道，此犹中国人文精神之一种表现。女性亦称荆钗布裙，荆布与糟糠并称，亦见人文远超衣食之上。

中国人之宫室亭园、家屋居住，莫不有人文精神寓其内，精心独运，举世莫匹。而如诸葛孔明之草庐，邵康节之安乐窝，更下如李二曲之土室，一庐、一窝、一室之陋，乃备受后人之想慕与崇仰。陶诗："狗吠深巷中，鸡鸣桑树巅。"狗吠鸡鸣，乃属自然景象。而狗吠深巷之中，鸡鸣桑树之巅，则自然全化为人文，而鸡狗亦成人文中一角色矣。古诗："风雨如晦，鸡鸣不已。"此一风雨如晦之鸡鸣，更属中国人文精神至伟大至崇高一象征。祖逖之闻鸡起舞，则不过师承风诗所咏之一微小表现而已。又如唐诗："绿树村边合,青山郭外斜。"此村边之绿树,郭外之青山,非一极清雅之人文境界乎。又如陶诗："采菊东篱下,悠然见南山。此中有真意,欲辩已忘言。"此一番真意,则不在东篱之菊,亦不在远望之南山,而在诗人日常生活之心情中。篱菊之与南山,则亦全化入人文,与为一体,而不复有别矣。

中国之名山大川,古迹胜地,亦皆人文化。如西湖孤山林和靖之梅妻鹤子,岂亦林和靖之化为禽兽草木,与梅鹤为一体,抑其梅其鹤之亦皆化入人文境界中,乃得与和靖之生活融为一体乎。不深入中国之人文传统,而漫游中国之山川胜地,斯亦交臂失之,如肝胆而楚越。则惟有效西方一观光客,以游历为人生一乐事,则于读万卷书行万里路之游又不同。人生境界各异,此则为中国人文精神最要研讨之所在。

次言行。中国古代贵族出,必驷马高车。孔子则一车两马,老聃乃骑驴出函谷关,墨翟裂裳裹足,履破而无换。此三人之行,后世均传为佳话。中国人极讲究食衣住行,但又于食衣住行上讲求礼。乃于食衣住行不够条件,极简陋极缺乏中,反备受推崇,即此亦见中国人文精神之一端。尤其如唐玄奘攀登喜马拉雅山,达印度,此故事之受人推敬,经人传述,可谓古今独步矣。近代西方人竞登喜马拉雅山,亦为要反抗自然,战胜自然,一显腰脚。玄奘则不然。

然而玄奘在中国人文精神上之伟大崇高处，则近代之攀登此峰者断不能相比。一则为反自然之自然生活，一则为超越自然之人文生活。即如哥伦布之驾舟横渡大西洋，其意在寻觅印度经商佳地，论其人文精神，亦不得与玄奘相比。此正中西双方人生之不同。

或疑中国人能注意食衣住三项，而安土重迁，惮于远行，是又不然。孔子周游列国，自此以往，中国士人多为天下士，行踪遍全国者占大多数，老死不归故土者亦多有，足迹未出乡里者则绝少。东坡诗："人生到处如何似，应似飞鸿踏雪泥。泥上偶然留指爪，鸿飞那复计东西。"此非东坡一人之自咏，乃咏中国古今相承之士人。史迹昭然，兹不赘缕。

中国人观念，食衣住行，仅为维持生命。而生命则别有其更高境界，仍需充实光大。故中国人文乃有远超食衣住行之外之上者。如言孝，舜父顽母嚚，而舜之为孝益显。然孝顽嚚固不易，孝圣贤亦维艰，如武王周公之孝其父文王，亦岂易事。人之父母各不同，则孝子不匮，永锡尔类者，将万变而无息，日新而不已。中国有百孝图，孝行岂百可尽。《周易》易字，有易简、不易、变易三解。各反诸己，其道则易而简，虽百世而不易，亦因人而必变。中国人文尽此三义。西方人生不内求诸己，而外务于物，则不简。因物而变，则无不易。自石器而铁器、而铜器、而电器，器物变，斯人生亦随而变，则人文随自然化。而凡诸器物，又务求其反自然，机械化。则器物日变日新，自然已不自然，则又乌得有人文。凡其为人文者，尽属不自然，则日变日新，又乌见其所底止。

中国人文言孝，则天之命，父顽母嚚则亦天之命。孔子曰："天生德于予。"但天未尝同生此德于孔子之父与母。故天命不易知。舜之孝，亦天生此性此德于舜而已。舜之因于父顽母嚚而益见舜之孝，则其父之顽母之嚚或亦因其所遭遇而益见其顽嚚。孔子曰性相近，习相远。习则多因遭遇来。如孔子生乱世，亦因世乱而益见其圣德。今人则谓此为环境，人则随环境而变。此犹谓人文随自然变。中国人之人文理想，则谓任何环境中，各可保有其理想之一己，故曰："君子无入而不自得。"以舜之父母而成舜之孝，以孔子之乱世而成孔子之圣，环境各不同，此即天命，即自然。而各可保有其理想之一己，此亦天命，亦自然。而人文精神乃寓其内，遂使人文理想日新月异，悠久而不息，广大而无疆。

今人则务求改造环境。较易改者，惟身外之物。乃有电灯、有自来水、有轮船、有火车。而不易改者，则惟各有其己之人。父母不易改，则可不孝。夫妇不易改，则可离婚。人与人之相处不易改，则曰自由平等独立。国与国之交际不易改，则飞机、大炮、坦克、潜艇之外，又继之以核子武器。

刘向《说苑·指武篇》谓:"凡武之兴,为不服也。文化不改,然后加诛。"此则今日西方之尚武力以征服他人,乃为人文之化其力不足之故,此亦若为可谅矣。然而中国人谓天之大德曰生,今则变成天之大德曰杀,此则异于中国人文之所理想远矣。西方之自然科学亦异于中国之所谓自然。中国人主从自然中演化出人文,又求人文回归于自然。而西方科学,则实为利用自然而反自然。但西方近代人文则主要从科学来。故中国科学乃受限于人文,而人文为主。西方人文则受限于科学,而科学为主。此则双方文化之大相异处。

今人又好用文化二字,乃从中国古语人文化成来。如电灯、自来水、火车、轮船,乃物变,非人文之化,则就中国观念言,不得谓之是文化。如舜之大孝,而此下遂有百孝图。如孔子之至圣,而此下遂有儒林传道学传。此始是中国人所谓之文化。自修身齐家而治国平天下,此亦中国人所谓之文化。即是人生的花样多了,而化成那局面。器物的花样多了,亦能化出新局面,但于人文理想,则或反有害而无利。孔子之称为怪力乱神者,大体怪力乱三字,西方科学多有近之。神之一字,则西方宗教近之,但皆非中国所谓之人文。

司马迁言:"明天人之际,通古今之变。"神属天,文属人。但人文通于自然,则人文中亦可有神,甚至禽兽草木无生物中亦皆可有神。此诸神则皆由人文化成，此乃人文中之神。故中国神字亦必明其天人之际。孔子敬鬼神而远之，此神乃属人文之神，非怪力乱神之神。敬而远之，则亦所以教人明天人之际也。而古今之变，则主要仍属人文之变。非如西方之变，多属科学之征服自然来。西方科学之变，至于近代，亦可谓已出神而入化。但此一种神，乃子所不语怪力乱神之神，与中国人文化成之神又不同，此亦当辨。

窃谓中国学问尚通。今日而言通学，则莫如文化学。当通各国之人文，会通和合，以求归一，斯为文化学。今人率好言文化，但未有一门文化学。惟中国人为学，虽无此名，而已有其实。如入国问俗，即问其文化也。一国有一国之俗，斯即一国有一国之文化。孔子曰："齐一变，至于鲁。鲁一变，至于道。"此即孔子当时之比较文化学。今试问，当今之世，孰为齐？孰为鲁？又如何而始为道？此非当前一最大见识最大学问乎？最近一百年来之一部中国近代史，先主学德国与日本，次主学英法，最后则或主学美，或主学苏，成为一大争论。实则仍然是孔子齐一变至于鲁，鲁一变至于道之意见与路向。不知孔子生今日，究当作如何主张。孔子不复生，则国人当自勉其学矣。

中国言雅俗，此亦人文一大问题，亦即文化一大问题。俗则仅限于一地，雅则可通之四方。今日国人分主美苏之争，实仍是雅俗之争。究是民主政治可以通行于全世界，抑共产主义可以通行于全世界？孰为道，孰为非道？此即中国古人雅俗之争，亦即孔子当时齐鲁道三阶层之辨。今日国人依西方言文学，则尚俗不尚雅。但言政治，则又要雅不要俗。其实西方政治无论言民主，或言共产，皆主多数，实亦皆主俗不主雅。此见今日国人古今中外之争，实亦并无一共同之尺度。

如言民主政治，必重选举，义近通俗。而中山先生则主张考试，求能创立一高雅标准来衡量一切。今日国人则尊中山先生，终不如其尊西方，故言民主，仍必言选举，而称神圣之一票。虽出自仅识之无之俗手，亦仍认之为神圣。而共产党徒则必以无产阶级为神圣。要之，今日国人慕效西方，尚俗不尚雅，似已成一时之风气。孔子言齐不如鲁，则非当时之俗见，乃孔子一人之独见。此乃孔子之文化意见。故果欲成立一文化学，则恐非大雅君子，无以任之，岂通俗之见之所能定。

西方人既不重人文，自亦不能重文化。如争民主与共产，一主自由生产，一主平均分配。一则在商业上争，再则在武装上争。一切所争，尽在器物上。而一切是非则若尽在富强二字上，岂非一切定于身外之器物乎？若言民主，不富不强，亦何得行？若言共产，不富不强，又何得行？今谓西方文化只如此，又谁得而非之。既主富强，则非凭科学不可。然言人文，又不得谓富人、强人即是高人、大人。今日吾国人处此世界，羡慕西化，当以科学为重？抑当以人文为重？而中国旧传统种种观念、种种名词、习俗惯例，皆从其人文理想来，终亦未能尽加洗涤清净，此诚吾国人当前难解脱之一大困惑。故就中国传统文化言，则近代西方科学究当处何等地位，此实今日我国人所当慎重思辨者。而中西科学之相异，亦当为一重要题目矣。

今姑依当前国人大体意见，一以模效西化为主，依照孔子语，则当曰："苏一变至于美，美一变至于道。"马克思主张共产主义，而提出唯物史观。虽此唯物一观念，亦承袭西方传统，而说得太偏了，不如美国人言民主自由，尚多少留有人文地位，此其一。苏维埃之推行共产主义，虽说是世界性，而实际则自帝俄时代起，以及列宁斯大林，未免专以斯拉夫人为主，专为一国打算。美国则独立两百年来，早期则主门罗主义，只求自保，不干涉他国事。自八国联军以来，美国始追随欧洲，过问国外事。但其对中国，却始终未抱领土野心。其对菲律宾等亦然。第一、第二次世界大战，皆不由美国发动。究竟美国帮助其他盟国之意多，而自求扩张之意少。最近世界事变中，如其对英阿之福克兰群岛之战，及以色列与巴游之战，多抱斡旋和平之努力，此其二。又美国立国,除英国及其他西欧人外,尚有犹太人、黑人,乃至如日本人、中国人等,凡列美国之国籍,则诸民族间各自平等。此尤开西方立国未有之先例,与苏俄之显以斯拉夫一民族立国者又不同,此其三。抑且美国之强,以保其富。苏维埃则务强以求富。两国立国精神又不同,此其四。故当谓苏一变至于美,美一变至于道。是则当前国人一意倾慕美国,亦可谓大义至当矣。

惟尚有小节所当顾及者。美国乃当前世界最富最强之大国,吾国人自承乃一未开发落后国家,乃一贫弱之小国,则慕效美国,亦当较量彼我,善自为学,不当好高骛远,以求同为一富强大国为目标,此其一。又美国为举世多数国家共同慕效,自有其共通大雅之处,吾国只能慕效其一部分。故中国之与美,乃正有雅俗之分。中国当不忘中国之俗。以中国之通俗化来学美国,如举一例,中国人仍当读中国书,贵能以中国书中所讲道理来阐扬宏伸美国之大道,不当只求美国之大道,而先自把中国方面一切全放弃,此亦即当前国人所主张之通俗化。如《诗经》有颂,有大小雅,亦有十五国风。今日国人志切美化,亦不当仅对美有颂、有雅,而自己乃不复有风,恐亦终有未是,此其二。

慕效西化,谦卑自居,则绝不当对国人对古人转持一种崇高骄傲之态度,漫肆批评。今国人中,贤者富者，亦多转隶美籍。据美国法律，则当与美国人同属平等。而美国究亦非已达尽善尽美之境，尚待其能一变而至于道，则吾国人之得入美籍者，正亦同负此责任，庶亦于举世人类有其贡献，而吾国家民族之前途，亦与有赖矣。倘以改隶美籍者为天下之士，则仍留本国者，宜可为一国之士。孔子祖先，亦自宋迁鲁，而如颜子、有子、曾子皆以鲁人为孔门之高第弟子，则果仍为中国人，亦未尝于天下无贡献。此则仍待国人之自勉。

2

《中庸》言诚，犹庄老言自然，非有所为而为，乃无所为而为。言其德性，斯谓之诚矣。故曰："诚者，自成也。"又曰："诚者，物之终始。不诚无物。"则万物皆成于自然，而其间有一重大意义，即为终始，即时间之过程。故曰："至诚无息，不息则久，久则征，征则悠远。"若是有为而为，则得其所为，其为自息。惟其无为而为，斯其为乃出于至诚，乃可以无息。故言自然，则必寓有一时间观。西方人对自然仅注意其空间，仅注意于物与物之分别相异，而不知其和合会通处，于是乃就其分别而各自探求其真理所在，乃有天文学、地质学、生物学等各专门之学。故其所探求之真理，则尽在外。其所成之各专门之学，则为西方之科学。抑或会通以求，而仍向外求之，则为西方之哲学。柏拉图榜其门，非通几何学勿入吾室，则哲学仍必本于科学。在自然之上，建立一上帝，信之为一切万物之主宰，亦即真理之所在，此则为西方之宗教。故西方之科学、哲学、宗教，同属向外求，同不存在于一时间观念中。纵谓有时间，亦必随属于空间，如近代爱因斯坦之四度空间论是矣。《中庸》则谓："悠久所以成物。博厚配地，高明配天，悠久无疆。"则悠久之时间，其位置尚在天地之上，而科学、哲学、宗教皆一以贯之矣。而此时间则在物之内，不在物之外。中国人一切学问皆主向内求，故乃深深获得此时间观。而万物乃同归于一，而其分别则仅一征象之见于外，经时间而始有。

故《中庸》言："今夫天，斯昭昭之多，及其无穷也，日月星辰系焉，万物覆焉。今夫地，一撮土之多，及其广厚，载华岳而不重，振河海而不泄，万物载焉。"此则天文地质，莫非经历时间之悠久，而遂有当前之现象。若言生物，自微生物以至于人类，亦同此一生命，而此生命则仍自无生物来，仍是一自然，仍是一无为，仍是一至诚无息。故《诗》曰："维天之命，于穆不已。"又曰："丕显文王，之德之纯。"此纯亦不已。则科学、哲学、宗教，岂不同归于一。一于此心之德之纯一而不已，故曰："苟无至德，至道不凝焉。"道必凝于德，德则即此心之纯一而不已，斯即天之命。一天人，合内外，如是而止。故曰："至诚之道，可以前知。""故至诚如神。"又曰："曲能有诚，诚则形，形则著，著则明，明则动，动则变，变则化，惟天下至诚为能化。"文王之德，即天地万物大全体中之一曲，而所化及于天地万物之大全体。中国古人科学、哲学、宗教三位一体之学之最高理想、最高境界，已尽在此。

西方人主言变，乃不知言化。变亦属于外，化则属于内。变则此物变成他物，而空间亦觉其有异。如石器时代变为铁器时代，又变为电器时代，此各时代之空间，皆绝不同。若知注意其时间，则一本相贯，一体相承，乃见其为化，而变则只是化中之一征。

中国人言生命，其实亦是一时间之化。自幼稚迄于耄老，仍是此一生命。自原始人迄于现代人，亦仍是此一生命。此一生命经历长时间之化，必当有变。今日已为电器时代，较之原始人之石器时代，一切物皆已变，而此生命之化则依然无大变。生命即是一大自然，科学违反了自然。往日以石器杀人，今日以电器杀人。科学日益发明，天下其乌能不乱？人种其乌能不绝？中国古人言："正德利用厚生。"在内正德，始能在外有利用，而仍必以厚生为归。西方科学则仅求利用，不求正德，斯其生乃转见其薄不见其厚矣。故科学利用非要不得，但当以正德为大前提，厚生为大归宿，始有利用可言。以此意来寻求中国科学史，而能加之以发明，则庶见其于西方科学史有大异其趣者。

此亦可谓中国科学乃会通和合于中国文化大传统之全体而始见其意义与价值，此亦中国科学精神之一端。

又近代西方科学发明，亦非限于核武器杀人之一途。即如近三十年来之太空飞行，登陆月球，岂不开人类邃古未有之新局。中国易象最重龙，飞龙在天，亦仅中国古人一想象。近代西方太空人岂不远驾飞龙而上之。前之如西方人发明纺织机，发明蒸汽机、轮船、火车之为利于人类者又何限。则西方近代之为祸，乃在其人文学，不在其自然科学。务求利用自然科学之种种发明于资本主义与帝国主义，而后其自然科学乃为祸不为利。中国古人言："正德利用厚生。"果在人文学上能先正其德，则一切自然科学自不失其为利用而厚生。若必如中国道家，并桔槔而并加摒戒勿加利用，则乌得有如近代之自来水。孔子言："仁者乐山，智者乐水。"亦可谓中国人多乐山之仁，西方人多乐水之智。一动一静，一通一别。故倘一切学问，亦如西方能分别求之，又能会通用之，先正其德，而又能利用厚生，则正如晚清儒之言，"中学为体，西学为用"，先知以会通为体，又岂害于分别之为用。此则诚会通中西，又更有一新学术、新境界之向前发展，仍贵会通以求，不贵分别以观者。余之一一比较中西学术异同，则仍贵于异中得同，乃能于同中存异。有自然，乃始有人文。有人文，而自然亦随以前进，又岂严加分别之所能尽其能事乎。

略论中国心理学

（一）

1

中国人言学多主其和合会通处，西方人言学则多言其分别隔离处。如言心，西方人指人身胸部，主血液流行之心房言。头部之脑，则主知觉与记忆。中国人言心，则既不在胸部，亦不在头部，乃指全身生活之和合会通处，乃一抽象名词。又人心必通于外以为心，非可脱离外面分别独立为心。西方主心通物，中国则更主心通心。如通于幼以为心，则为父母之慈。通于老以为心，则为子女之孝。此心又可上通天地，旁通万物，相与和合，成为一气。理在气之中，亦即在心之中。故宋儒又言心即气，不言心即理。理即于心上见，但非心即理。此心所见之理，又称性，故曰性即理。今国人译西方心学为心理学，此亦失之。

西方人言心，指其分别隔离处言，故在西方心理学中，情非其要。西方哲学根本不言情。心与心各别分离，故亦不言爱。其言爱，仅两处。一曰男女之爱，又一则爱上帝。上帝爱万物，乃以上帝之心爱及万物。即父母，亦推上帝之爱爱之，非己心直接之爱。除此各别心理外，乃有群众心理，与变态心理。实则变态心理乃是一种病态心理。中国人言及人生大道必本于心，此等心应属理想心。孔孟儒家庄老道家莫不皆然。宋明理学家中陆王特称为心学，所言亦属理想心。而陆王亦不失为一理想人物。西方如弗洛伊德，主张变态心理。即其本人，亦仅为一心理学专家。求其用心，亦终不免有病态变态处，绝不得称之为人类之理想心。

中国人言心，则与西方大异。西方心理学属于自然科学，而中国心理学则属人文科学。何以必亦称之为科学，以其亦据人生种种实际现象言，有实际材料可证可验，故当称之为科学。惟一重自然，一重人文，斯不同耳。实则人文亦是一种自然，西方则从自然推言及人文，中国则从人文推言及自然，先后轻重缓急又不同。

西方人言心仅属人身之一部分，其身与外面接触，则有种种欲，亦有种种所不欲。所欲则迎之，所不欲则拒之。其实西方自然科学之种种发明，皆与此有关。中国人则认心为一身之主，故身之所欲所不欲，转属次要地位。而心之所欲所不欲，则更属主要地位。中国之人文科学，乃由此而建立。

心之主要所欲，则在心与心相通。固亦求他人之心通于己心，故父母之慈，即求其子女之能孝。但更直捷更重要者，则为求己心之通于他人之心，故父母即贵能慈，子女之能孝与不孝，则在所不计。中国五伦之道尽是矣。己心通他心，此心即安乐，是为小康。人心尽得相通，举世大安乐，此即为大同。要之，尽在一心。今人好言交通，有道路交通、有海洋交通、有空中交通，实则皆器物之通。而心与心不相通，此则仅增苦痛，酿大乱，无多益矣。

欲求心与心相通，先求己心自相通。如目视耳听，当求外面色声之相通。朱子所谓格物致知是矣。中国人言风景，亦即声色相通之一境。倘己心不能通外物，即己心一苦恼。心有苦恼而向外求解放，则目更欲多视，耳更欲多听，外面之声与色更复杂而难通，而此心之苦恼乃更甚。又如婴儿心、幼童心、成年心、中年心、老年心，随年岁之日长而不同。自己一心先后不相通，斯亦一苦恼。逮其为幼童，已觉往年婴孩心要不得。逮其为成年，又觉往年幼童心要不得。逮其为中年老年，乃觉往年心尽要不得。在己无一贯之心，则亦无一贯之生命，乃惟求变求新，则到底惟一死，亦惟苦恼终生矣。故自然科学对物质界之所发明，凡以满足人身之所欲者，其总结果则只为增此心之苦恼。人必有死，而此心终未得安乐，则惟有求之死后灵魂上天堂。故西方宗教虽与科学相冲突，但科学尽发明，而宗教则终不可废。

中国人亦求心与物通。食而饱，衣而暖，卧而得睡，身无多求，则心已安而乐。自生迄老，此心始终相通。果其生安而乐，则死乃休而息，斯亦可无他求矣。此非最高之宗教信仰，最切实际之科学发明而何？一天人，合内外，惟以此心为之主。此为中国人之心理学，即宗教，即科学，而吾道一以贯之矣。若言哲学，此非一最好之人生哲学乎？而形而上学以及知识论诸端，亦可包括无遗矣。

中国文学主要亦为自达其一心之情意。学文学者，主要亦在以己心上通于文学作家之心。如屈原《离骚》，此非自达其己心之情意乎。读《离骚》者，亦贵能对己心情意自修自养，以上通于屈原之心之情意，《离骚》之可贵在此。宋玉学屈原为辞，然宋玉所自达其心者，则不如屈原之心。故宋玉之辞，其意义价值终不能与屈原相比。即就屈原宋玉两人言，而中国文学之大本大源及其意义价值之所在，亦从可见矣。

中国此下诸文集，不论辞赋，或诗词，或文章，苟属上乘之作，后之读其集者，为之编年，成一年谱，可从以见此作者之生平，即见其内在一心之所蕴。而文学乃通于史学，实亦即中国一种最高值得研究之心理学矣。故中国史学必先重人，重其人之心。全部中国史实，亦可称为一部心史。舍却此心，又何以成史。

次言艺术，凡艺术应皆寓有心，尤其以中国艺术为然。如音乐，自古诗三百首以下，中国文学即与音乐相结合。直至晚近世之平剧，如唱《四郎探母》，即唱出四郎之心。如唱《三娘教子》，即唱出三娘之心。故舞台歌声亦即心声。即非歌唱，伍子胥离楚去吴，遇一掌渡老人，向之求渡。又遇一浣纱女，向之乞食。此两人皆投水自尽，俾使子胥心安。为人谋而不忠乎，此等故事，虽非义理之深，显自孔孟传统来，则亦可谓剧心即儒心矣。又如"客有吹洞箫者"，其声呜呜然，此箫声即此客之心声。"长笛一声人倚楼"，此笛声亦即此倚楼者之心声也。中国人之歌唱与吹奏，每以一人之独歌独吹独奏为主，以其易见此歌唱吹奏者之心。而合唱合奏，则其所重转在声，乃较非中国音乐之所重。

次言绘画。中国人画山水，贵能画出作画者心中之山水。如画禽鸟花木，亦贵画出画家心中之禽鸟与花木。故其所画之山水禽鸟花木，实即不啻皆画者之心，则绘画亦与文学相通。如梅兰菊竹四君子，诗人所咏，即画家所绘。心相通，斯文学绘画亦无不见其互相通。故中国人作画，每题曰写意，非专画外界之物，乃兼画一己意中之物。此亦见心物之相通。

次言书法，乃中国特有之艺术，而书法尤见画家之人品与性情，即书家之心亦随其书而见。故必知如何养心，乃知如何作字。而练习书法，亦为中国人修心养性一妙道。更有进者，中国有文房四宝，造笔造墨造纸造砚，亦见中国之科学。而造此笔墨纸砚之四者，未必兼能书法，而能通书家之内心所求，遂以成文房之四宝。则中国科学与中国艺术相通，而其本源则贵通之于一心。故国人每称神通，文房四宝之为艺，亦一神通矣。其他器物之创制莫不然，兹不详论。

然人心终有一大分别，今当称之曰自然心与人文心。世界自有人类，其先为自然人，其心则亦为自然心。人类进步而为文化人，则其心亦为人文心。人之有心，实有其悠久之生命，即由自然心而演进为文化心，即此悠久生命之过程。直至近代，人之初生，婴孩心实即自然心，而人文心即植根于此。必善加养护，俟其成长，乃得人文心之日趋于稳定而舒展。然人文心仍是一自然心，非能离于自然心而别自成心。中国希贤希圣希天之学，则即指此而言。孟子曰："大人者，不失其赤子之心者也。"大人心乃一文化心，赤子心则仍为一自然心。人类文化亦由自然来，亦不能脱离自然。文化心即自然心之完成。今人则必依西方观念，谓人文演进一切可战胜自然。人文而战胜自然，与人文之从自然生长，其义大异矣。

宋儒张横渠言："为天地立心，为生民立命。"若谓天地亦有心，此乃一种自然心。为天地立心，则立此人文心。人类本听命于天地之自然心，今则当使其听命于圣贤之人文心，而圣贤心实即自天地心生长而来。故圣贤之为生民立命，实仍即是天地之命。此即继往圣之绝学，开万世之太平，而横渠所言，则更为明显。中国往圣之学，最先即为孝弟。有子曰："孝弟也者，其为仁之本欤。"人当婴孩，以至于为幼童，必在家中为子弟。使于此时即教以孝弟，他年成长，此孝弟之心，即仁心之本。孝弟之心，亦可谓乃自然心与人文心之接榫处。及其长成，乃为仁心，即见仁道，即大群心相通，而始可跻一世于大同。

人自婴孩，迄其未成年前，只在家中，日常相处，惟父母兄弟姐妹，五人至八人之间，极单纯、极亲切，心与心通，易真诚、易深厚，此即孝弟之心为将来成年后处世人文心之基本。中国儒道教人，亦惟此为主。故修身齐家治国平天下，其道一贯。而修身之要，则曰正心诚意，亦即此孝弟之心意而已。父母兄弟各不同，则何以正此心，诚此意，须能格物致知。所以求知，亦为此内在之一心，此诚中国儒家教人大道所在。释主出世，老主遁世，惟皆不驰心外物，而近在人道，故同主心与心相通。但其相通之幅度则狭，不如儒家之广大。其相通之着点则低，不如儒家之高明。但其主心与心相通则一，故均得成为中国文化一支派。

今则工商社会人事日繁，婴孩即送托儿所，又送幼稚园。日常接触可数十百人，既不单纯，又不亲切。及进入国民小学，教师同学可达数百千人。又分科为教，上自天文，下至地理，旁及万物，几乎尽可纳入教课之内。此心分驰于外，对物对事，日不暇给。其对人，亦无怪其感情之日趋淡薄。则中国人所重视之此一番人文心，乃终无以培养，不见茁壮，何能成熟。故今日世界主要仍为一人与物相交之自然世界，其次始为一人与人相交之人文世界。而其心则毋宁群以第一世界为重，第二世界为轻，此实今日世界之真情实况，而其本源则从西方文化来。国人亦竞相趋附。固有传统，则置不再问。此亦以人心为其主要之关捩。

何以转移挽回此心？主要则在发扬中国之心理学，重加阐申。好在此心已传递四五千年，又非悬空立论，各有实事实物作为证据。如研究艺术，观一剧，唱一歌，绘一画，临一帖，赏玩一古器物，皆可重获吾心，如游子之返其家，其安其乐，有不期而自至。其次则治文学，一诗一词，一曲一文，反复朗诵，吾心如即在其内。再次则读史读经，以及百家集部，乃无不可反己以自晤吾心。即如释家佛典，中国人心亦多有在其内者。得一门而入，斯吾心亦当如久别老友之重逢矣。

中国古人施教，自小学以至大学，自其居家为子弟始。今则斯文道丧，欲加挽回，当转自老年人始。中国之心学，本老幼皆宜。年之已老，既已谢绝人事，退居在家，与世无争，一切艺术诗文本亦为娱老之资。老年无聊，一加涉猎，不须具大资本，不须耗大精力，借此自娱，或亦可为转移国运之初机，亦可为天地立心，为生民立命之幼芽新萌矣。此固无害于举世之竞务外物，仅为老年人图心安心乐，又何不可之有。亦有少年老成，亦有中年遭挫折，退而为此。韩信集市人而战，如此则更易成军矣。余日望之！余日望之！

2

《中庸》言："喜怒哀乐未发谓之中，发而皆中节谓之和。致中和，天地位焉，万物育焉。"达此境界，岂非一最理想之宇宙，同时亦一最理想之人生。而工夫则只在此心之喜怒哀乐上用。西方人言心，分智情意为三。哲学则专用理智，情感不得羼入，意志亦须在探求得真理后始定，故西方哲学不讨论喜怒哀乐。

西方心理学实为物理学之分支，倘谓其亦涉及生理，实只以身为主，身亦一物，则生理仍不脱物理。

故喜怒哀乐亦从物理上来讲究，在西方心理中，不占重要地位。

中国人言喜怒哀乐，则从心上来讲究，而又兼及发与未发问题，则更见与西方思想之大不同处。西方思想侧重在空间，柏拉图榜其门非通几何学勿入吾室，几何学则只是一空间形象。直至近代爱因斯坦始创言四度空间。然亦只以时间一度加入空间三度中，依然偏重在空间。中国则时间属天，空间属地，时间观更重于空间观。发与未发，即在时间观上生出分别，但亦兼寓有空间内外之分别。

程明道言："我之喜，以物之当喜。我之怒，以物之当怒。"但此乃指心之已发言。在外面未遇当喜当怒之物，吾心之喜怒未发，但亦不得谓吾心本无喜怒。然则当其未发，将谓之何？《中庸》所谓未发之谓中，朱子释此中字为不偏不倚。以其未发，此心之喜怒哀乐既不偏倚在外面任何一物上，则其存于内而未发者，当至为广大，浑然一体，无分别无边际可言，甚亦可谓之与天地同体。亦可谓天地亦本有喜怒哀乐，吾心之喜怒哀乐，乃本天地之自然而有，惟当其未发则无偏倚。果吾心先有偏倚，未见当喜之物，而设意寻求吾心之喜，未见当怒之物，而设意寻求吾心之怒，则吾心惟有向外面物上去寻求，而吾心乃失其大失其中失其存在。必寻求之于外物而始见心，未必与外物之可喜可怒者相当，则此心即陷于人欲，而失吾心之真与正，亦非得谓之即天理矣。人世祸乱，多由此起。

此心先能不偏不倚，遇外物来前，而此心始有喜怒之发，然又贵发而皆中节。节者，有其一适当之限度。但自另一面言之，亦即满足其所当喜当怒之限度，则限度实即是满足，此即天理矣。发而中节谓之和，不仅内心与外物和，一心之内亦自见和。吾心仍非有喜怒哀乐之别，其别只属在外之已发，而其存于内而未发者，则仍是一中。发与未发，中与和，仍属一体。不明悟得此未发之中，又何能掌握得其已发之和。亦可谓中是体，和是象。惟体又贵能即象以求。心如此，生命尤然。天地位，万物育，此乃宇宙大生命之象，而体亦存其内。

由喜怒哀乐进而言心，则心亦有发与未发之分。若谓凡心皆属已发，则成为仅有象而无体。无体之象乃是一假象空象，而非真象本象。明得象之必有体，斯即明得心之必有其未发。太极与阴阳之辨，即在此。太极又即是一无极。因其未发无象，即亦无体可见。无物，亦无心可见。然在体象心物之和合无间中，仍当悟得此一体一心之为其大本大源之所在。则虚而即实，静而即动，宇宙万物乃尽归于此一心一体，而可无所遗外矣。此在中国学术思想史上，当会通儒道两家而求之。道家偏喜言虚无，明得道家所言之虚无，乃始更易悟入儒家所言之实有。道家言浑沌，日凿一窍，而浑沌死。果能深思明辨，而浑沌仍不死，乃始见儒家之精义。

朱子《中庸章句》序，引《尚书》"道心惟微，人心惟危，惟精惟一，允执厥中"，来发明《中庸》此中字，亦极具深义。人各有心，反求诸己，所谓人心者即见。中国人贵言道，而此心未必尽合于道。但道则必本之于心，未有违于人心而可以为道者。故人心之合于道者，则谓之道心，非别于人心之外而有道心之存在。道心即在人心中，惟隐藏难见，故曰微。若此心违于道，则但谓之人心，而此心则不易安定，故曰危。此微此危，只此一心。若近人只求进步，不知亦当有安有定不动不进之时与处，则此即一惟危之人心矣。精乃选择义，精选其合道之心则存之，剔减其未合道之心而去之。使此心无不合于道，则人心即道心，道心即人心，相与合一，即中即和，天地万物即位育于此矣。然此心之体藏于内，未与物接，则谓之中，不偏不倚，此始是心体。待其与外物交接，始见其心之用乃有和。中国人言养心工夫有如此。此在西方哲学及心理学中，皆不易得此意。

中国俗语言天地良心。心之良，即是道心。一部中国二十五史先圣先贤上乘人物无不可以天地良心四字说之。一部中国文学史，自诗骚以下迄与晚清，果其成为一上乘作品，亦无不可以天地良心四字说之。天则同此一天，地则同此一地，良心亦盈天地间同此一心而已。无此天地，无此良心。非此良心，亦将非此天地。一而三，三而一。此四字非宗教，非科学，亦非哲学，但亦可谓天属宗教，地属科学，心属哲学，宗教科学哲学之最高精义亦可以此四字涵括，而融通合一。亦可谓中国文化传统即在此天地良心四字一俗语中。近人提倡新文学，好言通俗，即此四字一俗语，非深得己心，又何以通之。此诚值吾国人之深思矣。

3

近代国人慕西化，亦好言自由。实则人生必具一身，身则是一物，其一切结构与作用皆必依物理学条件，无自由可言。西方人认脑为心，脑乃人身头部一器官，同是一物。故西方心理学实只是生理学物理学，不能离于身离于物而言心。中国人言心，非身上一器官，乃指此身各器官相互配合而发生之作用言。此一作用，乃可超于各器官，或说超于身，超于物，而自有其作用。

自体用观念言，西方人则可谓主身是体，心是用，用不能离于体。中国人则由用始有体，离用则体亦不可见。老子言："三十辐共一毂，当其无，有车之用。"车由何来，由人生之需求道路通行来。有此需要，而产生出三十辐共一毂之车。人由何生，乃由天命。天必命人有所作为而生人，一犹人之需求通行而制有车，故用在先，体在后。

西方人言天，则主言天体。中国人言天，乃主言天用。如言天命，即言天之动作，亦即言天之用。又言天之大德曰生，生是天之作用，而德为其本。但德亦非一物，非一体，实亦一用。中国人又言气，气亦非物非体而系用。故可谓西方主一实体的宇宙观，而中国则主一作用的宇宙观。故言德气，又言性气，但不言物气。中国人言心，必特重于其德性，而西方人则无此观念。

又如言道，即如一条道路。人需由此至彼，乃行出一条道路来。此一条道路，成为体，其实乃由人之需求通行之一作用来，是亦用先于体。

西方宗教信仰天堂有上帝。实则天堂仍是一体。上帝虽具绝大作用，其居天堂，仍是一体。上帝之一切作用，则全由上帝之体来。天堂中尚有无穷数之灵魂。此无穷数之灵魂，实皆各别为体。得罪降谪，下世为人，则人身外有灵魂，乃分两体。信仰上帝，好自修行，其身死后，灵魂重得上天堂，则灵魂岂不离其身而可自为一体乎。

但自西方宗教言，如上帝有其作用外，此无穷数之灵魂则仅一无所需求之存在，并无其作用可言。自西方科学言，则万物各有其作用，但只为供给满足人类之需求。而人类自身则除以万物为供给满足其所需求之工具外，其自身乃若无作用可言，而转见有反作用。其对万物之取得，自相斗争外，并有战胜自然征服自然之想望。人生本由自然来，战胜征服自然，岂不即如战胜征服自己。故又称自我突破，即称突破，即失去了自我，岂不为违情失理之尤。至于西方哲学探寻真理，此真理又当为限制束缚人类之自由者。人类本身无作用，则又何自由可言。其病皆在先求体，不得其体，一切乃无着落。

中国人言天，乃一作用。言人生，亦言有魂气，实亦一作用。而此等作用，其地位乃在体之上，不在体之下。在体之先，不在体之后。中国人言天神，亦言心神。神显是一种作用，而其地位则在物之上，或可言在体之外。物则只可言物体，不得言物神。

故中国人之宇宙观乃一动的宇宙观，乃一作用的宇宙观。人生分得此动与作用之一部分，人生实即只一心。心必依于身而表现，故其言人生主安分守己，又必主修身。换言之，人生乃在一大自由中分获一小自由。周濂溪言："主静立人极"，所谓静，即安守此一分小自由，而还通于大自由。所谓士希贤贤希圣圣希天是也。西方人实抱一静的不自由的宇宙观，故尚动进，尚自由，而种种人生苦恼乃由此起。

婴孩初生，食衣住行一切不自由，但有一大自由，即其能哭，其父母兄姐仅能供其需求。岂非人生即在自由世界中，只求其能安分守己，确为一婴孩而即得乎。人之耄老，食衣住行又不自由，但有子孙后辈侍奉供养，岂不仍是一自由。气中有理，则犹人生之各有其分，各有其己也。惟理则必通于气以成其理，犹己之必通于人以成其己，心则必通于他人之心以成其为心也。故人类之生，乃一大作用。如婴孩可以启发人之慈爱心，耄老可以启发人之尊敬心。果使人生无婴孩期耄老期，则全体人生将为之大变。如飞禽走兽，即无婴孩期耄老期。或虽有之，而为时极短暂，故禽生兽生与人生自不同。此即婴孩耄老之有其作用之一证，此即庄老道家所谓无用之用也。

中国人言人生多福。始自婴孩，终于耄老，胥可见矣。此福字犹如三十辐共一毂之辐字。有其限度，非共同会通于他辐，即不得成其用。又如幅字亦然。若单独一婴孩，单独一耄老，又乌见其有福。福从示，即神，即能通。如从心之愊，果能与人相通，则见为悃愊纯一之诚。若其固己自封，未能通于人，则成为心之郁结。又如逼字，相互向外，则惟见其相为逼迫，无以见自由。故人之自由，乃通于人与于人以为自由，非争于人取于人以为自由。老子言："既以为人己愈有，既以与人己愈多。"心与心相通之作用有如此。西方民主自由，乃下争于上以为自由。通商自由，乃我取于彼以为自由。在我则为自由，在彼则为逼迫矣。西方人不重安分守己，务求向外争取，则惟见一逼字。中国人能知安分守己，其心向内，则为一幅字。其能心与心相通，则为一福字。西方人生则不知一福字。即就文字学言，而文化大体亦可见。

故人生多福在能通人我。其能侍奉人供养人者亦是福。如父之慈子之孝皆是，故有婴孩，有耄老，即一家之福。范仲淹为秀才时，先天下之忧而忧，后天下之乐而乐。其忧天下之忧，此即其心之大通，此即其生之多福矣。中国人之人生哲学主要在此，其心理学主要亦在此。此即《大学》所谓在明明德，在亲民也。故中国人之言心，乃一大自由，大作用，而身则仅为其一工具。西方人则认心只为身之一工具，此则大异其趣矣。

（二）

中国人言宇宙，宇指空间，宙指时间。言世界，世指时间，界指空间。又言天地，则天指时间，地指空间。故中国人之自然观，乃是时空和合融为一体的。西方观念则重分别。时间空间，相异独立，而其视空间，一若更重于时间。柏拉图榜其门，非通几何，勿入吾室。直至近代，爱因斯坦始创为四度空间论，加入时间为空间之第四度，则仍重视空间可知。

西方人于自然，又主物质不灭论。分析又分析，直至最近，达于电子，仅是一动态，乃能非质。其动态分两型，曰阴电子，阳电子。于是质的自然，当改为能的自然。静的变成动的，时间性的重要当更甚于空间性，此颇近于中国人之言气。中国气字兼包动静，非有动而无静。又兼融质与能，非有能而无质。但易见者则在其动与能，非无质无静而仅为动与能，则中国观念对此一气字，依然是和合的，与西方观念重分别的不同。和合中非无分别，而专务分别，则将不见其和合之全与大。

今再言人体。中国常身心并言。亦可谓身属空间，乃物质的。而心则属时间，乃精神的。隔去时间，即不见有心。心于人身中见其动能，而不属人身中之任何一部分。心融全身之百体而见其能，但不能离体离物而自成其为能。西方人言心则专指人身脑部言。脑属物质，乃全身百体中之一体，即体以为能，是则乃限于身中之一体以为心。故西方人之心理学，依中国观念言，实只能称为物理学生理学，或竟可称之为脑理学，而不能超乎物与身与脑之上，别有一心。依中国人观念，心身一体，即心物一体。但此中国人之所谓心，西方人亦不能尽加以抹煞，于是遂于心与物又加以分别。在西方哲学中，乃有唯心论与唯物论。实则西方哲学唯心论之心，与西方心理学之心，显已有不同。而中国则断无唯心唯物之分。一如西方之四度空间，不能于空间外另见一时间，时间即附属于空间。中国观念则时间空间相和合，心与物相和合，而融成一体。中国人合言天地，天地亦和成一体。西方人言天亦犹其言地，天文学与地质学相类似，而别有一宗教信仰之天，则与其天文学所言之天有不同。此乃中西双方观念之大不同处。若以唯物为偏左，唯心为偏右，则中国乃不偏左不偏右，而是综合中立的。

中国人又称此曰太极。太极动极而静，静极复动，和合为一。此一太极，更无与之为对立者，故曰无极而太极。有与无，仍是和合为一。然则在西方最后分析所得之电子中，不见质，不见静。苟依中国观念，则电子中仍必有质有静，不能偏动偏能以为万物主。

西方有哲学有科学，皆从分别来。中国重综合，因此在中国学术中，乃并无哲学科学之分别而各成一专门。

最近三年前，在中国大陆发现了许多人体特异功能之事实，震动视听。尤以其反科学而确有此现象，不得谓之是迷信，而有待于科学上之新解释，遂成为大陆一时崭新一问题。

举其著者，如纸上书一字，卷成一团，纳入耳中，具特异功能者即能知此字。为何不用目视，能见字形，此诚一奇。又如取一书坐臀下，其人能知书中第几页第几行之第几字为何字。又如取衣上一纽扣置帽下，具特异功能者即能知系一纽扣，但已不在帽下。揭而视之，果已不在。问在何处，云在隔室桌上。往视，果然。后其人又言此物重在帽下，揭视则果赫然在矣。如此之类，举不胜举。西方科学心物相异，偏重物质空间，此等事诚属怪异。中国人向主心物和合成体，则外物移动，未尝与心无关。亦可谓此等同属心理现象，不必偏向物质上探求。但亦非专属心理学，须心理物理混为一体求之，庶可得解。

又具此特异功能者，皆出幼童，多在四五岁至七八岁之间，又多在女性。男性亦有之，与女性相比，约在四与六，或三与七之比。年渐长，则此能渐失。又试验时不能有多人在场，最多不得超十人，倘围观人多，即不验。又有时须无旁观，由一人为之测验。每一测验，此童必备感疲劳，故其父母亦深不愿多所试。

观此，知此等乃人心之本有功能，亦可谓是人心之自然功能。及其渐长，多在人事上历练，则此等功能渐失去。但经特殊训练，年长后，仍保有此功能者，亦可有之。此等事，中国社会常见不鲜。余少时在乡间，曾见一画辰州符者，肩挑一担。来一农，病腿肿，求治。彼在檐下壁上画一形，持刀割划，鲜血从壁上淋漓直流。后乃知此血从肿腿者身上来，污血流尽，腿肿亦消，所病霍然而愈。腿上血如何可从壁上流出，此诚一奇，然实有其事，则必有其理。

惟其理为人所不知，却不得谓之是邪术。又幼时闻先父言，在苏州城里，一人被毒蛇咬，倒毙路上。来一画辰州符者，环尸划一圈，遍插剪刀数十枝，刀锋向地，开口而插。彼念符后，蛇从各处来，皆从剪刀缝下钻入，以其口按之毙者伤口，大小不符，乃退，从原刀缝下离场而去。如是来者十许蛇，后一蛇，始系咬死此人者。以口接死者伤口，吸其血中毒既尽，仍从其原刀缝下离去，刀缝忽合，蛇身两断，即死。而路毙者已渐苏，能坐起立矣。此实神乎其技矣。

辰州符能令离乡死尸步行回家，始再倒毙。此事流布极广，几乎国人皆知。据闻对日抗战时，有两美国人在湘西亲睹其事，曾邀两术者同赴美国实验，俾科学家探讨，许以巨金为酬。两术者拒之，谓：拜师受术时，曾立誓不为牟利。如获巨金，恐所受术即不灵。凡属中国社会此一类奇异功能，皆出秘传，皆不为牟利，此又是心理学上一大问题。苟为牟利，即不传，得传亦不灵。最近又闻美国有一三十以上人，亦擅身体上之奇异功能，惟须得美金一百五十元即一试，此亦美国文化显然与中国文化之相异处。惟此人所擅何能，惜未详问，在此亦难深论。

或谓中国人遇事每不问其所以然，苟见其然，即试加应用。今大陆即如此，如令幼童具此等奇异功能者，在医院看视病人身体内情况，较之爱克司光尤灵。又警察人员更知重视利用，因幼童具此异能者，能从犯人身上看得其既往之一切。如窃盗罪、凶杀罪等，描绘罪状，巨细毕真，令犯者无可隐遁，则岂不此等幼童当前即见有大用。但在此上又另有问题。

在中国社会上，此等事既所屡见，即读二十五史之《五行志》，所载各事，类如此等奇异者，已甚繁多。如司马迁《史记》，即载扁鹊能隔墙见物。果能分类整理，已可汇成大观。其他杂见于笔记小说中者，亦甚多。即如王安石《伤仲永》一文，仲永在幼童时已能诗，不经学而吟咏成章。年渐长，而尽忘之。因其事关文学，故荆公特为文伤之。其他事涉神异，中国古人不加重视。为人有道，每一人各有其前途，不当因其有特异表现而遽尽量加以利用，岂不转毁其人之前途，乃可惜非可喜。如令幼童在医院中诊视人体，则此童乃成为一架机器，再无其他前途可言，可惜大矣。孟子曰："人皆可以为尧舜。"此乃人生之大前途，故教之孝悌，教之忠信，行有余力，则教以学文。诊视病体，自可运用各种医术及仪器，岂得牺牲此幼童之前途而全为此职。此即有违于此幼童之全生命，而此特异功能亦遂消失而不存。

又如死在异乡，自可移棺归葬。使习辰州符术，能令死者步行回乡，较之移棺归葬事若轻便，而习此术者，终身乃无更好前途，岂不更可惜。仁者所不忍，故其术终仅流传于一地，未有人特加提倡，使广行于全国。亦有中国文化大传统人文大道在后做主，岂仅加忽视而已。

又此等异状，今在大陆发现者亦有在穷乡僻壤中，更多在附郊生聚较密处，如昆明，如重庆，如北京，如上海，所在多有，并为数甚不少。此亦一奇异现象。窃意虽其表现多在幼童身上，而心理渊源恐当溯之其父母家庭，并推广之于全社会。大陆当前社会风习转变，变化之大，实为中国有史以来所少遇。其物质生活简俭之极，而其内心所存，则平淡宁静，无可欲，无可为，不思前，不想后，一味顺应，不作主张，而亦无怨无怒，心空无有，此乃近于中国道家之人生修养标准。而当前大陆无知无识之匹夫匹妇，乃竟不学而能，不求而至，在此大环境之共同心理下，乃有此种异常功能之呈露。当前大陆人生之多寿，亦其一例。其所生子女之多具心理上之特殊功能，或亦与此有关。此等特殊功能之发现，在中国社会较多于其他社会，而在最近则几于到处可遇。此等事态，宜当仍据中国文化传统与其理想与观念来加以研究说明。惜不在大陆，无可细加审察。而此等现象乃一时之特有，可加以探索与讨论者，或不久即消失，实亦无可作详究。

抑且人为万物之灵，远自原始穴居人以来，有巢氏燧人氏庖牺氏神农氏，人文演进，绵迭不断，以迄于今，莫非出于人体功能。所谓天所命，人之性，大通正常，此乃人道日新之大本大原。至于幼童偶有特殊表现，如今大陆之所呈显，亦可谓如天上之有彗星，有冰雹，为怪不为常，为奇不为正，特出非可通。逮及成年，遽尔消散。一时惊动，谓可利用，欲加培养，使其常然，乃失性命之正，亦违道之大。即就其个人论，亦成为一奇怪特殊之人，非正常大通之人。拘于一曲，伤其大方，亦可惜非可羡矣。

《庄子·内篇》养生主有言："吾生也有涯，而知也无涯，以有涯随无涯，殆已。已而为知者，殆而已矣。"人之生，微小短暂。而宇宙自然，则广大无垠，悠久不已。以微小短暂之生命，追随此悠久广大之宇宙以求知，则所得几何。西方社会重知，所谓自然科学，远起希腊，迄于近代，凡所发明，无大无小，岂能以千万计。西方人之所自傲，举世之所共仰，无逾于此。然即以今日中国大陆人身各种特殊功能之呈露，几乎西方自然科学各门各科之知识乃无可解释。抑且与其已有之知识几若处于相反之场面。今既事实俱在，不得以不科学迷信一语轻加评斥。则今日西方已有之所谓自然科学，非改变其规律，转换其观点，有难以并存而互容者，则知识之可恃而不可恃，庄子所言，即此一例，亦可谓信而有征矣。

老子亦言："古之善为道者，非以明民，将以愚之。民之难治，以其智多。故以智治国，国之贼。不以智治国，国之福。"今人读此，必以老子主愚民政治讥之。然即就近代论，第一次第二次世界大战接踵而起，但皆起于欧洲，知识远超于他邦，而所受灾难亦最甚。此非老子之言亦信有明征乎？两次大战，创巨痛深，而西方受此刺激，不加反省，各方知识反加速迈进，至今不四十年，已称为知识爆炸时期。而第三次大战之凶兆，亦随而呈现。苟非有大转机，则其势已不可免。其他并世诸邦，皆从两次大战中解放，而西方知识亦随以进入，乃其民之难治，亦获得相似之进步。今日全世界已陷入一大动乱之局面中，果问何以至此，则知识之增进实当为最大之主因。何以息此动，平此乱，则仍赖知识。试问美国最新成功之太空梭，其可平息此世界之动乱否？庄子曰："已而为知者，殆而已矣。"果赖太空梭来平治天下，不啻为天下增危殆，而核子武器则犹甚。

儒家言与道家稍不同。儒家以智仁勇为三达德，然儒家言智与道家言知有不同。孔子曰："智者乐水，仁者乐山。智者动，仁者静。智者乐，仁者寿。"孔子言智，乃一种流动之知，当随时代以具变，非可奉一时代之所知以为万世之规律，故孟子称孔子为圣之时。时间变，则空间亦随而变。孔子言"百世可知"，乃指时间，不指空间。而西方知识重空间，又于空间多加分别，或专治天文，或专治生物，互不相顾，此犹其大者。一天文学家，长夜不离望远镜，积数年数十年之勤，忽发现一新星，其在恒河沙数之太空星群中，曾沧海一粟之不如，然不得谓非一新发现。一生物学家，竭其毕生精力，专治一洋老鼠，或一微生虫，亦不得谓其无新发现。然与宇宙之广大悠久，竟何关？与人生之祸福治乱，又何关？然而尽人之精力，则都从此等处费去，谁复来顾及人类当前共通之大问题所在。

即就西方近代传授知识之大学言，分科分系，门类庞杂，而又日加增添。如文学院有文学史学哲学诸科系，治文学可以不通史学，治史学亦可不通文学。治文史可以不通哲学，治哲学亦可不通史学文学，各自专门，分疆割席，互不相通。法学院则有政治社会经济外交法律诸科系。进法学院可以不理会文学院诸科，进政治系可以不通文史哲，亦可不通社会经济外交法律诸科。其他各科亦然。尤可异者，在大学阶段中，又增设有警政一门。当一政治家仅须大学四年即可毕业，当一警务人员亦同须大学四年毕业。又如商学院，增设有广告学系，须四年毕业。但经济系商学系亦同于四年毕业。而在理工学院内，则分科分系更属庞杂多端。今日西方人竞称自由平等独立诸口号，其实在其知识领域内，即属自由平等独立，无本末，无先后，无巨细，无深浅，无等级，无次序，无系统，无组织，要而言之，则可谓之不明大体，各趋小节。知识领域已乱，更何论于人事。

试举最近一小事论之。如里根之遇刺。里根乃美国新当选之大总统，美国号称民主政体，一切重法治。里根上任不久，在政治上未有大缺失，违于民意。刺之者，亦非于里根有私冤，仅为恋爱一电影女明星尚在大学肄业者，其行刺乃以表示其对此女之爱情。可谓不伦不类，胡作妄行。里根当据美国总统地位明斥其非，严惩其罪，以尊重法治之大义，昭告于美国之大众。奈何乃以不念私仇，却求此刺者早得恢复其情绪之安定。此亦可谓不识大体，于总统之位为失职，乃亦竟无一美国人能议其失者。

里根遇刺后不久，又有罗马教廷教宗之遇刺。教宗方屡言堕胎非法。若谓堕胎有伤人道，则行刺又岂人道所许。且里根遇刺即在不久之前，教宗为宣扬耶稣大道，自当明斥行刺之非道尤甚于堕胎，藉以昭示全世界教徒，当引以为深戒。而教宗亦未一言一辞及之，亦如里根，仅如一平民，只以不念私仇，若可提高其一己之地位。此亦可谓之不明大体。以一美国大总统，以一罗马教廷之教宗，其地位身份同在全世界普通人之上，而其遇事发言有如此，则试问此下行刺之风大行，又岂不为世界动乱增一不可遏制之先兆乎？若依中国人规矩，则弑父弑君，皆为大逆不道。今国人方慕尚西化，必讥此为帝王专制，又鄙之曰封建头脑。而里根与教宗，亦当为国人崇奉西化者所称道。要之，文化不同，观念不同，孰是孰非，孰得孰失，仍当另有标准来加衡定，未可谓西方即是，中国则非，如此一概以判也。

中国以农为主，工业副之，商业更在工业之下。故凡人生直接所需，食衣住行，皆由农工各业直接产生。西方则商业为主，工业副之，农则被视为奴。赖商业利润获取财富，则一切所需皆可由财富求得。故中国人生乃直接的，而西方人生则可谓是间接的。知识类型亦有此别。中国知识皆由人之共通内部生出，而西方知识亦由分别的各向外面索觅。中国知识如农工之耕稼制造，可以直接享用。西方知识亦如资本财富，据此来再求人生之满足。故中国知识如修齐治平，皆反求之己而得。西方知识如哲学科学宗教，皆分别寻向于外，而在己则空无所有。犹忆五十年前一女友，自天津来北平，去协和医院诊疗眼疾。先赴眼科，据称无病，嘱赴其他诸科。一周来一次，借宿余家，辗转五六次，积两月以上，不得其病所在。归途在一小药铺偶购中国土制眼药一小瓶，点眼，霍然而愈。凡中国药物，所谓神农尝百草，皆由直接经验积累而来。自西方医学视之，皆属无理论，不科学，而亦能治病。西方医学则主要在人体解剖，先对人身分别有明确知识，建立理论，然后制造药物，以为对治。故其药物亦全属无机的，非自然的，由人工特制而成。其视人体亦如一架机器，其药物亦同是一架机器，以机器治机器，于真实人生则可谓是间接的。而中国医药则以生命治生命，可谓是直接的。

直接有验，中国人加以信受，亦自成一套理论，主要则在一气字上。而此气字，则在人体中乃一玄通的，抽象的，不分别，不具体。西方知识绝不以此为凭。然中国医药知识实得之于自然，既实在，又直接，并有验，不待组织成为一套理论。故在中国知识类型中，乃无西方哲学科学各体系之分别成立。即如最近大陆所发现之各项人体特殊功能，虽亦自然而具体，然依中国传统意态，则此等事象虽亦屡有发现，但因其与人生修齐治平之大道非有直接关系，遂置之一旁不加理会。朱子《大学格物补传》曾谓："即凡天下之物而格"，又曰："因其已知之理而益穷之"，则必于传统之共同性上用心，而奇闻异见有所不顾。自西方之求知意态言，则每一事项同属知识范围，同须研求。因此中国知识界每重通识常识，易于和合，而不尚新异。西方知识界则分别离散，不能集中。正如西方资本主义之人生，各拥财富，相互争衡。一反其弊，则有共产主义之崛起，要求尽废私财，而统归于一。而在中国人生中，则并无此等分裂之发生。在和合中当然有分别，而在分别中又必求其和合。人生然，知识亦然。

孔子曰："知之为知之，不知为不知，是知也。"老子亦言："知不知，上。"是中国人言知，必同时承认有不知，乃始为知。抑且不知常多于所知，故曰："我有知乎？无知也。"中国人所重则在行。人不能尽其知，但必当尽其行。中国古人言："知之匪艰，行之维艰。"此为知易行难说。王阳明主知行合一，近代孙中山先生言知难行易，三说各不同，然言知必及行，则一也。故曰："言顾行，行顾言。"所言即其所知。故中国人之知与行，亦必求和合为一。西方则知行亦加分别。如言自由平等独立，多指行，少言知。科学家亦多信宗教，亦即知行分别之一例。故中国人好言道，而西方人好言真理。道者，人之所行。而真理则在外，属知识，乃西方哲学家科学家所探究。非若中国人言人道，乃人人所奉行，贵于人人反己求之，躬行实践，不贵外此而多知。

孔子曰："五十而知天命。"人受天地之气以生，天之命于我者是谓天性。天命亦称天赋，天之所赋，即人之所禀。天赋此性于我，斯天即禀于我之身，则天即已在人之中，故曰天人合一。性之可见则为心。孟子曰："尽心知性，尽性知天。"其所知于天者，则仍是人所禀赋之性。故中国儒家则最重心性之学。道家不言性，而言气。不言心，而言自然。实皆天之所禀赋。其属天，则曰道。其禀赋而在己，则曰德。此则儒道之所同。老子曰："同谓之玄，玄之又玄，众妙之门。"万物若相异相反，而同出此玄，顺此大同，无可违逆。惟道家原其始，而儒家则尤能要其终。故中国道家可称为一门精深之自然科学，而儒家则可称为中国一门宏大之人文哲学。而此科学与哲学之两门,在中国又能会通而为一,和合而无间,此诚中国文化学术史上一特异杰出之表现。西方所谓自然科学,不仅向身外求,并亦反自然。一切科学发明,莫非违反自然,以供一时之利用。其所谓人文科学,则亦反人性,以求一时之利用而止。此之谓功利主义,与中国人之道德主义大不同。故中国人言顺,而西方人则言争。见之人事,显然自判。

中国人言道,必曰大道。言德,又曰同德。其大其同,则胥于己之一心日常体验得之,不烦外求。大之至,同之极,则达于一天人,合内外,亦胥验之于日常之一心。此心实兼知识与行为而一之,亦兼天地万物而一之。宁有知行而不涉于外者?然知行必内本于一心。此心何自来,则来自外,来自天,亦可谓来自自然,而可操于一己之内在。此可谓乃此心之全体大用,而众物之表里精粗亦无逃于此矣。故大道同德,尽在此心,亦称曰常心,或曰常心。一日一刹那,乃至千万世之心,此体恒常而无变。西方人则知行分,心物分,内外分,每专据一事一物之知以为推。互不相通,则启争。如天文学发明了地球绕日,非日绕地球之新理论,一时争议大起,发明人至陷于死地。但此说来中国,中国人即加接受,无争议,于中国人所理想之大传统亦无变。又如生物学发明了人自禽兽变来,禽兽又自微生物变来。西方此说新起,亦启大争论,至今尚未获一肯定之解决。但此说传来中国,中国人即加接受,亦不起争议,而于中国自己大传统亦可无大变。但如最近大陆发现此种种人体特殊功能,与西方自然科学之理论大相违悖,进加研究,则不能不于西方之知识传统有改变,其所影响当甚大。今日国人方竞言求变求通,如此等处,西方人所称之知识真理,非变则不能通。知识真理如此,则人生行为亦如此。旧者不可守,新者又无所知,则惟日在求变求通中,而谓之为进步。则最近自一次二次大战后,又接踵将来三次大战,岂亦人类之进步所在乎。中西文化大不同处正在此,是宜深加研讨者。

又如纺织业,中国积古相传,历四五千年。绸缎锦绣,精益加精,非有大变。自伦敦创为纺织机,一机一日所成,可超百人晨夕之勤,大量来中国销售,中国乃沦为次殖民地。而英国人又济之以海轮运输之便,枪炮击杀之利,所谓资本主义帝国主义,皆由此建基,本非有高见卓识,深谋远虑,创为此等主义,以为英国谋前途无穷之福利。而一两种机器之创新,乃使资本主义帝国主义积渐成立,世界为之变色。而一次二次大战,英伦亦自受其祸。往前盛况,势难复有。其盛其衰,恐皆非英国人事先所能想及。遇可则进,遇不可又不能退,今日世界形势,乃全为科学机器所操纵有如此。又如马克思,百年前旅寓伦敦,目睹当时工厂情况,发为资本家剥夺劳工利润之说，不可谓非一种持平之论。而必由此推演创为唯物史观阶级斗争之新论，则远非世界人类文化演进之真理所在。演变至今，共产主义与资本主义对立，三次大战危机，亟亟可待。此岂马克思当年所想象及预料之所及。全部西洋史，亦可凭此一例，推阐说之。

中国人求知态度，以通常有关大体者为贵，不据特殊仅占部分者为凭。求知态度既不同，持行方针亦自别。西汉时代即有盐铁政策之推行，则资本主义绝不会在中国成立。而唯物史观阶级斗争之理论，亦绝不会在中国学术中产生。如何为国家民族自寻出路，此乃中国知识分子所应担负之惟一大问题。然而遇见幼童身上发现了许多特殊功能之状况，则群情轰动，专家学者学校师长，乃及政府官吏，莫不注意及此，认为当前之一大发现。此亦如西方三次大战危机将临，然而知识界之分门别类，有兴趣注意者，依然层出不穷。谁来在核子战争之前因后果上去用心。仍惟分门别类，知识分散，兴趣分散，力量分散，而大变之情势，则不能亦随之分散。此诚一无可奈何之事实也。言念及此，感慨何极。

朱子教人即凡天下之物而格，非教人专格一物。王阳明格庭前竹子，已失朱子之本意。西方人如牛顿，乃专格苹果落地，而发明其万物引力之说。但为所畜大小二猫，在书斋墙下分辟大小二洞。不知一大洞，大小二猫皆可通。牛顿于此事未格，乃如一愚人。牛顿亦信耶稣说上帝，既为一科学家，仍为一宗教信徒。达尔文亦然。既为一生物学专家，专研生物进化，但亦仍为一宗教信徒，信上帝耶稣。故西方之学虽各成专家，而仍可有其共同相通处。此诚西方心理学上一深值研讨之问题。

又如中国人好共通观，率好言西方人。不知如英法，如德意，如荷比葡西，如其他各国，皆各别异视，贵独立，亦贵中立，而互不相通。又如近代西方人，率排除苏维埃，分别之为东方，不同观为西方。又如犹太人，亦不当列西方，然如耶稣言上帝，西方人乃群加信奉，成为一宗教。马克思言社会经济，倡唯物史观阶级斗争之说，西方人亦未以其为犹太人所言而排之。又如弗洛伊德，认为父母子女之互爱，有男女异性恋爱之变态心理病态心理之存在，西方人亦流传共信，成为一专门学问。中国人言慈孝，乃天命之性，与弗洛伊德说大不同。西方人亦有读中国书治汉学者，乃独于此始终未见有接受。而日本铃木大拙据佛家禅宗言，对弗洛伊德加以反驳，西方人亦加接受，一时轰动。是西方人不仅能接受犹太人言，亦能接受印度人言，即如古埃及金字塔之类，西方人亦加深羡，则西方人实非专己自守。独近代中国人则一信西方，犹过于西方人之自尊自信。依近代中国人观念，犹太人印度人，岂能与西方人相比。然此实乃近代中国人一心理状态。一切学术异同，人事异同，实莫不有人类心理寓乎其间，此非深值研寻一问题乎。

今西化已遍布全世界，各民族，各国人，无不自尊自信，曰自由，曰平等，互不相下。如阿拉伯人，如犹太人，如印度人，如非洲黑人，如美洲红印度人，莫不然。惟中国人乃独尊西方，自卑自谦，西方则属新而可信，中国则旧而可鄙。此亦中西双方心理学上异同相较一大值研讨之问题。

中国古人言："非我族类，其心必异。"或此语亦当鄙斥。要之，如宗教，如科学，如哲学，其间莫不寓有心理学问题。则诚如朱子所言，当即凡天下之物而格，而后众物之表里精粗无不到，吾心之全体大用无不明。至少此亦是朱子个人一番心理学。凡治心理学者，宜亦有以善阐之。而凡治宗教信仰与治哲学科学者，亦所不当忽。其然岂其然乎。

略论中国史学

（一）

1

中国思想之伟大处，在其能抱有正反合一观。如言死生、存亡、成败、得失、利害、祸福、是非、曲直，莫不兼举正反两端，合为一体。其大者则如言天地、动静、阴阳、终始皆是。

今言前后。空间有前后，时间亦有前后。依空间言，眼前面前谓之前，一切行动必向前。倘须向后，则须转身，仍向前。但时间则过去谓之前，未来谓之后。人之一生，自幼到老，乃从未来向过去，始谓之向前。今谓人自幼童向青年，向中年老年，则成为从过去向未来，乃退后，非前进。成为由生到死，过一日则少一日，渐近死，渐离生，岂不成为人生之倒转。

人生贵有积有成。生日积,则幼童成为青年,又由青年积成为中年老年,此之谓寿谓福。人生须多寿多福,待其死则此生已毕,非为由生进到死,乃为其生已尽,变而为死。但生死正反可合,实为一体。在我之前,早已有生。父母即我之前生。由父母生我,我乃父母之新生,父母乃我之旧生。亦可谓父母乃我之前生,我乃父母之后生。使无父母之前之旧,又何来有我之后之新。新旧有如前后,亦正反相合。中国人好言水源木本,木属有生,末不得离其本。水若无生,逝者如斯,一若其流日离其源以去,实则流即其源,无源则无流。故自然日新,而实永恒是一旧。人文亦岂得违于自然,则何可舍其旧,而新是谋。

中国乃一宗法社会,一身小生命之上,尚有一家之大生命。我生以前,有父母祖宗。我生以后,有子孙传世。而旧尤重于新。家则必称旧家,人则必尊老人。人老家旧,中国人则谓之福。

由人生之积而旧,乃有成,乃有史。一人有一人之史,一家有一家之史,一国乃有一国之史。以孔子为例,孔子一人有其史,其家亦有史。自孔子迄今,已传七十余世。自孔子以前,尚可推溯以至于商祖契,当亦有数十世。则孔子一家已历四千年以上。其实中国每一人每一家皆然,惟孔子可供作标准之一例。而中国亦已历五千年而长存。

然则人生向前，乃向古老往旧之前，而日积日成。此后未来，胥当向此过去而前进。近人言历史不可变，人生则胥向此不可变而前进，即向此已成之局而前进。在其过程中，则不断有新的发现。祖宗乃一家之旧，子孙则此一家之新。一切新则胥向此旧而前进。故曰："周虽旧邦，其命维新。"倘无新，则其旧将失去，不得仍为旧。惟中国乃为举世其他民族中之最旧者，历世已五千年以上。即读一部中国史，例证显然矣。

今人乃谓历史乃由旧向新，实则新在后，旧在前，历史与人生皆当向前，不当向后。若向后，则成倒退，乌得谓之前进。今惟当由未来前向过去，不当由过去倒向未来。因过去在前，已显已知，已有定有成，乃有意义与价值。未来则尚隐不知，无定无成，乃无意义价值可言。今一世人则群求鄙弃此已见已知有定有成之有意义与价值者，转身倒向于尚隐不知无定无成无意义与价值之一途而迈进，遂使此世界落实到今日不知明日之悲局，是诚大可浩叹矣。

人之求知，亦惟知其过去之旧，不能知其未来之新。中国史学言鉴古知今，凡其所知于今后者，亦本于其知于前古者，而推以为知。故孔子曰："述而不作，信而好古。"苟于其前古一切不信不好，则自我创造亦惟无把握冒昧危险之一途，他又何言。

故求深切体会中国民族精神与其文化传统，非治中国史学无以悟入。若如宗教、哲学、文学、科学其他诸端，皆无堪相伯仲，相比拟。

今再以当前浅近处具体言之。今日人生已成为一机械之人生，如电灯自来水种种日常生活，皆赖机械。电脑尤然。非赖机械，人生将无以度日。现在世如此，未来世亦然。百年前马克思已倡为唯物史观，此下唯物当转为唯机械。如太空飞行，近人乃谓当以征服太空。其实所能征服者，仅地球附近四围之太空，实亦未能真征服。此外尚有太阳系之太空，尚有不知几千万倍以上之整个自然体之太空，岂当前机械所能征服。当前机械之真所征服者，实乃当前之人生，亦即当前之人心。而人心终有所不甘。人心倘肯甘受机械征服，则核武器之发展当使人类不再有战争。今则一反其道，战争危机更逼前来。今人乃谓未来世向现在世挑战，实则仍是现在世在领导未来世。而举世人心于此终不悟，此因人心已受机械之奴役，人心亦已机械化，而不能再自主。则世界末日，乃机械征服人类。人类消灭，机械亦即告终。庄周言："指穷于为薪，火传也，不知其尽也。"但薪之为火，亦一自然。而人心之创为机械，迄至于今，实已违背了自然。故中国道家乃并求废桔槔，谓其启机心。机心起，则机械自亦随而起。

马克思分当前人类为有产无产两阶级。实则人生不能无产。惟当前人类则凭机械为产，故人类当同分得此机械。马克思之意，亦仅至此而止。但如当前之苏维埃，拥有更多核子武器，则转成为人类之灾祸。此则马克思所不知。就当前论，主杀伐者，如核武器之类当废。主生产者，如电脑、电灯、自来水之类，则可不废，但当有所限制，不当求其无限之发展。当追随于人类之自然生活求发展，不当违反于人类之自然生活求发展。人类生产当求以农工为本，不当以商为本。农工乃系生产，而商业则非生产。故商业乃朝向于农工而前进，非农工朝向于商业而前进。此亦中西双方历史演进一分歧处。

孔子十有五而志于学，三十而立，四十而不惑，五十而知天命。人类从自然来，仍当重其自然，乃可望旧人类进为新人类。求能立，即立在此自然，即立在此过去与现在中，而始能领导主宰其未来，勿使未来之新来干扰损害毁灭此过去现在之旧。故必先能立，始能不惑。立此旧，始能不惑于一切未来之新。则人类之新，亦以完成此大自然之旧。此之谓一天人，合内外。则有因有革，虽百世而可知矣。

孔子又曰："富贵不可求，从吾所好。"富贵须求之于外与未来，所好则在己之一心之当前与过去。求之外与未来，中国人谓之欲。吾之所好，在己心，在当前，在过去，不求自得，中国人谓之性。机械则从欲来，不从好来。人生能从过去世、现在世以直达未来世者，此惟性，性则己之所好。因其性而有革，乃能趋向于更可好者，中国人谓之化。一切变，当在化之中。以所欲，变所好，则变而非化，中国人乃以此为戒。欲而违其性，自毁其旧以求变，变而日新，乃终不见所好，此则人生之悲剧矣。此理甚易见，善读人类已往历史，自能知之。西方人不重历史，此则其大失。近代科学日新，电脑核武器一切机械皆起于欲，非所好。中国人言立言达，立于所好，始能达其更所好，亦惟从其所好而已。孔子曰："我欲仁，斯仁至"，求仁而得仁是也。电脑核武器既非人性所好，非可于此立。非所立，又何所达。核子战争又岂人之所欲达。故现世所将达，乃无人能预言，亦且为人心之所惧。

2

中国人言，人惟求旧，物惟求新，人与物，大体乃有生无生人文与自然之分别所在。生命时间延续，新生命皆从旧生命中开发成长。物无生命，仅占空间，旧物已成，新物则待另制再造。故生命富共通性，而无生物则富分别性。中国人重农，日与生命接触，故中国人观念亦富共通性，生发性。西方人重商，售货牟利，货品多属无生物，故其观念乃多倾向分别性与创造性。

抑且物供人用，如电灯助人视，电话助人听，电脑助人记忆，机器人助人操作，其用处各别，故贵专。生命则一体之内各部相通，又贵与体外相通。中国人言，人为万物之灵，灵即其通之尤者。故其于行为思想知识皆贵通。

语言通达人心，但各地方言可各不同，又难长时间绵延不变。西方有希腊语拉丁语，以及现代诸国语，既无共通性，亦无绵亘性，亦如一物，日创日异，分别日增。其文字即代表其语言，西方文化正可据此推论。中国人则于语言之上更创文字，求其更相通，而更可久。而中国文字乃亦如有生命性。一部《康熙字典》所收字不到五万，而日常通用字亦不到四千，或可更减至一千字，而通用全国已达三四千年之久。新增事物，皆可用旧字配合应用，不烦再造新字。如电灯、电话、电脑、机器人等，一切新器物岂不只用几个旧字即够。现世然，后世亦将仍然。中国之得为一广土众民大一统之民族国家，文字之用亦有其大贡献。《中庸》所谓"车同轨，书同文，行同伦"，西方直到现代，仅于物上达到车同轨之一阶程。书同文，行同伦，皆非其所有。

中国文字应用，尤贵其在人心观念之相通上。如身家国天下四观念，中国人沿袭承用已达三千年之久。中国古人已知于国之上当有更高一层之抟合，即为天下。当时中国人知识尚不知一亚洲，更何论于五大洲。但此天下一观念，至今仍可承用。西方人则于国之上并无一天下观，至今仍仅有一国际观。国与国之间有问题，何从得解决，当前举世大乱即由此。

国与国之间，有共通事，有相互事，非列国分别所能解决。如唐虞时代之洪水为灾，此乃列国共通事，乃共同朝向中央政府，积尧舜禹三帝之力而得解决。又如虞芮相互有争，乃朝向于西伯昌即后世所称之周文王以求解决，所谓虞芮质厥成是也。中国古代于列国诸侯之上有天子，其实天子亦如一诸侯，仅治其王畿之内之本国事。惟为其他诸侯所朝向，乃兼管天下事。惟此一共同所朝向者，亦必历时而变，故言朝代。唐虞夏商周，或禅让，或征诛，有朝即有代。秦以下，中国全国仅一中央政府，但如汉代唐代，皆有代，故中国人言自古无不亡之国。惟尚有天下在其上，范仲淹"先天下之忧而忧，后天下之乐而乐"，顾亭林言"天下兴亡匹夫有责"是也。实则中国人之天下观，亦如西方人之社会观。惟西方则社会在一国一政府之下，而中国之所谓天下，则犹在国与政府之上。国有别，而天下可无别。故中国人在野尤尊于在朝，而道统则尤尊于政统，此则非西方人所知。

以现代国际形势论，如举世一百五六十国，果使共同朝向于美国，苏维埃亦仍是一国，仍可处理其国内事。惟遇国际共通事，或相互有争，则由美国为之平定。倘美国不胜任，举世改朝向苏俄，此则另是一代。但美国则仍是一国，仍得处理其国内事。中国古代之封建政治乃如此。苟能为现世慕效，岂不举世可得和平。中国古人则称之为大同太平世。列国分治，则仅得有小康，不得有大同。故中国于治国之上又有平天下一大道。中国之行同伦，必达之于天下，即《大学》所谓明明德于天下是矣。

春秋末，孔子墨子以下，中国士人尽不守国别观，而均趋于天下观。百家群兴，历两三百年而乃有秦代之统一。西方中古封建时期，有神圣罗马帝国之理想，庶或相近。但耶稣言恺撒事恺撒管，主政教分。中国先秦诸子，则主政教合。故中国开创有秦汉以后之统一，而西方之神圣罗马帝国则终成一空想。至如现代各国知识界，则各抱国别观，均无天下观。苟使无如中国历史上战国一段之演进，则何能由中国唐虞三代之封建政治，走向秦汉以下郡县之大一统制，乃可举世有一最高中央来领导，此即中国人所谓平天下之大道，非今人之所能想望矣。

主要病症，在举世西化，重物而轻人，喜新而厌旧，不知以现在世来宰制未来世，而都求以未来世来改变现在世，本末颠倒，虚实混淆，人尽待之未来之虚，又于何处用力。抑且中国政治必尚礼，礼则本于人之性情，亦富生命性。西方政治重法，法则必仗权力行使，本于外，非可归之内，无生命性。故礼亦心，法亦物。故中国文化可谓之乃一种人本位之人文化，亦可称人伦化，乃一种富于生命性之文化。西方则为一种重物轻人之器物化、唯物化，进而为机械化，无生命性。此则其大异处。详研双方史学而可知。

中国史学有所谓鉴古知今，亦即一般学问之所谓温故而知新。朱子诗："旧学商量加邃密，新知涵养转深沉。"新知即从旧学来，此旧学新知之一贯相承，即自然科学亦不能例外。亦可谓学惟求旧，知惟求新。岂有废弃旧学，乃能开创新知之理。故学必贵有旧传统，而知乃始有新启发，新旧自有其一贯融通处。惟自然科学重在物，史学、人文学重在心。物则重在能分别，心则重在能会通。非通古人之心，焉能知古代之史。故称万物，亦称一心。物称万，故曰物惟求新。心贵一，故曰人惟求旧。万物各别，其会通处则在数学上。人事亦多变，其会通处则在人心之德性上。中国史学重人品观，即人之德性观，此乃其最精邃处。德性则只分高下，并不能分新旧，此一层亦当明辨。

（二）

1

历史记载人事，人不同，斯事不同。人为主，事为副，未有不得其人而能得于其事者。事之不完善，胥由人之不完善来，惟事之不完善，须历久始见。中国史学重人不重事，可贵乃在此。

事有外形同，而内情必不同。一人不能独成为一事，必集众多人之情志以成，而其事乃更复杂。亦有单独由一人兴起主持其事，其他人乃无情无志而追随，则其事之意义价值亦只在一二人。要之，事之重要性，常在少数人，不在多数人。中国历史重人，尤重少数人。此乃中国史学一特色。

管仲相齐桓公，霸诸侯。桓公为君，管仲为之臣。然孔子则仅称管仲，曰："微管仲，我其披发左衽矣。"此为中国史学精神，最值深研。如孔子开门授徒，弟子贤者三十许人，《论语》载其事。孔子之教各不同，诸弟子之学亦各不同，细读《论语》而可知。孔子为中国一大教育家，亦中国历史上一最大人物，而《论语》亦不啻为中国一最有价值之史书。孔子之教，与西方古希腊苏格拉底不同，知此，斯知中西人事不同，而主要则在人不同。今人称孔子与苏格拉底同为一哲学家，斯失之矣。

中国正式第一大史学家，当首推汉代之司马迁。其为《史记》，乃自称上学孔子之《春秋》。其中有深义，当加阐申。最重要者，乃为其重人更重于事。其书自五帝三代起，春秋战国，其往事仅撮其大要，不详记载。如《管晏列传》，有关齐国大事均略，而独叙管晏二人遗闻轶事三数节，非以详其事，乃以见其人。凡其人之事业，则胥从此等小节琐事上树立基础。此正中国文化传统大道精义之所在。孔子曰："我无行而不与二三子。"诸葛武侯言："先帝知臣谨慎，故临终寄臣以大任。"中国人认为，细行能慎，始能负天下之大任。马迁此一篇《管晏列传》，近似文学小品，实涵哲学大义。为中国一史学家，又岂止于记载往事而已。

又如战国时，迁书记孟尝、信陵、平原、春申四公子故事，均不见于《战国策》。而如孟尝君门下之冯谖，信陵君门下之侯嬴，平原君门下之毛遂，此皆三公子三千食客中所希遘难得之杰出人才，然世人亦仅知有孟尝、信陵、平原而已。自经迁书之详载，乃知孟尝、信陵、平原之得为孟尝、信陵、平原，其背后乃大有人在。此乃一番绝大提示，绝大指点。使处亲贵之位，而欲有所作为，当先知其所用心，而岂广揽宾客，餍其饮食群居之所欲，而即能有所成就。

迁书所详，乃在汉初开国以后。其先刘项相争数年，军事胜败，寥寥几行字即尽。然于项王沛公之为人，性情隐微，则勾画如见其肺腑。而于两人之部下，则叙述尤备。项王部下，仅范增一人而不能用。沛公部下，则有如张良、萧何、韩信，又其次如陈平、曹参、樊哙，更其次以至黥布、彭越、陆贾、叔孙通等，开国功臣，迁书详者，不下二十人。其各人之性情才智行为功业，可谓备矣。当知汉祖开国，非汉祖一人之事，乃其一集团二三十人之事。至于开国之大业已成，分封功臣，不再详载。西方晚近始有史书，仅只记事。中国史起源甚早，又必详其事之成败所由。其所由则尽在人。一事之成乃有不尽于一人者。并有无其事，而许其人，则犹见中国史学之深义。

即如秦始皇帝，其削平六国，统一天下，其事亦不在秦始皇帝一人，抑且亦不始于秦始皇帝之时，而尚远在其前。细读马迁书亦可知。今人则误谓秦祚始于秦皇一人，汉祚始于汉祖一人，则秦皇汉祖，宜可专制全国而有余。此亦不细读史书之误。汉祖之得天下，一曰不嗜杀人，又一曰善用人。而迁书之传项王，则有三大事，一曰邯郸之战，一曰鸿门之宴，又一曰垓下之围，以及乌江之自刎。项王为人可爱处，实多于沛公。此又见中国史取人之宏，与其教人之深。而迁书此等处，遂成为千古妙文。中国文学善于写人，故一部良史，同时必是一部好文学。不通人生，则无以读中国之文史。能通文史，始乃得为中国之通人。秦汉以下中国之学，即谓之乃文史之学，亦无不可。而司马迁之大功不可没矣。

又秦末群雄竞起，论其事，则陈胜、吴广最先发难。然迁书未加重视，亦非以成败论人。田横身败流亡海上，应汉祖召，驿站自刎，在汉初开国史上可谓无影响。其随亡者五百人，则更无姓名可考。秦末汉初之际，死者千千万万，迁书乃独详田横及其宾客五百人，成为千古文学佳话。此下一部中国二十五史，类此者不绝。若果以今人之史学眼光加以衡量，则此等无关历史大局之记载，岂不认为繁文琐节，滥充篇幅乎。

继马迁，有班固作《汉书》。断代为史，又中国史学一大进步。自古无不亡之王朝。后一代起，为前一代作史，盖棺论定，语无忌讳。而历代新王，亦许其如此，是亦心知其子孙之不得永有其国矣。此亦中国史学一特有精神所在。班书有李广、苏建传，实为李陵、苏武合传，上承马迁魏其、武安等诸合传来。同一时同一事，而参加之人不同，人与人之相比，是非高下，最易从此等处显。李陵以八千步卒当匈奴五万骑，可谓不世出之将才矣。苏武北海牧羊，事若平易。孔门以回赐相比，又以赐商相比。彼人也，我亦人也，彼能是，我何为不能是。以事论，则海上牧羊与两军抗衡难易不能相比。以人论，则李陵之与苏武，一相比而确见其为两人。中国史学伟大，亦正在此等处。

自唐杜佑作《通典》，于断代史之外，又有通史。此又为中国史学一大进步。《通典》为书，即从马班之书志来，取材相同，用意大别。朝代易，而制度相承，此亦马迁所谓通古今之变也。孔子言："如有用我者，我其为东周乎。"又言三代因革，而曰："其或继周者，虽百世可知。"孔子此意，为后代史学家所承袭。故治儒家言，必读《论语》，又必读马班杜氏书。否则无以为通儒，亦无以治史学。

南宋郑樵继杜佑作《通志》，扩大为二十略。又为中国史学一大进步。马班之书重人，杜氏之书则重事，然亦非一般人之所谓事。至郑樵，则不啻欲为一部文化史，尽包一切人文而通之。然传统重人不重事之见解，固犹保守无失，亦可谓大而化之矣。清初顾炎武有《日知录》，其书包容广大，亦即史学。非写史，乃论史，而亦寓有郑樵意。"天下兴亡，匹夫有责。"《日知录》一书，亦足为天下兴亡负责。亦可谓马班杜郑之书，亦莫不为天下兴亡负责。能知此意，乃能知中国之史学。

施耐庵《水浒传》，亦可谓师法马迁。忠义堂一百零八位好汉，尤其是三十六天罡，性情各别，才智互异，而宋江独不见有奇才异能之表现。其高踞忠义堂之首席，乃为沛公型，非项王型。一百八人外，先之以王进一人，神龙见首不见尾，亦迁书七十列传以伯夷为首之遗意。但就中国人传统心情言，读其书，虽亦情节动人，终嫌其事出虚构，不真实。中国人喜脚踏实地，在实情实节上下工夫，此即《中庸》之所谓诚，孟子之所谓有诸己之谓信。空议论，假故事，中国人向不重视。金圣叹力赞此书，与庄周、屈原、司马迁、杜甫之著作同称为才子书。然庄屈马杜终不得仅目其人为才子。《水浒传》亦终不列入为中国文学之正统。《西厢记》则仅儿女私情，更不能与水浒忠义堂相比，不待论。而圣叹之言，亦终不为此下学人所共认。此乃有关民族性情大纲，自诚明，自明诚，主要先在一诚字。而诚又须合内外。耐庵此书，纵谓其亦诚于心，但不能诚于事，所以亦终成为小说家言。

抑且耐庵此书，纵谓其能教乱世，但终亦不能教治世。传之江湖山林，不能传之廊庙官署。感于草莽，不能同感之于衣冠。其书成于元明之际，而明祚一统，其书终见不适。于是罗贯中即继之有《三国演义》之问世。全本三国实事，然为通俗，求取大众爱好，则情节不得不有委曲。如曹操，兼擅政治、军事、文学，为一时代杰出人物。而广揽人才，尤为难能。其善待关羽，更可见。荀彧至晚年始离异。操之立意欲为周文王，必待其子始受汉禅。但终谥为武帝，其子丕乃谥文帝。即此小节，可见中国乱世亦与其他民族之乱世有不同，故广土众民，得绵延五千年不绝。试读曹操之《述志令》，此亦见吾民族之传统性情，惟诚伪有辨而已。杜甫诗"将军魏武之子孙"，则操之为人，唐代犹见尊。司马光《资治通鉴》，亦仍以正统归之魏。朱子《通鉴纲目》，始有魏蜀正统之争。然朱子书法，自谓乃慕效曹操，则操之为人，即就理学大儒言，亦尚不深嫉。《三国演义》出，曹操乃成一不足挂齿之乱世奸雄，一无是处，则又何以处曹操手下之群才。诸葛亮一生谨慎，而演义中之诸葛，则纶巾羽扇，俨是神仙人物。其于鲁肃、周瑜，又尽失其真。当时三国之所以得成为三国者，演义书中皆失之。而关羽则以演义一书出，社会群尊为武圣，其地位尚在岳武穆之上。然论三国真史迹，关羽不能遵诸葛东和吴、北拒魏之外交大政方针，三国形势起了大变动，此皆演义一书无当史实之大者。其实《演义》一书，亦承朱子争魏蜀正统一意见来，与《水浒传》同为效忠教义之书，无失儒家大传统。然中国人为学，最贵在通。《演义》违背史实，亦终为小说家言，宜亦不得列入文学之正统。

史学明与文学有别。然如司马迁、班固、陈寿、范晔之书，中国治文学者必所诵习。曾国藩继姚鼐《古文辞类纂》后，编为《经史百家杂钞》，则中国之经史百家，尽皆文学也。其为《圣哲画像记》，虽寥寥一短篇，然所列圣哲，则已尽包容了经史百家之学。而更要者，为学必志于圣哲。曾国藩乃一文学家，其人则亦如曹操之政治、军事、文学皆所兼擅。与诸葛亮、王守仁亦相类似。而曹操为人与此三人比，则判若天壤，绝不可以相提而并论。则中国史学之重人不重事，即此亦见其大义之所在。

子贡曰:"纣之不善,不如是之甚也。是以君子恶居下流,天下之恶皆归焉。"此非为纣申冤,乃重其上下流之辨。流言其品德,但亦可言其趋向。曹操为人,亦终易教人趋于下流,是以亦众恶皆归之。故中国人之为人为学,主要在辨其高下,辨其诚伪,辨其流,亦必明其统。如读《水浒传》《三国演义》,读者之心亦每易趋于下流,不易登入上流,故亦终不得为文学之正统。

今人则据西方人意见,史学重事,文学则重在其能通俗大众化,故小说戏剧乃成文学正统,而不知其弊。欲专意为一文学家,则可尽撝经史百家于不顾,鄙圣哲而不为。人之为学,虽固为己,亦当为人,为后世,而岂仅逞其一人情趣之所好,而又争惟此乃始为正统。不以事论,而以心论,心即其为人之主。中国人之为人为学,自亦有未可厚非之处矣。国人其以忠恕之道平心而思之。

然而中国史学,此下终当有所变。惟求变而当不失其大统。人才众起,列传一体势难网罗,此一也。事态复杂,端绪繁,曲折多,马班之书与志,杜佑之通典,郑樵之二十略,皆难详尽,此二也。已无朝代之更迭,写史何始何终,此三矣。是则中国旧史体例已不能守,如何成新史,此须有明天人之际,通古今之变,成一家之言者,创为新例,有如司马迁其人者出。或有三数人出,分工合作,以共创此新体，而已非一人之力之所能为。此皆非当前之所能预知。然当会通群学以创成为新史学，仍当重人，又当重其人之性情，则旧史学之大统所在，宜当善守之而弗失。此则仍当揭举以为新史学之纲领与宗主，可无疑义。姑悬余言，企以望之。

2

余曾谓历史记载人事，而事必出于人，故中国史重人尤重于其事。一美国史学家当面质询，果使其人为历史人物，则其事又岂得见于史。余答，此乃中西双方历史一大不同处。中国史籍中，更多非历史人物，有超出于历史人物之上者。此非细读中国史，无以知之。

今姑举一例，如近代平剧中有韩玉娘其人，乃载入《明史》及《新元史》，然实为一不知姓名之女性。近人造为平剧，乃姑以称之为韩玉娘而已。此人之不得为历史人物即可见。中国史学此一端，当值深论。

即如中国古史中之有巢氏燧人氏，其人姓名，乃从无知者。西方史学称石器时代铁器时代，谁始用石用铁，则可不论，惟知其时代之为石器时代铁器时代则已。中国人则不称巢居时代火食时代，而必特举一人以为此时代之创始，此即中国史学重人尤更重于事之一证。

中国人论人，则必分好坏善恶，即君子小人贤奸之辨。善人君子贤人固得见于史，而小人奸恶亦得入史。如夏商两代，禹汤固必详，而桀纣亦必及。其他帝王，或仅存其名，或并其名而不载。近代人重多数，其实一部美国史，开国以来两百年，总统五十人皆有其名，其他姓字不详者何啻亿万倍。是西方史学亦重少数，惟贤奸之辨，西方人似不以为意。

人分贤奸，斯事有褒贬。褒贬乃成中国史学之要纲。未有不分贤奸，不加褒贬之史学。史之褒贬，亦不始于孔子之作《春秋》。齐崔杼弑其君，齐史臣执笔直书，而见诛。其弟承袭史官位，又续书，又见诛。第三弟再续书，乃免。有史臣在野者，闻其事而来，则史笔已定矣。当时列国史官，由西周中央政府派任，其职世袭。周之东迁，天子声威扫地以尽，而史官守职，执笔直书，置身家死生于度外，有如齐史之所为者。其实齐君亦非崔杼亲杀，而终必正其名曰崔杼弑其君。此乃中国传统史学精神，亦可名之曰中国传统民族精神。然当时史臣之具此精神者，已不多见，故孔子作《春秋》而曰，此天子之事也。孔子非任史职，乃因鲁旧史作为《春秋》，褒则褒，贬则贬，游夏不能赞一辞。此可谓由孔子之《春秋》而见中国之史学精神民族精神矣。但此亦孔子述而不作信而好古之一端，而岂孔子之自我创造乎。

今试舍《春秋》而读《左传》，此乃集合当时两百四十年列国中不知姓名之作者所记载，而汇以成书。而其人物之贤奸，人事之褒贬，亦已至详具备矣。孔子当亦对此等材料，信而好之，承而述之而已。继《左传》又有《国语》，有《战国策》，此等书皆不知出于何人之手，惟知其绝不出于一人之手而已。然而所载人物多无职无位，而贤奸褒贬，则既详且备。其事则亦多无关于君国之大，此皆中国史学精神民族精神之随时随人而流露，为并世其他民族所无有。近代国人读之，则曰此乃封建社会事。如读崔杼弑其君，则谓此乃专制政治下尊君观念之表现。则试问何以在封建社会之上犹得有专制政治。近人必以西方史学来治中国史，则恐终难理解矣。

西汉司马迁作为《史记》，乃取法于孔子之《春秋》，其记事多采之《左传》《国语》《国策》诸书，而有取舍，又有增益，兹不论。姑论其载楚汉之际，乃及西汉开国后事，则所略而不备者多矣，而乃特载田横其人与其事，此亦特见中国之史学精神民族精神处。至于汉之立国，是否为一帝国，汉之为政，是否为帝王专制，此皆可据迁书而论定。今人则必依据西方史学观念与成语来加之中国史，则迁书亦可束高阁矣。

余于中国史学重人物，既多论列，然犹有不尽于是者，试再加申论。

中国人死，骨肉埋于土，立一木为神主，期死者魂气之常驻。祭之拜之，孔子曰："慎终追远，民德归厚矣。"木偶陪葬,孔子则曰:"始作俑者,其无后乎。"恶其薄生人以为死人也。古埃及为木乃伊,藏金字塔中,重得复生与否可不论,其尸其塔则历千古而常在。希腊人雕石为女形,藏之大建筑中。建筑雕刻长存,斯止矣。人生之安与其美则似转不深求。中国之诗则曰:"窈窕淑女。"窈窕安于幽居,斯美矣,不在其体貌与宅第。此即中国重人西方重事之又一证。

《战国策》苏代告孟尝君,有土偶人木偶人之喻。《史记》《说苑》皆载之。堆土为人,无伤土质,雨淋仍为土,亦仍得堆为人。雕木梗为人,已伤木质,或遭打击焚烧流荡,此木梗将失所归,亦将失其为木梗。以历史言,中国史如一土偶人,西洋史则如一木偶人。唐虞夏商周下及宋元明清,朝代兴亡,中国则仍为一中国,中国人亦仍为一中国人,故中国历史乃有其共同性。西洋史则惟见分别性,希腊各城邦,即各自分别。雅典人、斯巴达人即互不同。罗马继起,更有别于希腊人。现代国家兴起,又更有异于罗马人。尤如英法德意,大小各国,亦各相异。中国史同为一块泥土,西洋史则各别各成一条木梗。

中国人重在人群中做人,再由人来做事。西洋人则在做事上来做人,在人群中乃看重个人主义。孔子曰:"十室之邑,必有忠信如丘者焉,不如丘之好学也。"又曰:"若圣与仁则我岂敢。我学不厌,而教不倦。"学则学于人，教亦教于人。而所学所教，则即此人群中相互共同所应有之忠信之德。老子亦曰："既以为人己愈有，既以与人己愈多。"在人群中做人，为人与人，而仍能己愈有己愈多，亦即见群己之一体。西洋人重事，而他人则为之工具，为之奴役，或为之牺牲。工商业之发展，宁非如此。

即如宗教，教徒与教外人别，新旧教牧师与神父亦有别。政治严权位之别，社会严贫富之别。故西方有宗教战争，有民主革命，有有产阶级与无产阶级之分裂斗争。即如学术，科学哲学文学美学，事业分，人亦别。牛顿与康德远相异，莎士比亚与贝多芬大不同，人为事缚，乃不见有人类德性之大同。

至晚近世，学术益分益细，而史学与政治学两项乃终不占西方学术中之重要地位。政治家多从人事出，绝少从其专治政治学来。而史学则仅记往事，又若与当前实际人事无关。在中国学术界，则政治学史学正为一切学问中心主要两项目。孔子即为其代表。中国人言学以成家，乃指其上有师承，下有传人，如一家之相承，仍指其共通性，与西方之个人各业相别各成一专家大不同。故中国经史子集四部之学，乃可由一人兼而通之。如此宋欧阳修，即其例。经史则其学，子集则以教，而治平大道则为其总目标。故中国学与西方异，人则亦异，而史亦异。欲治中国史，不通其人其学，则一堆往事尚何意义价值之有。

人从天来，今从古来，故司马迁作为《史记》乃曰："明天人之际，通古今之变。"西方宗教科学哲学亦若为求通天人，西方社会学法律学经济学军事学则亦若求通古今之变，但岂能囊括而无遗。故中国之史学乃为集大成之学，而人为之本。圣贤豪杰，亦即集为人之大成。

中国人重为人。惟有人，始有事。不成人，何成事。故中国人于事，每主退不主进。如孔子，甚为鲁哀公季孙氏所重视，苟能相与，和衷共济，于鲁国当时之政，必当有所成。但孔子之为人则必将由此而有损，则其所成亦不能大。孔子退而去鲁，遂完成孔子之为人，而其影响及于后世，则有胜于尧舜文王周公之上者。亦可谓非知孔子，则无以知中国史。非知中国史，亦无以知孔子。其他历史人物皆然，惟有其正反损益广狭久暂之不同而已。读西洋史，则当从其一事一事论，不得从一人一人论。希腊罗马迭兴迭亡，此为事。周公起，孔子继生继起，此为人。人存政举，人亡政熄。亦可谓其人存其史举，其人亡其史熄。惟治中国史，乃能明其义。近代国人群慕西方事，尽鄙中国人。不幸而世界第三次大战续发，核子武器逞威，一部中国史庶可获我国人之重加反省，此诚无可奈何之事矣。

（三）

1

《易·系辞》言："夫易，开物成务，冒天下之道，如是而已者也。"朱子注《大学》："物，犹事也。"中国人每事物连言，物上必有事，事中必有物。如人生食衣住行，食则五谷百蔬，鸡鱼猪羊。衣则蚕桑丝织，麻布棉裘。住则洞幕巢宅。行则车马桴筏。岂不皆因物见事。即至近代，电灯电话电脑，凡属科学发明皆然。此即《易》之所谓开物成务也。近代国人群尊《易》为一部哲学书，但《易》书中亦多言及科学。中国学术传统，本无哲学科学之分，即《易》之一书而可见。

《易·系辞》又言："是兴神物，以前民用。"神物连言，天地亦神亦物，亦以供民用。是西方宗教，以《易》书言，亦与哲学科学融成一体。《系辞》又言："见乃谓之象。形乃谓之器。制而用之谓之法。利用出入，民咸用之，谓之神。"神属宗教信仰，然如《易》言，则电灯电话电脑皆可谓之神，则科学岂不与宗教相通。《系辞》又言："形而上者谓之道，形而下者谓之器。"道器并言，亦属一体。形上形下为两端，而形为之中心，所谓执其两端，用其中于民。舍其形，又何以见形而上之道。故言事则必言物，言器则必言道。犹之言天则必言地，言德则必言业。形上形下，则必通而言之，以见其为一体，则哲学科学岂不亦相通。近代国人乃以形而上三字译西方之哲学。但如牛顿之万有引力，此乃西方科学上一大发明，亦即形而上者。万有乃其形而下。万有引力即由形而下见形而上。无此万有，即不见此引力。故引力即属天、属神。自中国人观念言，亦科学哲学宗教同可会通合一之一例。故在中国学术传统中，无此三者之分门而别类。

近人又分自然与人文。子贡言："夫子之文章，可得而闻也。夫子之言性与天道，不可得而闻。"是孔子只言人文，不及自然。《论语》又言："子不语怪力乱神。"神亦为孔子所不言，是孔子亦不言及宗教信仰。庄周道家喜言自然。《易》之为书，则兼儒道以为言。庄周言："指穷于为薪，火传也，不知其尽也。"薪乃一物，属形而下。火犹道，属形而上。天地万物，变化无穷，即在此无穷变化中见道。火只是一燃烧，一作用，一业。薪能为火，乃薪之性。则庄周此番话，可演绎成宗教哲学科学三方面，而庄周则会通言之。

《系辞》又言："神以知来，知之藏往。"又以神知连言。但此神字，已非孔子所不语之神。今人慕效西方，竞言知识，实则知识仅以藏往。往乃已然之物。即如电灯电话电脑，皆就已然物中发现其性能，而加以利用，则科学知识亦仅藏往而已。人类使用电灯电话电脑后，其后影响于人生者，则科学家亦不详加计及。如核武器可以大量杀人，当前是否将有美苏核武器大战，则其事岂不亦为美苏人所不知。果使有核武器大战，共产主义、资本主义究竟孰存孰毁，抑两者俱灭，岂不仍为全世界人类所不知。孔子曰："如或继周者，虽百世可知。"是孔子乃《易·系辞》所谓知来之神矣。

《易·系辞》又言："蓍之德圆而神，卦之德方以知。"方静而圆动。六十四卦，三百八十四爻，皆有形象。蓍则运用数字之变以为占。数无定形，又易变，故蓍属圆，卦属方。中国人言天圆地方，然天地和合成为一体。蓍动卦静，非有卦，则蓍亦无所用，故蓍与卦亦和合成一体，则神与知亦当和合成一体。非藏往之知，亦无以见知来之神。今亦可谓西方科学亦方以知，宗教则圆而神。苟以易道言，则宗教科学岂不仍可和合成为一体。而西方则此二者显相分别，形成对立。

西方人重具体现实，故重于知，而忽于神。科学勿论，即其哲学亦重知，不言神。所谓经验主义，固重藏往。即所谓理想主义，亦只在具体现实上提出一理想来求改造，而于其将来之演变，则仍所忽。故西方人重空间向外之扩大，不重时间向后之绵延。

中国人言世界，世乃时间，界则空间，时空和合为一体。近代西方始有四度空间之说。即言宗教，上帝、天堂、灵魂，实皆言空间，并不涵时间义，亦即无变动义，只此一静定之具体存在而已。故其宗教信仰，亦只是一种方以知，而非中国人所谓之圆而神。

西方哲学，古代柏拉图言理想国，乃就当时现实情况加进其一番理想之改革。但此理想国实现，则当永远是此一理想国，再不有变。近世如马克思之共产主义，亦就当前提出一理想。但此下亦永远是一共产世界，再不有变。可见西方人之哲学思想，实一静定性，不涵时间性。一如宗教上之上帝天堂，永只如此。

中国孔孟庄老言道则必有变，但变中又必有常，有时间性之绵延乃可连贯会通而成为一传统。《中庸》《易传》则又会通儒道而更有变，但仍不失其传统。《易·系辞》所谓"化而裁之谓之变"，天地万物只是一化，于此一化中加以裁割，乃见为变。如人之自幼而老，同是一生命之化，加以裁割，乃见为幼年中年老年。而西方人则谓幼年人、中年人、老年人，过分重视其分别性，不再注意其连贯性、融通性、共同性，则有变而无化。故西方之宗教科学哲学，虽分别为三大项，但有一共同精神，即各顾当前，不计将来。凡其观念苟有成立，皆求不变。如上帝天堂，永是此上帝天堂。如柏拉图思想，则永是一套柏拉图思想。倘有变，则如亚里士多德所谓"我爱吾师我尤爱真理"。故亚里士多德则另有一套思想，而不再是柏拉图思想。当前科学发明如电脑机器人核子武器，各是一套。倘别有发明，则又是另一套。故西方科学哲学虽多变，实亦一如宗教，皆求其不变。换言之，即不存有时间观。即如文学中之小说戏剧，艺术中之雕刻绘画，亦莫不然。每一成立，即是一永恒，即是一无变，埃及金字塔可作为代表。故西方人好言变，即因其不知变。西方人言变，则必是另一套，无中国人之所谓化。化则同一存在，而有时间性。变则在同一存在中各自相异，其相互间无和合无连贯、无时间性。故西方独无史学。西方史学之起，乃近代事。因史学最富时间性，虽历变而仍有其连贯性，依然是一体。而西方人则缺此一观念。中国史学之兴起乃甚早，并最盛行。

《易·系辞》又言："古者庖牺氏之王天下也，仰则观象于天，俯则观法于地，观鸟兽草木之文，与地之宜，近取诸身，远取诸物，于是始作八卦，以通神明之德，以类万物之情。作结绳而为罔罟，以佃以渔，盖取诸离。庖牺氏没，神农氏作。斫木为耜，揉木为耒，耒耨之利以教天下，盖取诸益。日中为市，致天下之民，聚天下之货，交易而退，各得其所，盖取诸噬嗑。神农氏没，黄帝尧舜氏作。

通其变，使民不倦。神而化之，使民宜之。易穷则变，变则通，通则久。是以自天佑之，吉无不利。黄帝尧舜垂衣裳而天下治，盖取诸乾坤。刳木为舟，剡木为楫，舟楫之利，以济不通，致远以利天下，盖取诸涣。服牛乘马，引重致远，以利天下，盖取诸随。重门击柝，以待暴客，盖取诸豫。断木为杵，掘地为臼，臼杵之利，万民以济，盖取诸小过。弦木为弧，剡木为矢，弧矢之利，以威天下，盖取诸睽。上古穴居而野处，后世圣人易之以宫室，上栋下宇，以待风雨，盖取诸大壮。古之葬者，厚衣之以薪，葬之中野，不封不树，丧期无数，后世圣人易之以棺椁，盖取诸大过。上古结绳而治，后世圣人易之以书契，百官以治，万民以察，盖取诸夬。"《系辞》此章，在论史学，而有甚深妙意，有待阐申。《易·系辞》言中国史始于庖牺氏。而庖牺氏之所得，即一套哲学，即今人之所谓宇宙论，而极近于宗教，又兼包科学。融通此哲学宗教科学三者，而开始有人类史。人类即处天地万物中，不通于天地万物，又何得有人类及其历史。而自庖牺氏以下，述中国历史演进，又更偏重于科学一面，即上引所谓开物成务，冒天下之道也。舍却物与器，舍却人生各事务，又何有所谓道。舍却道，又何有历史之演进。而述及黄帝尧舜，中国史已形成，有其不败之基础。而《易·系辞》所述，则依然仍在一套哲学观念上。而此一套哲学观念，又依然上通宗教，下通科学。此下述及其他之变，又依然详于开物成务之科学方面。

2

其实先于《易·系辞》，已有战国时之阴阳家言。阴家亦会通儒道两家以为言。主五德终始，以尧舜三代历史演进配合金木水火土五德之运行。此又中国古人会通宗教哲学科学三项以成其历史观念之一证。

下及西汉，司马迁遂为中国此下史学所宗。其著史之意，自称乃求"明天人之际，通古今之变"。此两语，亦可谓囊括中国史学大义而得其要矣。有人道，有天道。但人道不能违逆于天道，否则无以长存于天地间。人道乃自天道演出，明天人之际，即求明自然与人文天道与人道之异同分际也。明天人之分际，乃可以通古今之变。纵有变，而仍有其不变者存，故曰"鉴古知今"。此为中国史学之大纲领所在。

司马迁《史记》，除本纪世家列传及诸表外，尚有礼、乐、律、历、天官、封禅、河渠、平准八书。首为礼书，礼即中国人会通天地万物与人类和合为一之一种具体表现，亦即宗教科学哲学之会通，而见之人生，融为一体。《大学》一篇言格物致知诚意正心修身齐家治国平天下八项目，其书亦收入《小戴礼记》中。此下凡史书无不言及礼。直至清代，有秦蕙田之《五礼通考》。此下治礼有得者，直至清末，不绝其人。故不通礼，无以明中国之文化，亦无以治中国史。但今国人慕效西化，言及中国古礼，不斥为迷信，则归之专制政治与封建社会之两项。而传统之礼，在今全国上下亦将扫地以尽。今日国人好言大同，此两字见《小戴礼记》之《礼运篇》。非礼之运行，又何道得臻于大同。今日国人之所谓大同，乃指中国之全盘西化，尽废中国人，以追随西洋史，乃所谓以进大同也。然即观当前世界形势，其离大同之境，岂不过为辽绝乎。

次为《乐书》。中国礼乐合言。今日国人则谓礼以拘束人，乐则供人娱乐。则中国传统乃以供人娱乐者来拘束人，其中涵义亦值深究。

次曰《律书》。乐必有律，五声十二律是也。法律之律，即从此引申而来。若礼即为法，则中国法律即从礼乐引申而来。此一涵义，亦值深究。

次曰《历书》。四时运行有其律，即历也。政府注意明历，本为民间农事，故曰"授民以时"。中国人之重时观念，即为农业民族一特征。而中国历史上之一统，即表现在历法之所谓奉正朔。有夏历、殷历、周历，孔子曰："行夏之时。"而孟子则尊孔子为圣之时者。孔子既言行夏之时，又言"乘殷之辂，服周之冕"，是孔子虽曰述而不作，信而好古，而古亦有变，所信所好亦有选择。《易·系辞》言"形而下者谓之器，形而上者谓之道"。铬与冕皆形而下之器。历法既定，与人共知，此亦形而下。孔子又言，夏礼殷礼周礼各有损益可知，其或继周者，虽百世可知。礼既定，使人共遵，此亦形而下，亦即器矣。惟器必在道之中，道亦必在器之中。《易·系》所谓"开物成务，冒天下之道也"。故中国史学有其形而下，器物礼法皆是。同时即有其形而上，司马迁所谓"明天人之际，通古今之变"则是矣。而孔子实已先之。司马作《史记》，即承孔子作《春秋》来。而孔子作《春秋》，亦即承周公之制礼作乐来。治史即所以治道，明史亦即以明道，岂徒诵往事之谓史乎。

时之一字，极融通，极规律。治历学必先通数学。《易》书有两要项，一曰象，一曰数。《系辞》所谓"蓍之德圆而神，卦之德方以知"，即象数之别也。西方科学以数学为本。几何学则为象。宋儒周濂溪《易通书》《太极图说》，偏重象。邵康节治《易》偏重数，乃以其数学来考定古史年代。其流如推背图等，不得谓非夹杂以许多迷信，但数学与时间观，其在中国文化传统及史学中，极占重要地位，此亦一证。

又次为《天官书》。掌历亦天官。政府中设天官，则宗教科学岂不尽纳入行政范围内。史官亦属天官下。以中国古代行政机构，较之同时其他民族，诚可谓大巫之与小巫矣。

次则《封禅》。如登泰山、祭天地，则由天以及地，为一国之大礼，即政治大统所在。此等制度，亦有其用意。

又次为《河渠书》。中国以农立国，故治水为民族一大业。自大禹以来，历代奉为一大政。清初胡渭之《禹贡锥指》，特举其要略而已。此可见科学在中国行政系统中之地位。

最后曰《平准书》，则专关经济。中国人非不知经济之重要，而司马迁列之八书之末，而以礼为之始，其义深长矣。

班固《汉书》易《史记》八书为十志，曰历法，曰礼乐，曰刑法，曰食货，曰郊祀，曰天文，曰五行，曰地理，曰沟洫，曰艺文。大意一本之史迁，而以历法为先，礼乐为次。又改律书为刑法，又以食货为第四位，其皆不如迁书之寓意深远。惟增地理艺文两志，则极为重要，后世莫能废。

此下二十五史有志与书，不详论。而南宋郑樵《通志》有二十略，则更为详备，尤见杰出。首为《氏族略》。中国乃一氏族社会，氏族观念为中国人生之大系统，文化之大本源，亦并世诸民族中最特异最杰出之一端。近代国人惟慕西化，氏族观念沦胥已尽，而五千年社会习俗，则仍有留存。求变求新，其难如是，亦足深慨矣。

次曰《六书略》。中国文字与语言分歧。中国民族之可大可久，其文字亦有功。汉初以《论语》《孝经》《尔雅》三书为小学必读书。孝为氏族之本，尔雅为识字之要。东汉许慎为《说文》一书，其学术地位乃与郑玄之括囊群经相抗衡。郑樵二十略，首举《氏族》《六书》两略，可见其史识之深远。今人又以西化为尚，重语言，轻文字，提倡白话，甚至倡废止汉字，改为罗马拼音，并以中国文字为不科学。然中国文字终亦仍存。鉴古可以知今，此乃中国史学中一绝大意义，五千年传统，又岂能一旦废绝。则诚中国一甚大悲剧矣。

第三略曰《七音》。余尝谓中国科学艺术化，又谓道德亦艺术化。而音之一门，尤为中国艺术中之最上乘。郑樵以《七音》继《氏族》《六书》为二十略中之最先三略，其史识深远，更难阐寻。

其次为《天文》《地理》《都邑》，又次为《礼》为《谥》为《器服》，又次为《乐》。郑樵以礼乐次天文地理之后，与史迁用意又别。而礼之中有器服，则科学制造亦为礼，亦为道。又添谥之一目，更见中国礼之深意。孝乃私德，死而有谥，则为公道。谥成康，或谥幽厉，非继统承嗣之君所能主。礼之有谥，即孔子《春秋》之有褒贬。韩愈言"诛奸谀于既死，发潜德之幽光"。史岂仅记载人事，亦即此可知。

其次为《职官》《选举》《刑法》《食货》，皆政事之大者。更次则为《艺文》《校雠》《图谱》《金石》，皆为班氏《艺文》一志之展扩。北宋欧阳修为一史学大家，早于此三略特加注意。清儒之学，尤于此三略有发明。而《图谱》一略，更属重要。即如家谱一项，亦为中国史学一大流。次为《灾祥》，承班氏《五行志》而来。天之变有其义，应其变亦有道。变属天，应变属人。即如当前有空气污染水污染，乃人文社会事，岂专属科学家事。而中国五行家言之属于史学，则远始战国以来。若讥之为迷信，则近代科学之发明核子武器，岂不更属迷信之大乎。

最后为《昆虫》《草木》两略，《诗》三百为三千年前中国文学鼻祖。孔子亦言，读《诗》可多识鸟兽草木之名。三千年来之中国文学，无不涉及鸟兽草木。郑樵以此略为二十略之殿，则中国史学之兼含并包天地万物为一礼之义，亦于此见矣。西方则一虫一草，皆由生物学家专精研究。晚清人提倡中学为体，西学为用，此亦有一番用意。果能以中学为体，则如核子武器之类，当必归入灾祥一略。而科学亦当归属于中国之史学，亦即可知。

中国人言"明体达用"，又曰"全体大用"。凡学皆以明其体而达之用。西方则凡学皆各自分裂以求用，故用与用必相争，而还以伤其体。如史学则仅记往事，不见有大用，故不得与宗教科学哲学文学诸项并列，最属后起，又居次要。中西学术相异，史学则益显。

自太史公《河渠书》之后，遂有如郦道元《水经注》之类。自班孟坚地理志之后，遂有郡县志寰宇记各省各县志，乃至如无锡之《梅里志》之类。于是名山有志，如《庐山志》。古刹有志，如《洛阳伽蓝记》及《西林寺志》之类。又名园有志，古墓有志，要塞军冲有志，书院学校有志。以朝代分，则自然附见于人文。以方舆分，则人文附见于自然。至如《史记·世家》之后有家谱族谱。《列传》之后有年谱。于时令则有荆楚岁时记之类。要之，中国历史记载，于时间空间社会人物四要项，分别以述，而无不可会通以求。操笔者非能人人抱有一套历史哲学，而实有一套共同的历史哲学，于不知不觉中流露。何以得此，诚中国传统文化之精妙所在，所当心领而神会者。

孟子言知人论世，中国人又常言世道人心。当知世道即本于人心，而人心亦必通于世道。今人每以孔子与古希腊之苏格拉底相比。希腊本未成一国，苏格拉底仅居雅典一城市中，其心恐亦仅存一雅典。孔子生鲁之曲阜，其时鲁之立国则已历五六百年之久。曲阜外，至少尚有费、邱、郕三都。鲁之外，尚有列国。孔子曾至齐，其后又去卫，又周游陈楚诸国。是则孔子心中，实有当时一天下，又存有尧舜禹汤文武周公唐虞三代文化相承历时两千年一传统。此两人又乌得相比。或又以孔子与耶稣相比。然耶稣为犹太人，犹太人之流离播迁则有年矣，其时则受罗马之统治。耶稣生海滨一村落中，相与往来，渔夫牧人为多，又岂得与孔子相拟。宋代理学家言道体。孔子当时，唐虞以来之中国，是即一道体。孔子则生此道体中。若谓苏格拉底与耶稣亦各自生于一道体中，又岂得与孔子所生之道体相比。所谓历史哲学，即在认识此道体，与此道体中所有之种种变。孔子之学，与此下中国之史学皆是。若依西方之所谓历史哲学来寻究讨论中国史，则宜其失之远矣。

（四）

1

历史传统中必有不断之现代化，每一现代化亦必有其历史传统之存在。惟当前之现代化，则由西方传统来。若依中国传统，则不致有今日之现代化。今日国人乃谓中国传统为旧，当前之现代化为新，群相喜新而厌旧。不知中国历史中已早多现代之新。如国民兵役制，西方起于近代之普鲁士，而中国则自古已然。秦汉统一，依然不变。唐代之府兵制，明代之卫所制，皆由此来。故国民兵役，西方乃一新，而在中国则一旧。

又如自由工商业演成资本主义，在西方现代是一新。而西汉时代之盐铁政策，则为抑制此一发展而起。或以比之西方近代普鲁士之国家经济政策，则岂不又是西方一新，乃为中国之一旧。

又如共产主义，亦西方现代之一新，但在中国古代有井田制，农民由公家授田，老而还之公家。百工皆由公家授廪，商人亦然。则中国古代早以无产阶级奉行公产制度。较之西方，乃若新而又新。

又如民主选举，乃西方现代之一新。但中国西汉已有贤良方正孝廉之选，东汉加以考试，魏晋以下仍有九品中正司其选，隋唐以下乃定为科举考试。孙中山先生欲用传统之考试权代替西方之选举。是选举在西方为一新，在中国又为一旧。

又如科学。战国初，墨翟为木鸢飞空，三日不返。三国时，诸葛亮创为木牛流马。岂不又是西方之新，乃为中国之旧。又如尸体解剖，新莽时代已有之。道家有铅汞之术，流为西方之化学。亦皆西方之新，乃中国之旧之一例。又若火药炮弹，在中国宋代已先有之。其他之例，见于现代英国李约瑟所著《中国科学史》一书中者，不胜举。

又如远洋交通。现代中国人到非洲，尚在西方人之前。或传中国僧人到美洲新大陆，则更在前。

又如中国有修齐治平之旧，而西方之新，则仅知有治国，无平天下之想。希腊之与中古时期，则并不知有国。故中国之旧，有礼有法。西方之新，则仅有法而无礼。中国之旧，有仁义礼智信五常。西方之新，则仅有宗教之信。亦有礼，仅对上帝。中国人之信与礼，则对全社会，全人类。西方人对国际，无信而有礼，但其礼则为军礼。中国对国际交往，则仍为衣冠拜跪日常人生之礼。

又西方人言自由，国人群认为乃一大可喜之新。然中国之旧，将在外，君命有所不受，岂非一大自由。麦克阿瑟统军在韩，奉总统命不得派飞机炸鸭绿江大桥，卒以总统命以一老兵退回美国，而板门店和约遂定。又中国有断头将军，无降将军，岂可谓中国军人一大不自由。西方军队可以数十万人集体投降。拿破仑一世之雄，乃亦两次投降。又岂得谓西方军人一大自由。孰荣孰辱，孰高孰下，则必有明辨之者。

以上聊举数例，以见中国旧历史，乃有更新于当前之现代化者，可见新旧观念之不可拘泥。昨日之新，乃成今日之旧。婴孩之新，乃成耄老之旧。则是先有新，乃有旧。中国人言"原始反终"。始是过去，是一旧。终是后来，是一新。但终必随其始，乃成其为终。新必依于旧，乃成其为新。苟无始，何有终。苟非旧，何来新。惟始终一贯，新旧一体，故曰：原始反终。往前则必原其始，后顾则必反其终，此之谓相反而相成。抑又有终在先而始在后者，故原秦汉之始，必反之战国之终。原当前美苏对立之始，必反于往年英法鼎盛之终。岂不新必由旧来，而仍必成为旧。此之谓循环往复。死生存亡，亦即其例。今国人一意喜新厌旧，则是厌其生而喜其死，厌其存而喜其亡矣。此岂人情之常乎？有明日之未来，始见今日之可喜。有耄老之未来，乃见婴孩之可喜。惟能立有旧，始有新可达。当前之现代化，则仅知求变求新，究不知明日之将为何日，则又何今日之可喜。

中国人言史，鉴古而知今。能掌握有传统，始能有现代化。绵亘五千年，其为一广土众民大一统之民族国家，乃由其有不断之现代化而来。如唐虞三代之化为秦汉隋唐以迄今是已。西方史，希腊变而为罗马，又变而为中古时期，又变而为现代国家，而有英法之鼎盛，又变而成当前美苏之对立。以无传统为传统，有新而无旧，则明日又乌得有此美苏之常相对立。鉴于西方之古，可知今日西方之新之不可常。可喜抑可厌？惟其可厌，乃不可常。

今人又言，历史不可变。则西方此下当常为一部可厌之历史，中国此下当仍为一部可喜的历史。余之对中国前途抱乐观，对当前世局抱悲观者，亦在此。中国史可喜何在？西方史可厌何在？则在读其史而知。再言之，就中国人立场，当由中国之旧传统而现代化，不应废弃旧传统，而慕效为西方之现代化。不当喜新厌旧，而当由己之旧而达于新，乃始得之。司马迁言："明天人之际，通古今之变，成一家之言。"此当会通政治制度社会经济文教武备科学艺术一切以明变，又当会通宗教哲学天文地理史学生物诸端以求通。此非专家一人之为家，乃有古今承袭得其传统以生以长之为家。中国之史学正在此。而岂仅载既往，得即成为史学乎。

当前而求现代化，则当安于弱小，不争强大。德国第一次大战失败，举国好读老子书。使真能尊老子，不出有希特勒，欧洲其他各国相互间仍当有争，仍可有第二次大战，而德国或可避其冲，不作祸害之首，转臻强大之运。当前强大者，倘尽能以七十年来之德国为戒，则世界亦宜可渐趋于和平。

国如此，人亦然。庄周为宋漆园吏，其友惠施为梁相。楚亦聘庄周为相。庄周言，龟骨藏于宗庙为国宝，不如生而曳尾于涂中。遂拒不赴。但既得为龟，生虽曳尾涂中，历千年而死，其骨仍必藏宗庙为国宝。庄周至今岂不仍为中国一国宝乎。老子更沉沦，并其身世而不详，但至今亦为一国宝。故庄老之道，中国人虽未认为乃人生之至道，仅为人生处乱世之道，而其道则常存。故中国人尊孔孟，亦尊庄老。西方无孔孟，亦无庄老，故治必终于乱，乱则不能复返于治，比读中西史自知。故欲保全中国旧传统，而求其现代化，不能尊孔孟，亦当尊庄老。则国必求弱小，人必求隐退，以暂避现代之乱，期待再一现代之来临。此即中国人所谓之乐天而知命。命可转，天不可转。天有常，而命则无常。故惟中国史，乃能昭示天命天运，而与人以共知。西方史则恺撒事恺撒管，非上帝所得问。故一部中国史，乃由人代天。而一部西洋史，乃以人争天。此其异。

兹举一小节言之，西方人爱狗，中国人则重羊。马牛羊鸡犬豕称六畜，羊在上列之三，而中国人尤重马。乾象龙，坤象马，中国以龙马并称。治礼军礼祭礼皆重马。骥称其德，不称其力。中国人历代养马，可写一长篇考证文。牛更耕稼所需，而羊则一无用之畜。然中国文字，美字善字义字祥字皆从羊。犬则在下列之二，犹次于鸡。如言鸡鸣犬吠，鸡犬不宁，鸡必在前。诗云："风雨如晦，鸡鸣不已。"祖逖有闻鸡起舞之故事。鸡司晨，从睡梦中唤醒人，不啻师教之木铎。犬虽多能，能守门户，能助狩猎，但供使用，故中国人重鸡尤更重于犬。俗则猪狗连称，如猪狗众生，猪狗不如，狗更在猪后。中国群字从羊，独字从犬。羊能群，犬则否。即此一别，更见中国国民性爱好之所注。

至于飞禽走兽，中国人好凤凰麒麟。至如山中狮虎，天上鹰隼，则非爱好所及。中国人主言性，性乃天地万物之一种自然动向，观其所爱，亦可见其性之所向矣。

犹如草木植物，中国人爱梅兰竹菊，又好松柏梧桐，皆可见性。更如院庭布置，林园部署，一水一石，一树一草，荟异为同，集众成一，更见中国人之政治长才与处群特优之天性。凡此诸小节，皆有传统。今日国人则一变故常，小之如家家知养狗，大之如经营观光区与开辟公园动物园，皆追步西化模式，不知传统情义所在。然积数千年之习性，岂能一旦骤变。其心不见内在所爱好，则亦无安乐可言矣。

又如赌博。中国流行麻雀牌，西方则有扑克牌。玩麻雀牌只求手中持牌得和即胜。扑克牌则不问手中所持，专尚出奇制胜。此尤中西双方人性不同一显例。岂得谓麻雀乃落后，扑克始前进，必使国人尽废麻雀改玩扑克，始为中国之现代化。此属小节，宜可置之不论。即如今日国人各种运动，已尽趋西化，然犹尚有舞龙舞狮走高跷与踢毽子放风筝等流行。惟以此较之西方，一则可资比赛，一则仅供娱乐，此亦双方心性传统之异。乃吾国人心胸宽大，不再一一加以苛责。严其大，恕其小，斯又吾国人美好心习之一传统也。又岂必尽求其现代化。往古旧习，能保则保，国人贤达，固早知之矣。孟子曰恻隐羞恶辞让是非之心，人皆有之。今亦当谓好古念旧之心，亦人皆有之。无他，达之而已矣。前途希望其亦在此乎，其不在此乎。余日望之矣。

2

近代国人好言现代化,却似不好言传统。因现代化实指西化,而传统则仍陷在守旧中。惟西方人亦未尝不尊传统。

姑以民族情感言,民族即一大传统。美国人多自英伦三岛移来,积两百年之久,激于赋税问题,奋起独立,不复认英伦为祖国。然美国门罗主义,仅求南北美和平相安,不愿问外面世界事,避不与英帝国有冲突,此即其深存有民族情感之一种表现。及第一次世界大战,本属西欧德意与英法相抗,美国仅可处身事外,但法国巴黎沦没,国将不国,而英国亦岌岌可危,美国拔刀相助,虽其与德国亦有几许争端可言,其实是深沉之民族情感,乃为其投入战场之主因。

及战事胜利,凡尔赛和谈,英法仍以主人自居。美总统威尔逊离席归来,西欧事一任英法主张,置而不问。不久第二次大战继起。美国在太平洋已因珍珠港偷袭与日本兴起大战,欧西战役大可不再插手。然而巴黎陷落,英伦告急,美国终于派兵前去。艾森豪所负责任,若更重于麦克阿瑟。此非美英间一分深厚之民族情感,不致有此。

及战事平息,美国人对西欧继续经济援助,亦巨大惊人。可知美国人在其内心深处,实永不忘其祖先之来自英伦。亲英,遂亦连带亲及西欧。西欧之在美国人心中，世界其他各地乃远不能相比。此无他，惟民族情感一念可作解释。即英国人之对美国，亦何独不然。最近十几年来苏俄海空军及核子力量急起直追，已将凌驾美国之上，而国际间美苏争端，英国必站在美之一边，亦惟民族情感一辞可作最恰当最深入之解释。

此所谓民族情感，不仅英美，不仅西欧有之。即如犹太人，分散各地，从未建立一国家，直至第二次大战后，西欧人始为建立一以色列。此几十年来，全世界犹太人乃无不奉之为祖国，爱护无微不至。美国有犹太人三百六十万，其来美国，多在以色列建国前，有三四百年之久。有足迹未履以色列国土一步者。乃其身在美国，心向以色列。凭其财力可以影响总统选举，美国人不得不重视。于是美国遂为以色列一不叛不变之盟友。除英国外，以色列常在美国人心中，不易舍弃。此亦惟犹太人之民族情感一语可解释之。

阿拉伯人亦何尝不有其传统民族心情，惟局势不利，乃若隐若现，不甚显著。今突以石油力量，而其民族情感乃趋发扬。即如两伊战争，伊朗乃波斯后裔，伊拉克乃突厥后裔，亦有民族间之潜在界限。然则全世界一切纷争，一切事变，民族情感为之作主要原动力，逐时逐地，可资举例，不烦详及。而民族情感则显为各民族一大传统，则更无疑义。故传统可以现代化，而现代化则终不能脱离传统，此乃事实，可资深论，却无可否认。

民族传统之外，又有语言传统，可以连带述及。欧洲文化，最先必溯源于希腊。罗马人起，希腊人转为奴，但罗马人仍多奉之为师。惟拉丁语代希腊语而起。语言传统同时即代表民族传统，此亦极自然而无可奈何之事。北方蛮族入侵，罗马帝国覆亡，语言乃亦随而变。虽同奉耶教，各地群以自己方言翻译其经典，于是德意法英各国语，遂代替了拉丁语。今日欧洲之不能融和凝成为一国，则语言分歧为其一主因。语言又非历史一大传统而何。

但民族传统，终偏在自然方面。语言传统亦然。不出数百里之远，数百年之久，而语言必变。但语言乃由人文化成，故语言属自然，亦属人文。西方文字追随语言，未能超然而独立，故其人文化之里程亦短而暂。独中国文字其人文化之里程乃特远，故中国民族乃能广大悠久，日进无疆。论其传统，乃与西方特异。近人谓中国人重传统，不知西方亦重传统，惟其为自然所限，乃若与中国有异耳。

中国人于语言文字，特重雅俗之分。俗即限于地，限于时。而雅则不为其所限。西方人好言变，时地异则必变。而中国人则好言常，必超于时地而有常。非不有变，而其常尤超于变之上。故知常可知变，但仅知变则不定能知常。有变而无常，今日不知明日，此地不知彼地，则人道大同又何由而立。中国人好言通常，通于地，通于时，斯知常矣。故通常乃人生之大道，中国人好言通常日用，斯见中国人生观之特为广大而悠久矣。

中国古人言："书不尽言，言不尽意。"斯又见中国文化传统之特深特异处。西方人则适相反，似乎必求书尽言，言尽意，姑不论其可尽与否。而连带以起之其他变化，则有需深加讨论者。

中国人主书不尽言，言不尽意，故其著之文字，出之语言，仅略道己意而止。其未尽者，则待读吾书听吾言者之自加体会。其赞成与反对，亦待其自加判定。即师弟子之间亦然。故言教每言化，此待闻我教者之自化。如阳光甘露，万物化生。教者则如春风，学者乃如桃李。桃李在春风中自化，非春风能化出桃李来。孔子曰："学而时习之，不亦说乎。"此待学者听我言而自修自习，自问己心悦乎不悦，非孔子所能强。至于何以学而时习能悦，而孔子言所不尽。不如西方人必言尽己意，以强人之信。于是乃若言者为至上，听者为至下。闻师言而不尽信，则惟有曰"我爱吾师，我尤爱真理"矣。在言者，一若真理已尽，无可疑，无可辩。在听者，惟有自求一新。哲学思想乃亦务于变，务于创，而无传统可言。在中国则言不尽意，书不尽言，尚待他人以及后生之续加思讨，续加论辩，而遂成一传统。此在西方为个人主义,而在中国则为大群主义,即此一端已可见。

然如柏拉图《理想国》一书所主张,后代欧洲人虽绝未接受,但亦有其传统可寻。一曰重职业,二曰重商重军,富强二字,为立国之大本。此两者,岂不为西方之思想传统。

中国文化传统中有士,而西方无之。中国之士曰志于道,不志于业。而西方哲学家如柏拉图乃可谓其志于政,乃有哲人王之想。但非凡哲学家皆尽然。哲学亦成一职业。耶教后起,乃始离于政而传道。然教士亦仍是一职业。西方有大学,肇于教会。大学初兴分四科,一曰神学,二曰辩证学,不信者则仗辩证说服之。三曰法律,四曰医学,律师医生亦各自一职业,惟为己亦以为人。此下大学变而有文学院理学院等。大学教授尽成一职业。西方政教分,大学教授亦鲜有志于政治,理乱不问,黜陟不知,职业在此,生活亦在此,而文化大传统则亦只在此各人之职业与生活上。政治宗教科学,各成职业。惟谋生要途则在商,立国大本则赖军。西方文化传统,大体言之,乃如是。

中国士人志于道,故曰:"而耻恶衣恶食者,未足与议也。"故虽亦志于政,而有进有退,有出有处,有仕有隐。不为君而为师,而师道犹在君道之上,道统则犹在政统之上。此为西方观念之所无。

老子曰："太上不知有之，其次亲而誉之，其次畏之，其次侮之。"老子言政治乃如此。岂如柏拉图《理想国》，缕举详陈，连篇累牍之所指。老子又曰："信不足，有不信。犹兮其贵言。"为政者高高在上，而在下又有不信，岂言辞之所能为功乎。中国人看重对方地位，不以言辞强人必信，不仅政治如此，即教育亦如此。故孔子曰："学而时习之，不亦说乎。"自述己意止此，其另一半则待他人自加体验，自加判定。故次之曰："有朋自远方来，不亦乐乎。"我心所存，获得他人同验同认，此诚一大乐事。然曰诸朋，则师弟子乃属平等。自远方来，非强之来，故曰："有来学，无往教。"然来者亦未必尽体认如我，则曰："人不知而不愠，不亦君子乎。"老子则曰："知我者稀，斯在我者贵。"岂强人以必知。

中国人书不尽言言不尽意之要旨乃在此。孔子曰："自古皆有死，民无信不立。"上一句自古皆有死五字已足，不烦如西方人之三段论法，必曰人必有死，苏格拉底是人，苏格拉底亦当死。下两语之意，其实已在上一语中。人有不信，则亦任之，以徐待其信，何必要增此下两语，以强人之必信。至于孔子民无信不立五字，此中尽有深义，尽待发挥，然孔子亦仅五字自述己意即已。孔子曰："后生可畏，焉知来者之不如今。"亦当知对方可畏，焉知听吾言者之绝不如我，而必喋喋以尽言，视对方如一至愚乎。如是则转不易使听者亲之誉之，转而畏之侮之，则奈何。为教然，为政尤然。中国政治上，言者在下，读历朝名臣奏议可见。在上则少言，读历朝帝皇诏令可见。为政治最高领袖最戒多言。近代西方民主政治，总统竞选，奔走道路，有如是之多言，岂不转使人侮之。

中国人言商，则曰货真价实，童叟无欺。又曰信义通四海。信不信在购者。在己则当在货上价上，求真求实，求信求义，何待广告，何待宣传，迹似欺人。今之为政亦务广告宣传，所谓民主，亦商业化，则又何信之立。

政治如此，学术亦然，宗教信仰亦然。若果此宇宙间真有一上帝，老子言"太上不知有之"，中国人若不知有上帝，斯为最高最善矣。耶教之上帝，使人亲之誉之。回教亦有上帝，乃使人畏之。穆罕默德一手持可兰经，一手持刀，不信者死，岂不使人畏之。回教流传，终不如耶教之广。耶稣上十字架，而转增耶教之流传，但岂如中国之不知有之乎。

以中华民族较之西方，显见为中华民族乃一和平柔顺之民族。苏格拉底在雅典下狱死，耶稣在罗马十字架上钉死，此两人讲学传道，亦惟少数人相从，未见有犯法违纪之事，然皆陷于死。故争取思想自由，乃成西方一传统。在中国则绝无此等事。周武王伐纣，伯夷叔齐扣马而谏，周武王谓其乃义士而释之。

周有天下，而伯夷叔齐耻食周粟，饿死首阳之山。此乃伯夷叔齐之自由，非周王室逼之如此。而孔子尊之为仁，孟子尊之为圣。孔孟亦尚在周代，不闻其反周武王，而尊伯夷叔齐有如此。后世亦永尊之，亦可谓乃尊二人思想行为之获得其高度之自由而已。

孔子在鲁以一平民擢用为大司寇，在政府中踞高位，仅次于三家。然孔子弃官而去之他国，周游天下，备受崇敬。其欲杀之者，惟宋司马桓魋一人。实则如卫如陈如楚，皆非能用孔子，而敬礼之不衰。孔子周游不得志，而鲁之君臣终敬礼迎归，老死于鲁。果使孔子而生于雅典罗马，其得罪获辜，恐当不亚于苏格拉底与耶稣。一尚礼，一尚法，此又中西政治传统相异之一征。

秦始皇焚书，如伏生之徒，皆得归隐。坑士乃坑方士，然后世永詈秦始皇为暴君。汉廷儒臣劝汉帝当让位被杀，然继起言者不已，汉终让位于王莽。此可证思想自由之在中国，早有传统，但不尽如西方之言自由而已。

西方人好争成功，但成功之后，即继之以失败。全部西洋史尽如此。中国人不争成功，但求不失败。争成功必裹聚群力，而被裹聚者丧其自由，故争自由乃为西方一大传统。即如商业，劳工裹聚始成资本主义。劳工被裹聚则起而争集体罢工，成为近代西方一大潮流。中国人求不失败，但家国天下不能无盛衰兴亡，乃先求个人之不失败。伯夷叔齐之饿死首阳山，此非失败，乃成功。孔子称之曰"求仁而得仁"，求之而得，非成功乎。孔子曰："道之不行，我知之矣。不仕无义。"孔子周游求仕，乃孔子之自由，亦即孔子之成功。道不行，则非孔子之失败，故曰"杀身成仁，舍生取义"。杀身舍生非失败，成仁取义则其成功。全部中国史，乃一部成功史，在个人则成圣成贤，为孝子，为忠臣。在大群则五千年来成为一广土众民大一统之民族国家，至今而仍屹立在天壤间，举世无与匹。此即其成功矣。

楚汉相争，项王兵败于垓下，单骑突围至乌江亭下。亭长舣船待，促速渡。项王曰我率江东八千子弟渡江而西，今一人回，何以见江东父老。闻汉军悬赏得我头，今以赠君，可持往取赏，遂自刎。项王年尚壮，渡江东回，焉知不能负隅再起。然项王求成功之心，终不胜其愧惭失败之心为大。持我头往领奖，临终慷慨，此情此义，亦可长在天地间，获后世之同情矣。此亦一成功，非失败。

田横亡齐，流落海岛，从者五百人。汉祖召之，曰，横来非王即侯，不来当派兵围剿。横应召至洛阳汉王所在前一驿。告其随客两人，曰：我与汉祖同起兵为王，何面目以一荒岛亡人往见。遂自刎，命两人持头往。两人往见汉祖，亦自刎。岛上五百人闻之，皆自刎。田横英名乃垂百世，长为吾中华民族一人物。此亦一成功，非失败。

诸葛亮高卧隆中，苟全性命于乱世，不求闻达于诸侯。刘先主草庐三顾，遂许以驰驱。及辅后主，鞠躬尽瘁，死而后已。以视曹操司马懿魏晋开国，其荣何啻百倍。此亦一成功，非失败。故知中华民族不争成功，而常能于失败中得大成功。史籍昭彰，难以缕举。即如关岳，尊为武圣，岂不俱在失败中得大成功。失败在一时一事，成功则在此心此道，可以历万劫而长存，经百世而益彰。故似西方历史多成功人物，中国历史多失败人物。然成功则终归于失败，失败乃常保其成功。此又双方历史传统一大不同之点。

惟其求成功，故常务进取。惟其慎失败，故常务退守。务进取者必牺牲当前，以企图将来。将来复将来，牺牲又牺牲，乃永不见有成功，此乃一种功利观使然。能勿失败，保之益谨，守之益坚，只辨是非，不论得失，则为一种道义观。故尚进取则每蔑古，尚退守则每尊古。蔑古则使后亦蔑今，尊古则使后亦尊今。蔑其前，斯求变。尊其旧，斯求守。即如政治，开创乃一时事，守成则有绵延。西方历史开创复开创，乃无成可守。即如今美国，建国仅两百年，其先十三州，今至五十一州。其先尚以门罗主义自守，今则一跃而为世界之元首，举世事无不闻问。富益求富，强益求强。进取愈进取，如骏马千里，乃不知税驾之所在。中国则如一匹驽马，五千年治乱相乘，乃已不啻十驾，而尚得缓步向前。各有其传统，亦各有其得失，而岂有是非之可定。

今日国人好言现代化，憎言传统。所谓现代化，乃指西化言。其实西方亦自有其传统，而中国历史亦各有其现代化。孔子曰："殷因于夏礼，所损益可知也。周因于殷礼，所损益可知也。其或继周者，虽百世可知也。"其言因言继，即言其传统。其言损益，即其当时之现代化。夏商周三代，何尝非当时之现代化。孔子已早知必有继周而起者，但又知其仍必因于周，而亦不能无损益，秦汉以下是已。所因少，则传统弱，而不能常。如秦，如新，如三国魏晋，以下如隋，如五代，皆是也。所因多，则传统强，而能常。如两汉，如唐，如宋，如明是也。其间如五胡，如北魏，如辽，如金，如元，如清，因于中国者多，则能有常。因于中国者少，则无常。至其所损益，亦一依其所因之当否而定其得失高下。善治史者，自能知之。

至言学术思想，孔子亦有所因，有损益。故孟子曰："孔子圣之时者也。"孔子乃上承周公而现代化。孟子曰："乃吾所愿，则学孔子。"孟子亦上承孔子而现代化。荀子亦然。而孟子与荀子之所损益于孔子者则各不同，而孟荀之高下得失亦于是判。两汉以下，中国全部儒学史，无不如此。同因于孔子，同有其损益而现代化。故吾中华民族绵延五千年来之历史，乃所谓人文化成。或可谓神农黄帝尧舜禹汤文武周公孔子创之,而吾五千年之国人则因而损益之。今则欲尽弃故常,一扫而空以为损,一因西方以为益。则西方传统纵其尽善尽美,亦恐无以益于此一空之我矣。其然,岂不然乎?

略论中国考古学

（一）

近代国人率以好古守旧自谴，认为乃吾民族一大病痛。然知古始能好，保旧始能守，不知不保，又何好何守。乃自来中国学问中，独无考古学一门。《论语》人人必读，孔林则可到可不到。西化东渐，始知西方有考古学，有考古专家。一时惊动欣羡，于是近代中国乃有考古学之崛起。

中国人观念，古今一体。苟无古，何有今。今已来，而古未去，仍在今中。好古实即为好今。新旧亦然。如人之暮年，幼龄之生仍未去，幼龄仍在暮年中。人之老，怀念其幼生而好之，此亦人生之好古守旧，又何责备之有。爱其暮年遂亦爱其幼龄，爱其幼龄亦将爱其暮年。果谓幼龄已失，暮年已到，此语肤浅，未切实情。中国人重生命，重时间，古今新旧一体视之，不严加分别。西方人则重空间，重外物，生命无常，转不如外物之可久。如古埃及之金字塔，迄今历三千年无变。而埃及人之生命，则可谓已经百变而非旧。故在埃及，实非埃及人之可贵，乃此金字塔之可贵。其他各地亦然。故西方人重物不重人，考古之学亦仅考其物，非考其人。人则求新求变，无古之足贵。即如埃及之木乃伊，亦谓人死，其灵魂他年当重归此身复活，故设法保留此身，使能不腐。则无怪西方人重其身，乃更过于其人之生命矣。

中国人则不然。尧让天下于舜而死，舜未尝为尧筑大墓传万世，盖尧之生命犹有不死者在，即其生前之让德是矣。舜心不能忘尧，亦让天下于禹，斯亦舜之好古守旧。禹得舜禅，亦不欲传位其子，而让之益。然天下民众则纪念禹之治水大德不能忘。乃拥戴其子启居天子位。依中国人观念，其父死其生命则仍传之子，爱戴其子，即犹爱戴其父。然则尧之死，天下民众何以不爱戴尧之子，而爱戴舜。盖其时洪水未平，尧之用舜，即用以治水，舜又能用禹以治水，则爱舜即犹爱尧，亦即以爱天下民众之生命。尧舜之为大圣，有此让德，亦惟其爱天下民众之生命，乃远胜于其子之获为天子，乃以成其让。故明其心，斯可明其人与事之内情矣。

埃及金字塔耗费多少人力，经历多少岁月。塔之成，而埃及则随之以衰亡。尧舜禹三代，耗费人力亦甚巨，经历岁月则有限。而中国人从此遂得安其居，乐其生，逾四千年以迄于今。尧舜禹功德之大，而其坟墓则不传。然则中国人所好之古，所守之旧，则在其人之大德。自《尚书》迄于司马迁之《史记》，以及先秦诸子百家之言及其事者，亦可谓既详且备，此即中国之考古学。惟所考，重人不重物，则与西方有不同，如是而已。

尧舜禹三人所重，只一事，曰治水。治水非禹一人之事，非尧舜，禹又焉得成其事。而其事则永传千古。后世不断有治水，试读清儒胡渭所著《禹贡锥指》一书，可知其略矣。乃晚清之季，康有为始创托古改制之论，谓尧舜禹古代之事，皆孔子儒家托古伪造，以便于求改当时之政制。于是顾颉刚继之有《古史辨》，谓禹乃一大虫，其事尽属神话。一时轰传，是为中国新起之考古学。然而治水一事，则后世有之，不得谓古人无有。今人力主求变求新，惟治水乃古人已有之事，后世皆有水患，不得谓尧舜禹之时独不能有水患。治水有方，亦不得谓当尽变其旧以求新。试观四川成都灌县之二王庙，两千年来之治水一事，眼前昭彰。岂李冰父子之治水，乃变乃新，无古可考？则中国古人实另有一套考古学，亦即此可见矣。

中国近代考古学之盛起，则莫过于安阳殷契龟甲文之发掘。一时群认非治龟甲，即无以治古史。然经王国维考订，则汤以前商代历世君主其名字已具详于司马迁之《史记》。以殷契发掘所得校之，迁史缺一两代。然则殷墟新发掘，可以补迁书之缺，但亦可以证迁书之有据而可信。今欲考殷商一代治乱兴亡之大业，则惟有见于迁书，而无以考于龟甲。故中国古人读史即以考古，而中国史学之可贵，亦由此而益见矣。

王国维又为《殷周制度论》一篇，备论王位传弟传子之先后演变。然其论乃根据《史记》，非根据龟甲。又国维告其来学，欲治龟甲，当先通《说文》。文字然，历史事迹更然。亦可谓非通战国，即无以通春秋。非通春秋，即无以通西周。非通西周，亦无以通商代。古今一体，非通其人之成年以后，又何以考论其幼童期之所为。亦如不知后代之埃及，又何凭以论其金字塔与木乃伊之意义与价值。

抑且许氏《说文解字》一书，其所收字体本属大篆小篆，后又变而为隶书楷书。龟甲文则为古旧字体，已遭废弃，不再使用。正足见中国民族亦一求变求新，日趋进步之民族。否则中国当永留有巢氏燧人氏之时代，何得有此下之庖牺氏神农氏，以及黄帝尧舜之出现。近人则益求变，益求新，欲改造为简体字，又欲废止汉字创为罗马字拼音。幸而国人相戒而不为，否则又谁来倡导保存汉字之理论。

又有进者，中央研究院为近代中国一最高学术研究机构，有关中国旧学方面者，则为中国历史语言研究所。其中最主要者，一为考古与龟甲文研究，一为语言学。语言学一门，亦来自西方。在西方则语言重于文字，在中国则文字当重于语言。欲通中国史学，非先通文字不可。欲治龟甲文，亦非先通后代之文字不可。《中庸》言："书同文"，此为中国历史一大进步。试问研究龟甲文，以及研究各地白话方言，又与治中国史具何关系。治龟甲文过于旧，治语言学又过于新，新旧相冲突，惟具是模仿西方，则不知觉。

中央研究院历史语言研究所外，同时代表一代之新风气者，则为白话新文学。古诗三百首，传诵百世。果使近人所为白话诗，亦得传递久长，则一如许氏《说文》，代龟甲文而兴。龟甲文不受国人反对，古诗三百首，宜亦不必反对，亦何必严加新旧之分，又必谓旧文学乃死文学。无奈今之白话诗人自创造，自名家，无宗师，无后学。过一世三十年，则其人姓名已不在后人记忆中，则惟求变求新，可谓无生命，又无成。其成则只在一二十年内，已为有其知名度，此非斯文之扫地而何。白话文亦然。有风气，无学问，能识字，能操笔，即得为之。旧不变，新不起，而不再有一时间观。果谓有时间，又暂而非久。乃又提倡考古之学，此诚中国近世一可悲事矣。

抑更有进者。龟甲文本殷代卜筮之辞，而卜筮之术，至周已变。不再烧炙龟甲牛骨，以蓍草数字占八卦，其辞则载在《周易》。下至秦末汉初，《周易》乃列为五经，后世传诵不衰。然《周易》本为卜筮书，则上自孔子，下迄朱子，皆言之。今人又尊《周易》为中国一部至高无上之哲学书。若谓中国在卜筮中亦能涵有哲学深义，岂不为中国学问增高其地位与价值。但近人必一依西方观念，谓《周易》乃一部哲学书，则其地位自高。谓《周易》乃一部卜筮书，则其地位自低。故必主其为一部哲学书，而不再肯认其为一部卜筮书。则何不再下一番考古工夫，以资认定。乃竟有人主张治孔子哲学则当治《周易》，不当读《论语》。其人亦本治西方哲学，国人遂不复反对，并群加尊重。如此风气，又何以言学问。学必学于旧，问必问之旧。今人之尽务新学，其实亦乃西方之旧。故今日之言求变求新，则亦惟一务西化而已。以彼之旧，易我之旧，变则然矣，新恐未必。

中国尧舜禹三帝，后世皆无明确坟墓可寻。下至商汤周文王武王，其死后，其子其臣，皆不为大兴坟墓。然中国人事乃有大堪惊诧者。若谓好古守旧，乃孔子首倡其说。然孔子之死，其门人弟子乃为特建一孔林，其规模殆已为前世帝皇之所无。而当时如鲁哀公及季孙氏，亦一任其门人所为，不加禁止。孔子殁后，百家竞兴，未闻其有如孔林同样之兴造。此姑不论。孔子门人及其儒林后起，卒亦未有身后坟墓有如孔林之规模者。然则所谓中国人好古守旧，可知当别作解说，不得谓凡古皆好，凡旧皆守矣。

抑且后代帝皇坟墓，其规模，其形势，岂遂不如孔林。然而自秦以下，迄于明代，帝皇陵寝，皆随其朝代而荒破。仅明清两代，年历尚短，诸帝陵寝，尚得保留。然亦卒未有如孔林之获有全国之崇仰与瞻拜，历两千五百年而不变。此可见中国人之好古守旧，乃中国历代后人之事，非古人所能安排其如此。埃及人亦幸而及早衰亡，否则金字塔连续兴建，迨今将无埃及人生存之余地。雅典人亦幸而及早衰亡，否则雅典一小城，又何得常有新建筑兴起。西方人既不计后起之必有继，乃求变求新。中国人必主后起有继，故曰创业垂统。有统可传，则其新其变自有限。既尊孔子为至圣先师，后起者遂皆不敢自居为圣。其为师，亦惟传孔子之道而已，此谓之好古守旧。亦岂《论语》以后，遂无百代儒林之不断著作之继续兴起乎。孔子殁后，而中国儒林日臻繁盛，但亦终不有如孔林之再度出现，则古旧之可好可守，亦宜知其所在矣。

一九四九年后，大陆考古一业，则特见发皇。而尤著者，则为秦始皇帝墓之发掘。秦始皇帝开始以郡县政治统一中国，创自古未有之宏业，然而二世即亡。鉴古知今，乃中国史学一大理想，大贡献。而司马迁《史记》则已尽其职责，胜任而愉快。后世历代帝王再不敢复效秦始皇帝之所为，岂非考古之功乎。近人则谓中国自秦以下两千年帝皇专制，此可谓不考古之尤矣。轻蔑古人，自受其祸，吾国人宜亦知所自警矣。

秦始皇帝集当时六国宫殿建筑之大成，造为阿房宫，雄伟壮丽，卓绝前古。项王入关，付之一炬。乃后代中国人，未闻有加以惋惜者。直至唐代文学家作为《阿房宫赋》，亦以重申警惕，非以追溯怀想，则古有绝不可好，旧有绝不可守者，中国人反复之详矣。至于秦始皇帝墓，或在秦始皇帝生前已有计划，或全出秦始皇帝死后营造，此皆不足深论。要之，秦祚之不得其久，则司马迁书已详列之，而阿房宫非其要端，更何论其身后之坟墓。今之发掘，亦仅供观光游览，亦为政府添一笔收入，而举国宣传，若可为举世人增一番知识，为吾民族增一番光荣，是诚浅见薄识之尤矣。

余在五十多年前，即写有《先秦诸子系年》一书，根据《竹书纪年》遗文，考订司马迁《史记·六国年表》之误。亦根据地下发掘，自谓较之近人根据殷墟龟甲所贡献于中国史学者更大。地下发掘，亦有其意义价值之所在，而岂地下发掘之尽为无上宝藏乎。诸子系年已成书，又续为《周初地理考》一文，距今亦五十年。考定当年姬周氏族，乃自晋迁陕，非自陕东来。此一论，乃发前人所未发。然所考各地，皆余当年足迹未亲履，仅据古籍文字记载，错综配搭，会通成之。最近旅美学人许倬云告余，彼最近根据近年大陆考古发掘所得各种古代铭文二百余件，逐一研讨，乃知余往年《周初地理考》所辨，皆获证明，可资论定。然则地下发掘，仍必会通于地上之所流传，乃始知其意义价值之所在。故好古守旧，亦仍必会通于今之新，乃始知其可好可守之真实所在，而岂惟古之是好旧之是守乎？而亦岂凡属古旧则必尽不可好尽不可守乎？若惟以专门家言为贵，则中国传统素尚通学，宜可一概加以鄙弃矣。其然，岂其然乎？

今再言观光。此又近代一新名词，为中国古代所无。中国山川胜地，多资学人以考古之需。如登泰山，历代政事学业，有关国家民族治乱兴亡之大，皆足参考。岂一登日观峰，一睹海上日出，即为泰山之观光乎。果为无知识无学问之多数群众言，斯则是矣。然又何必登泰山，乃始有日出可观。又如卢沟桥，此亦中国近代一名胜。唐代都长安，则有灞桥。非通中国之科举制、驿站制，则不知其为名胜之由来。唐代则称灞桥，清代则称卢沟桥，同一好古守旧，其间亦有变有新。而会通和合，则仍有其一贯相承处。不论名山，即论桥梁，名传千古，常见之诗文称道者，全中国亦当得三四十处。日本东侵，卢沟桥事变乃脍炙人口，于是卢沟桥亦遂成近代国人一观光胜地，群众慕向。而其他历代有名诸桥梁则尽置遗忘。此亦日变日新之一例。但岂吾民族之文化大传统，亦随以隐沦消灭于无形中。此见有变有不变，有新有仍旧，未可尽变尽新，一如今日吾国人之所求矣。是必知好古守旧者，始能善保其旧，而使来游者发思古之幽情于不知不觉中。然则纵是发展观光事业一小节，亦待通人之筹划，而岂考古专家之所能胜任而愉快。即小斯可以喻大，愿吾国人其亦深思之。

（二）

中国人重经验，西方人重成绩。中国人之经验，一言一行，详细记下，成为历史。西方则并不重历史，其成绩全在物质制造与其建筑上。如古希腊，除其古代建筑与其他器物制造外，若论人生经验，则永是一城邦分裂，无足详者，故无历史记载。即其后代有历史，亦如此。法国革命，亦西方历史中一大变，可谓乃西方人文一大变，而西方人则重其在自然方面之变，于人文之变则似所忽视。即如拿破仑，有此一人，亦如自然中一物。有巴黎凯旋门，则拿破仑其人其事已成器物化，更可与人共赏。而拿破仑其人其事之影响及于后世之法国，乃及全欧洲者，其是非得失又如何，则可不深究。大英帝国之创建亦然，亦如一大建筑。有西敏寺，有白金汉宫，有唐宁街十号，岂不迄今仍为英国人共同所瞻仰。然埃及金字塔至今犹存，大英帝国则迄今已烟消云散。则人事创新，其重要性尚不如物质建造。要之，西方人仅重物质事务，而不重人类内在之心性，故其经验所重，常在外，不在内，读史远不如观光，治史书远不如考古。亦可谓物惟求旧人惟求新，与中国人言物惟求新人惟求旧正相反。故史学乃西方晚起之学，不如考古早先于其史学，而更得西方人之性好。

中国人所谓之经验，国家民族大群之盛衰治乱兴亡，人之贤奸邪正，祸福忧喜苦乐，鉴古知今，为法为戒，所谓通天人之际，明古今之变者是矣。今乃谓英国人重经验主义，此指哲学思想言，不指人文史学言。若英国人亦重人文史学之经验，则最近福克兰群岛之战事当不再起。福克兰群岛，在英国人心中，亦属外面一物，必争为我有。人类历史，古今惟一争。惟今人有大舰队大机群，古人无之，有此成绩，此之谓进步。经验已属过去，今人当争有新经验，如是而已。亦如牛津剑桥古旧建筑，五六百年，慎守不变。至其教授讲学，则日新月异，而岁不同。惟当开新，不当守旧，岂得与校舍建筑有同等不变之价值。

如言商业。所谓成绩，在其积有之资本。所谓经验，如不断之商情。商情随时有变，资本则必固守其旧，再求增加。经验则在内心，而资本则为外物。西方人之轻于心重于物，有如此。换言之，即重于人对物，不重于人对人。故其史学亦重考古，仍重其对物，不重其对人。今人一意慕西化，乃亦以发掘考古为治史要端，斯则失之远矣。若以中国固有观念言，史学贵于能上通古人之心，不在能上通古人之物。治西方历史，亦可仗我心之经验，以通之西方之人心，而岂徒求之于西方之物质。此庶得之。

略论中国教育学

（一）

教育为文化体系中主要一项目，而中西教育即有其大相异处。西方教育重在传授知识，知识对象重在向外之事物。故必分门别类，互不相通，而又各分割成各阶层。故西方学校必有分科分年制，又分小学中学大学，均限年毕业。其上尚有研究所，亦限年毕业。获得博士最高学位，即为学终止。分科则范围狭小，分年则为时短暂。要之，现代学校教育乃为青年人传授知识乃及研究学问之一项共同项目，当仅为中年以后继续进修作一基础，并不占人生中行为与学问两方面之极重要地位。教者必先使学者明得此意，方可无弊。

西方又称小学为国民教育。人生不限为一国民，其意义价值，有超乎为一国民之外之上者。倘仅以一国民地位，向其政府来争取人权，此亦为人权之至狭者。又其大学教育分院分系分班授课，内容狭，为时暂，即获最高学位亦仅为一专家，不为一通人。故其所教育，最低则使为一国民，最高则成为一专家，皆把人生意义地位约束了。

要之，为一国民，则仅为其所生一国之用。为一专家，则仅为其向外一事一物之用。教育意义仅为功利。但人生不应仅为功利，此一层实大值商讨。

中国教育则在教人学为人。天生人，乃一自然人。人类自有理想，乃教人求为一文化人、理想人。孔子曰："弟子入则孝，出则弟，谨而信，泛爱众，而亲仁。"此始为一文化理想人。中国家庭学校国家社会，教人主要皆在此。受教者当终身奉行，此之谓人生教育，亦可称德性教育。孔子又曰："行有余力，则以学文。"此始为识字教育，读书教育，亦可谓是知识教育。但亦只占教育中之一部分。知识乃后天之事，由后天获得，供人生部分之用。德性乃占人生之全部分，并由先天传来。故德性教育必求共同普及，知识教育乃可分别授受。今人竞言自由平等独立，惟德性乃自由，又平等，能独立。知识则无自由平等独立可言。

中国之知识教育必以德性教育为基本，亦以德性教育为归宿。孔门四科，德行为首。言语乃国际外交，政事如治军理财，此两科皆为政治用。最后文学一科，则不必为当世用，致意在历史典章之传统上，于后世有大用。是则中国教育非不主用，惟由其各自一己性之所近志之所向来作贡献。而四科实以德行为主，虽若分，而实通，未有违于德性而能完成其此下三科之学者。此乃中西教育意义之大相分别处。

故中国人言知识，亦从各人之内在德性上随时随地为实际需要之应用而分展出各种支流派别来，而不先为知识上作分门别类之规定。亦可谓西方人重其师所授之学，而其师则为一分门知识之专家。中国则重其师所传之道，而其师则应为一具有德性之通才。亚里士多德从柏拉图学哲学，求真理，而自有所得，乃曰："我爱吾师，我尤爱真理。"孟子曰："乃我所愿，则学孔子。"不得谓孟子在学孔子之专门知识，或史学，或哲学，或政治学等，乃在学孔子之为人与为学。其他先秦诸子百家师弟子相从讲学大体亦然。而孔子、墨子两人则最为其著者，故儒墨乃为当时之显学。

孔子言："始作俑者其无后乎。"又曰："人而不仁如礼何、如乐何。"孔子之重人类同情有如此。孔子非分门别类，或科学，或哲学，或文学，或宗教信仰以为教，乃教人以其德性，即其自己所能有之一种情感意境，而为实际人生之主宰所在者。西方之教，乃不重此。如造为铜像，屹立街头，日晒雨淋，常此暴露，更无遮蔽，以供人之瞻仰，而瞻仰者亦不为此动心。又如耶稣像，必在十字架上，血滴淋漓。岂耶稣之足以感动人心者仅在此？西方之人情冷酷，亦可由此而见。即如近代国际迎宾大典，必鸣大炮行军礼，则亦无怪国际间之兵争不息矣。中国人言礼教、风教，亦可谓之情意教。中国传统之教育精神则正在此。

中国人之为师，其教育与其所著作又当分别论。孔子曰："有朋自远方来。"其视来学者乃平等如朋友。又曰："我无行而不与二三子。"则孔子乃以身教，以行教，以己之为人教。其与来学者相处亦亲切如家人。又曰："我与回言终日，不违如愚。"则其终日相亲又不啻过其家人矣。又曰："回也视予如父，予不得视犹子。"则师弟子之亲，乃亦有逾于父子者。孔子卒，来学者庐墓心丧三年。故来学者之于其师，自称门人弟子。其传师说，乃称家言。而为师者非著书立说以为教，乃一如家人之日常相处以为教。其相与语亦即日常相处语，而深意存焉。如读《论语》可知。《论语》乃孔子弟子记其师说，不仅见孔子之学，乃更见孔子其人。孔子作《春秋》，笔则笔，削则削，游夏之徒不能赞一辞，则与师弟子之日常讲学为异矣。但孔子曰："春秋，天子之事。"则孔子之作《春秋》，亦仅以天子命史官之职任自任，与其无行而不与二三子者异矣。故教育乃见师之为人之全，而著作则仅见师之为学之偏，其轻重可见矣。

战国时，墨子继起，其弟子乃于墨子讲学有著作。道家则不聚徒讲学而自有著作。庄子内篇七篇，乃庄子闭门自著为书。《老子·上下篇》，尤其是精心结撰。此皆著作，非教育。后世重庄老道家，乃更重其引退避世，实亦重其人更过于其书与学。荀子亦一儒，亦广授弟子，但亦自著书，与孔孟异。中国后世亦不以荀子为一教育家。盖其主性恶，其教育人自亦与孔孟异，乃偏重教知识，已多分门别类。其弟子如韩非，亦自著书，而与其师荀子已有别。李斯则不遑著作，而其助秦为治者，乃与荀子义有大背。故中国后世视荀卿，乃更不如视庄老。则中国文化传统重其人更过于重其学，而教育精神亦可于此见矣。

西汉始立太学，博士司其教，虽通诸经，必分经而授。学者受一经，一年即毕业。此因五经皆讲周公孔子之道，为师者仅导其先路，学者得门而入，可以终身依之，是仍重在教以周公孔子之为人，与先秦传统无大相异。故太学中虽同时有诸博士，而来学者必择从其一，此即所以亲师。亲乃知尊，尊师乃所以重道。若重知识，则不仅当兼诸经，亦当兼及先秦百家。而西汉之太学生，则仍重博士为师者之所传道，亦可知。

逮及东汉,各地私人讲学者群起,然皆一人讲授,与太学制度无大相异。郑玄遍谒全国各地名师,归而网罗群言,囊括大典,则其时风气似已偏重学而较轻师。此下乃有经师人师之别。儒林转而为经师,则儒道以衰。三国以下,庄老道家乃代兴。然老子言:"不学无忧",道家之弊在轻学,乃不尊师。于是又尊印度东来之佛教。竺道生主一阐提亦得成佛,乃同于孟子人皆可以为尧舜之义,则仍不失中国重其学乃重其为人之旧传统。下迄唐代禅宗,不识字,不诵经典,亦得成佛。五祖教六祖,仅举心经"应无所住而生其心"一语。是较西汉太学之仅治一经,其为易简更甚矣。

唐代太学有《五经正义》,于注外更加疏,于是使学者偏重在文字书本上,而转轻师教。乃转使经义不受重视,而至于以诗取士。陈子昂诗:"前不见古人,后不见来者,念天地之悠悠,独怆然而涕下。"建安以来,曹氏父子倡为新文体,除陶渊明等极少几人外,文中可不见有作者其人,亦无道可传。陈子昂所深悲,非谓不见有诗,不见有辞赋之文,则其人则非矣。子昂之怆然涕下者在此。李白、杜甫继起,乃有唐代之诗。韩柳继之,乃有唐代之文。乃求于诗文中再见有其人。韩愈言:"好古之文好古之道也。"愈又言:"并世无孔子,不当在弟子之列。"又以孟子自比,又著师说,以师道自任。其时惟释道始有师,而儒者已无师，即柳宗元亦不敢当。愈之言曰："师者，所以传道授业解惑也。"师所传之道，即为人之道。愈在当时以辟佛自任，即当时为人之道也。其为古文乃其业，授业即以传道，而岂徒为一文人而已乎。解惑者，乃解当时信崇释道之惑，精熟《文选》徒工辞赋之惑。则韩愈之为后世师者，实亦韩愈其人，非仅其文矣。

唐代又有书院，家藏有书而可供外人阅览，非学校，亦无师。及至北宋，始于书院讲学。睢阳书院为之首，而胡瑗之苏湖讲学则尤为后世称重。胡瑗分书院为经义斋、治事斋。汉代五经已增为九，岂胡瑗一人所尽通。一国之事如历法水利，皆须专家，项目繁多，又岂胡瑗一人所尽知。而胡瑗独一人为师，明体达用，综其大纲，令来学者分类群习，而胡瑗为之折中指导，仍不失孔门四科设教之精神，亦即西汉儒林之所谓通经致用。韩愈有言："师不必贤于弟子，弟子不必不如师。闻道有先后，术业有专攻。"在中国传统教育中，师弟子实如同学。《小戴礼记》言："敬业乐群"，师弟子共成一群，共治一业，以敬以乐，情意教育之实际生活乃如此。

胡瑗掌教太学，出题曰："颜子所好何学论。"时程伊川亦在太学受教，胡瑗欣赏其文，拔擢为助教，今此文犹传。颜子所好何学，正学孔子之所教，即教颜子以为人。周濂溪教二程寻孔颜乐处，正乐此学，亦乐此道，即乐孔颜之为人。倘有群共学则更乐矣。颜渊死，孔子哭之恸，曰："天丧予，天丧予。"共此学，即共此业，亦即共此情，共此为人，即如共此生命。故颜渊死，而孔子哭之谓天丧予也。钟子期死，伯牙终身不复鼓琴。中国艺术亦一种人生艺术，即情意艺术，故与中国之传统教育精神亦相通。惟教育终亦与艺术有不同，故颜渊子路死，孔子皆曰天丧予，而孔子之教不厌则如故。惟孔子为至圣先师，为中国教育史上最高之师。而颜子为亚圣，为中国教育史上最高一弟子一学生。颜渊年过四十即夭，生平仅为一学生。周濂溪言学颜子之所学，此则犹之教孔子之所教矣。教与学平等，共一业。师与弟子亦平等，共一生命。而上下二千五百年来，有一学生弟子之最高榜样，为人敬爱不已，如颜渊，则惟中国有之。举世其他民族，上下古今，亦曾有学生榜样如颜渊其人之受百世爱敬乎？

周张二程理学家起，亦可谓中国传统教育大道乃再兴。但濂溪、横渠犹偏用心在著作上。惟二程下逮朱子，乃更偏重在教育上。二程之教，详载于其弟子之语录。而朱子尤然。其上百弟子所记之语类，多至一百三十卷。著作等身，而主要精力所在，乃在其四书与诸经之注释。但朱子生平，特未有自创一说、自传一道之著作。乃为中国后代一大儒，又最为一大教育家。其风直迄元明清三代而不衰。

周张程朱之为教，无学校，无课程，无年限，无群众集合之讲会。仅师弟子三数人偶聚相谈。惟朱子同时陆象山聚会讲学，其风略异。元代蒙古入主，中国士人多在野为师不为臣。书院讲学之风乃特盛。明代承之，王阳明尤为一代大师。其最流传者，为《传习录》一书，则仍是程朱为教之旧传统。王学末流，尤喜集会讲学，乃成为一种社会教育，迹近释道，近似宗教传播。此可谓乃近象山，为理学家教育一别支。东林书院讲学，则为朋友相聚，乃学会，非以前之书院，亦非学校。可谓又一变。

下逮清世，书院讲学之风依然传递不绝。然仍皆是一师掌教，群弟子受学，不立课程，不定年限，仍此一旧传统。道咸之际，有曾国藩，家书家训，乃以书信亲教其弟与子，此乃一种家庭教育。曾国藩不以理学名，自居为一古文家。然其为圣哲画像记，又有继姚鼐古文辞类纂为经史百家杂钞，则其所治文学之范围，已显见为扩大会通，可谓亦中国一大教育家。其在军中，幕府兵僚，皆其教育范围，乃与王阳明主赣政时特相似。下及清末，朱次琦在粤，俞樾在浙，皆以书院讲学，仍属旧传统。其及门者，粤有康有为，浙有章炳麟，则以其变法与革命一事一业为教，又特多著作，故此两人可谓乃当时一思想家，但不得谓乃一教育家，已非中国传统之所谓师，盖其时风气已变矣。

新学校兴起，则皆承西化来。皆重知识传授，大学更然。一校之师，不下数百人。师不亲，亦不尊，则在校学生自亦不见尊。所尊仅在知识，不在人。人不尊，则转而尊器物。最近如电脑，如机器人，如核子武器，其见尊则远在人之上。人之为学，则惟学于器物，而技能乃更尊于知识。此今日之教育风气则然。

西方教育学一名，本属后起。如希腊时代之柏拉图亚里士多德，虽亦广招门徒，然其学尽见于其著作，而其著作内则不见有人。此乃西方之哲学家，非教育家。耶稣自称为上帝独生子，以上帝之言为教，非自立言以教。故信其教者，惟当信上帝。除其上十字架外，耶稣其人，即不见其有教。后世教皇教宗，亦惟以耶稣之所言上帝者为教。苟非有教会组织，与梵蒂冈建筑，则其人之尊严，足以主一世之教者又何在？故中国教育，乃在西方信仰与著作两者之外，而即以为师者之亲身为教，此乃谓之师教。则为师亦难矣。孟子曰："人之患在好为人师。"孟子鼓励人皆可以为尧舜，乃戒人以好为人师。故中国后世乃教人以尊师，不教人以为师自尊，其旨义深远矣。故孔子教不倦，及门者多达七十余人。孟子弟子后世知名者仅公孙丑万章三数人而已。故中国之教育，非人生中一事一业，乃教者学者在其全人生中交融为一之一种生命表现，始得谓之是教育。故在中国有师道，而无教育家之称。此亦中西双方文化传统一大相异处。

西方大学本创始于教会，西方政教分，亦政学分，故大学亦可外于政府而独立。美国大学校长，其职任在筹募经费。校内所重，则仍在教授。吾国近代学校皆重国立，大学亦然。而宗教在国内终不盛行。学校统治于政府，校长由教育部派任，不啻以政治凌驾于学术之上，此亦是一种政教合，政学合。但不仅于西方相悖，乃亦与中国旧传统中之所谓政教合、政学合者有大相违背处。中国文化旧传统，道统犹在政统之上，即为君亦必尊师。如西汉太学，无校长。博士为师，皆有其客观规定之资格，非可由政府随意任命。课程有争议，皆由博士主之，朝廷卿相可得预会参加意见，如是而已。今则在大学中，为师者其任命其罢休，皆有法律规定，皆听命于校长。而校长之任命罢休，则听命于部长。部长又有所听命。而为师者之地位，则显居其下。如此则又何复言中国文化传统尊师重道之教育精神之所在乎。今倘斟酌中西，配合时代，则在学校制度上，亦当有一番改进。则非抱有中国传统教育之一番认识与情意者，亦无以胜其任。前不见古人，后不见来者，念天地之悠悠，则亦惟怆然而涕下矣。

继此又当别论者，中国乃一氏族社会，农工百业皆世袭。生于此家，父业此，祖亦业此，己之一生亦业此，其子其孙亦同业此，则情在此，意在此，己之生命即在此。故在中国工业中，莫不有生命性之甚深贯注而流露。故其工业皆富艺术性，亦富道德性。由工而转商，其事晚起。至战国而商业始盛。下及汉代，如盐如铁，全国所需，大利所在，政府特定盐铁政策，使商业不趋于资本主义，而商人则居四民之下。则全社会百业皆融入一人生大道中，而全社会全人生皆纳入于传统教育化，政治亦不得自外。惟道统乃高出于其上。故可谓中国传统文化乃一人生之艺术化、道义化，而最富教育性。故曰："天地君亲师"，而中国教育精神，亦于此而更显。又岂西方教育之所得同类相拟乎。

（二）

天地生人，大同而小异。异者在其身，同者在其心。异者在其欲，同者在其性。色声嗅味食衣住行在身，为欲。孝悌忠信仁义礼智在心，为性。欲偏对物，性偏对人。大群人生，如一溪之水，顺流而下，其事易。逆流而上，其事难。纵欲如下流，养性似上流。纵欲则于人异。如饥欲食，但仅饱己腹。寒欲衣，亦仅暖己身。不能通之人人。养性则于人同，孝悌则家与家可同，忠信则乡与乡，国与国可同，通天下亦可同。性不从己一人有，亦不在己一人成，必求通于人而见。故纵欲则为小人，以其分别专在一身上，其范围小。养性则为大人，以其必在与人和合相处中，可扩至国，扩至天下，扩至后世千万年，其规模大。故中国人以下流为小人，上流为君子大人，乃有人之流品观。

情则在性与欲之间，故称性情，亦称情欲，又称天性人情物欲。欲必向于物。能推己及人，己有饥，知人亦有饥，己有寒，知人亦有寒，己所不欲，勿施于人，是恕道，即是对人有同情。消极为恕，积极为忠，视人之饥溺，如己之饥溺，于是能先天下之忧而忧，后天下之乐而乐。能使一己之欲向上流，乃见人情，乃见天道。天道即本于人之天性。自天性向下流，则有人情，又有物欲。故物欲亦在天性中，但非天性即尽在物欲中。性则公，欲则私，有上下流之别。

心统性情。故曰心性，又曰心情，但不能曰心欲，只曰欲心。严格言之，欲不得谓之心。故中国人又另造一慾字。目欲视，耳欲听，声色之欲则在耳目，在身，而不在心。在心者，则仅有视听之理，有所当视，有所不当视，此在理在性，亦在心。声与色则属物，视听属身，又限于己身，故属欲，无情，亦可谓对物有情，而对人无情，故亦不得谓之心。老子曰："五色令人目盲，五声令人耳聋，五味令人口爽，驰骋田猎令人心发狂。"目之视色，青黄红白黑皆能视，谓尽求视，求青求黄求红求白求黑，尽向外求，则内不见情见性，失其理，则如目之盲矣。驰骋田猎尽求乐，所乐亦在外，则此心狂妄放肆，尽在物上，亦不见情见性，见理见道，如目盲耳聋矣。故孟子曰："养心莫善于寡欲。"

其实物欲亦最易得，最易足。如饱食暖衣，事并不难。天下总少饿死人、冻死人。而人之求于衣食者，不只在饱暖上。求饱暖，亦可谓之情与性。所求超于饱暖，斯始谓之欲。人心何以易有欲，此须另讲究。不食马肝，不为不知味。以其求食之易，五味已尽尝之，乃求一尝马肝。故曰："饱暖思淫欲。"欲之过，称为淫。欲求尝马肝，即淫欲也。布衣暖，菜根香，读书之味长。布衣菜根即够温饱矣，而又暖又香更复何求。惟读书之味，则长于衣食之暖香，故中国教人大道，更在教人读书为学上。

读书为学，主要在教人把此心放在性情上去。若仍把此心放在衣食声色上，则味短且浅矣。《中庸》言："人莫不饮食，鲜能知味。"其实此味最佳乃在人情上，不在物欲上，故中国人称情味。中国人言饮食，饮更在食上。喜饮酒，但又多在礼中饮，一酬一酢，皆见人情味。孔子饮酒无量，不及乱，乱即失礼也。陶渊明之饮酒，乃在能忘去身外一切欲。身无欲，斯人生益多其情味矣。故醉犹美于梦，梦中尚有欲，醉中则无欲。人若能醉而不乱，则醉亦何害。中国人饮酒外,又有饮茶。饮茶亦有两乐,一则闲居独饮,亦可忘去一切。一则对客同饮,亦备感情味。只求此心放在一事上,忘去其他一切事,茶亦可,酒亦可,独饮亦可,对饮聚饮无不可。雅俗共赏,此乃中国人一种大众化之人文修养。

一心只放在一事上,则此一事亦即如无事。如中国人之饮茶饮酒是矣。如一心只放在好色上,一心只放在好货上,则又必牵连及其他事上去,此就最大要不得。中国人又好博弈。如围棋只求自己活,但须保有两眼始是活。活的地面大即胜。千变万化,只此一道,即中国人所称自得自足之道。孔子曰:"不有博弈者乎,为之犹贤乎已。"孔子所戒在饱食终日无所用心,人贵能用其心。用在围棋上,与人无他争,只争自得自足,较近道,故曰犹胜于无所用心也。但今人又每好举行围棋名人赛等,则亦如其他运动会比赛,争取冠军,求名求利,其所用心,则亦不如其已矣。至如用心于好色好货上,则更在其下,无足论。

象棋较围棋为简单,而转见为复杂。共分将相士车马炮兵七种,每一种必有其应守之职,应行之道。将为主,位最尊,若最无能。相与士位次之,于将为最亲,亦较无能,其所行之道亦各有限。此三者只守于内,不得攻于外。车马炮位又次,始向外,能进能退,而其道各不同。兵之位最下,最居前,亦最居多数，乃有进无退。中国社会组织，各色才能，象棋中七品可作其代表。故象棋亦不啻教人以立身处世之道。可见中国虽一小艺，亦寓教育意义。惟象棋则必置对方于死地，而围棋则惟求自活，其品格乃较高。

近世有麻将牌，则流为赌博，宜不足道。然四人一桌，只求自己十三张牌和，即算胜，略与围棋相似。以人生原理论，每一人只求内部生活和，已立于不败之地。此乃中国文化传统最高教训，而赌博之道亦无违此准则，此诚大值体会也。

中国教育主要在教人如何好好做一人。而尤要在教其心，从性情方面做起。男女老幼同此心，同此性情，同样要做一人，亦有其同样要到达之境地。故中国教育最要者，乃为社会教育。小而家庭教育，大而国家教育，亦同属社会教育之一部分。而学校教育则稍异。家庭国家社会教育，主要在性情上。学校教育则在教其性情外，又需教其各人之才智。中国人所谓小学，主要在家庭社会。大学则在国家，在学校。私塾乃小学阶段，书院则为大学阶段。此又与近代教育源自西方者大异。

亦可谓小学乃属一种自然教育，天地君亲皆师也。大学则是人文教育，必当别有师。即君亲亦当受教，亦当有师。深一层言之，可谓天地之教亦在师。中国人言尊师重道。天地亦有道，但无师，则其道无以明，亦何由尊。《中庸》言："致中和，天地位焉，万物育焉。"中和即是道，亦即是人之性情。师教立，人之性情达于中和，而天地始得其位，万物始有其育。使人之性情失其中和，则不仅万物失其育，即天地亦失其位矣。此非天地万物位育之道亦待师教乎？张横渠言："为天地立心，为生民立命，为往圣继绝学，为万世开太平"，亦此意。然而天地万物之与人群，之与人群中之圣贤之足为人师者，则相互和通会合，仍属一体。故圣贤大师之为教，亦本于天地万物人群以为教。中国人所谓通天人合内外，亦可谓即是自然与人文之会合。此则中国文化最高深意之所在。

孟子曰："尧舜性之也，汤武反之也。"尧舜为先圣，为自然之圣，本于天命之性以为圣。汤武为后圣，为人文之圣，就于先圣之所表现而反之己之心性而自得，乃有以继之。尧舜性之，乃有所立。汤武反之，乃有所达。人文日进，乃立而进于达，则反之亦同于性之。而汤武之所达，实即尧舜之所达。自然与人文一贯相承有如此。《中庸》言："天命之谓性，率性之谓道，修道之谓教。"率性即尧舜之性之，修道则汤武之反之。孔子之为至圣先师，而曰："十有五而志于学，三十而立。"又曰："七十而从心所欲不逾矩。"是孔子三十而能立，七十而达之至矣。孔子又曰："学不厌，教不倦。"孔子之学，即孔子之反之。故曰："述而不作，信而好古。"故孔子乃为人文之师之尤至者。其门人称之曰："孔子贤于尧舜远矣。"是中国古人重视人文师，尤过于自然师。孟子曰："人皆可以为尧舜"，但不曰皆可以为孔子，是人文之更进于自然。亦可谓圣人更过于天地。盖天地亦仅为自然师，不得为人文师。为人文师者，必待于人中之圣。

《中庸》又言："自诚明谓之性，自明诚谓之教。"天地生人亦犹水之下流，人而希圣，圣而希天，则犹溯流而上，以求达其源。故性则人人具有，而教则非圣莫属。中国人重学，更过于重教，礼有来学无往教是也。孔子无常师，又曰："三人行，必有吾师焉，择其善者而从之，其不善者而改之。"则人尽吾师矣。孔子下学而上达，其所下学皆学于众，无常师。其所上达，乃人不知而不愠。故可谓孔子乃受当时之社会教育。其实孔子以下，亦无不然。惟周公与武王，其父文王，则兄弟皆以其父大圣为师，可谓乃即家庭教育，而亦已是大学教育。周公不为王，孔子慕周公，乃求不居王位而亦以修道明教，故孔子遂为至圣先师。

孔子之教其子伯鱼则曰："学诗乎。学礼乎。"学诗学礼，即为人之学。诗与礼定于周公，乃王者之教，但亦即当时之社会教育，即小学，即大学矣。孔子以小学之道教其子，能自立志，自向上达，则大学之道亦即在是矣。舍小学，又乌得有所谓大学。师之为教则如钟，大叩则大鸣，小叩则小鸣。叩有大小，鸣斯随之。不叩而鸣，此为不得已。孟子语曹交曰："子归而求之有余师。"能求之诗，求之礼，又能反而求之己之心、己之性情，自能寻向上去，自能好好为一人。而大学之道则又不尽于此，故孟子曰："乃吾所愿，则学孔子。"如此乃始为大人之学。

后世学孔子，尤必学颜子。濂溪通书所谓学颜子之学是矣。孟子常在教，颜子则始终于学。中国人从来皆称学者，能学斯为至上矣，而不以师自居。惟唐代之韩愈作《师说》，乃以师道自居。在愈之当时，亦有其不得已。但曰："师不必贤于弟子，弟子不必不如师。"则其旨深远矣。今之俗则大变，自小学至大学，年未三十即已毕业。是孔子而立之年，而今人则学业已毕矣。自此乃为人师，直至六七十，又必依法退休。实则亦可谓仅有教业，而无学业。其人不当称学者，当称教者。能于教者中得一学者，则成为一不寻常之事。教又限其年岁，不许其教不倦。盖今世之教，则亦仅为谋生之一职业耳。不知中国古人惟有学业，无教业，终其身惟有一大事业斯曰学，而谋生有所不顾。故孔子曰："士志于道，而耻恶衣恶食者，未足与议也。"

近代学校又如一百货商店，分院分系分科，教师数百人，各以所能为教，一俟来学者之选课。故每一学者可得师数十人，而每一师则仅教来学者所需之一部分。盖近代之学重在求知，知必向外求。如治生物学，或求之蝇，或求之蚁。为师者则或知蝇，或知蚁，以待学者之求。此非一百货商店而何？中国之学则重在学做一人，为师者即其所学之典型与榜样，学者即学其师之为人为学，而知识则仅为学之一部分而已。孔子曰："我无行而不与二三子者，是丘也。"是孔子之所以与人，即孔子生平为人为学之全，而岂一项专门知识之谓乎。今大学课程中又特设教育学一门，人之无学，乃专以教人为学。中西文化传统其意义之大相违异亦即此而见矣。

然则中国传统之所谓学与教，岂不有近于西方之宗教。是又不同。宗教重在教人以信仰，非教人以学，此又与孔子之学不厌教不倦不同。故中国之学与教，既非宗教，又非为谋生之职业。而与人之为人，即人生之全部，又得密切相配合。此则又中国社会之特异于西方社会处。今社会变，斯则教育学之传统又不得不随而变。学仅以求知，教仅以谋生，但不能有如西方之宗教。宗教乃在西方社会中特补其所缺。牵一发动全身，求变求新，当前之中国社会又岂可于西方之宗教独无求。

《中庸》又言："尊德性而道问学。"若如本篇上文所分析，则尊德性实乃一种群众教育，即家庭教育、社会教育，实亦即小学。道问学乃始是大人之大学，然大学必栽根于小学，以成全其开花结果之终极目标。孔子之教，其主要亦终于教人以为人之学而止。而人则有小人大人之别，学亦有小学大学之别。故《大学》言："自天子至于庶人，一是皆以修身为本。"而天子则应是一大人，其学不止于修身，必上达于治国平天下。而大学八条目则以格物致知为先，格物致知即道问学。则求知之学，又为中国大学中主要一条目。在其本末先后之间，与其一贯会通之处，意之诚待于知之致，即凡天下之物，莫不因其已知之理，而益穷之，以求至乎其极，而后始得豁然贯通。知之致而后意诚而心正，故格物致知乃亦为大人之学。岂不仍待于学，而教则仅以发其志，引其端而止。故孔子曰："不愤不启，不悱不发。"此因治平大道仍是一种性情之学。愤与悱，而其志始立，乃可从事于所谓学，又岂得人人而谓之能立志好学乎。

今人则又谓孔子生两千五百年前，乌得预知两千五百年后事而教我。不知孔子亦仅教其及门七十子而已。孔子曰："后生可畏，焉知来者之不如今。"孔子非自任于教后生，今之后生志不立，不好学，不愤不悱。使孔子又重生于今世，亦惟不知其所以教，而默尔以息耳。于孔子又何尤。

（三）

中国人言明体达用，明体近静一边，达用近动一边，但动静一体，体用一源。苟无体，何来用。苟有用，即见体。体属内，乃和合性。用属外，乃分别性。中国人偏重明体，西方人偏重达用。用必随时随地随事随物而变，故用于希腊，不适用于罗马，而罗马人必自创新用。中古时期以及欧洲现代国家皆然。当前美苏对立，仍当别创新用。故全部欧洲史，不易见其会通和合之一体。

中国人则不然。中国与中国人，古谓之诸夏，乃会通和合成为一体。尧舜禅让，汤武征诛，此皆中国人之建成此一中国之大用所在。中国古人会通和合，明其为一体。武王伐纣，伯夷叔齐叩马而谏，耻食周粟，饿死首阳之山，中国古人又会通和合之，而认其为一体。此下秦汉郡县制与唐虞三代之封建制，显有分别，而中国人仍会通和合为一体。汉唐宋明，朝代不同，甚至五胡南北朝辽金西夏，以至蒙古满清入主，中国之为中国，中国人之为中国人，古今五千年间，仍能会通和合以为一体。经史子集，历代著书，论道讲学，皆属一体。此可谓之明体之学，明其体而达之用。其分别处，在中国人观念中，认属次要。一切人事作为，必归本之于心性。心性乃其体，一切作为乃其用。而心性又分体用，性属体，心属用。故中国人论心，必求其体，是即性。性乃天赋，一和合。心附于身，乃一分别。心之同然始见性，故心之会通和合乃为性。中国人又谓万物亦各有性，亦会通和合于天。惟心则为人类所独有，故曰人为万物之灵，明心而见性，则人而上通于天。此之谓通天人，合内外。

用较具体，易见。体则抽象，难知。孔子曰："知之为知之，不知为不知，是知也。"则知与不知，亦会通和合，知其不知，斯为知矣。天不易知，中国人不强不知以为知。西方宗教科学之言天，岂得谓之诚知天。颜渊曰："夫子步亦步，夫子趋亦趋，既竭吾才，如有所立卓尔，虽欲从之，未由也矣。"一步一趋，孔子之行与用，其事易知。所立卓尔者，乃孔子大圣之体，惟颜渊知其不易知不易从，斯颜渊乃为孔门弟子中知之最高者，是即孔子谓不知为不知之知也。

中国人每连言道德。道属用，见于外，尚易知。德属体，存于内，不易知。孔子曰："天生德于予。"此即其所立卓尔者。孔门弟子日常接触孔子之言行，即孔子之道。能接触孔子内存之德者，颜子其庶几矣。中国人之教，则重在教其所不知。如尧舜禅让，汤武征诛，皆有事功，有用可见。伯夷叔齐之事功则不可见，乃若其无用，而其德则与尧舜汤武同。孔子曰："伯夷叔齐古之仁人也，求仁而得仁。"斯言其体，亦伯夷叔齐之所立卓尔者。叔孙豹分立德立功立言为三不朽，功与言皆具体，皆有用而易见。德则抽象，乃至无用可见，然有大用，更超于功与言之上。抑且德存于内，转易得。功与言见于外，非可常有。中国人之教育宗旨与其教育精神，其主要乃在此德字上。

孔子又言："殷有三仁焉，微子去之，箕子为之奴，比干谏而死。"是孔子赞殷周之际仁者五，伯夷叔齐与殷之三仁，言行各不同，各无大作用，皆无救于殷之亡。中国人所重，亦可于此五仁而见矣。西方人重知，皆求其有用。中国人重德，乃为人之体，而未必有可见之用。孔子言仁必兼知，或兼及礼。知与礼皆有其用，而孔子言之，则皆在仁之下。又孔门四子言志，子路冉有公西华皆志在用，独曾点无用世之志，子曰："吾与点也。"后世类是者多矣。故中国人之教育宗旨教育精神，主要乃为一全人教育，首在培养其内心之德。苟其有德，则其对人群自必有其贡献与作用。天地生人，本不为供他人之用。供人之用者当为物。但人之为用与物之为用大不同。物之为用，在其机能。人之为用，则在其德性。近代如电脑机器人之类，论其机能之用，则远甚于人矣，但无德性可言。其创造各种机械者，亦惟尚才智，不本德性。人类苟无德性，则缺了最大一部分之用，而且并有害。此乃今一时代之风气，倘自后一时代人视之，又不知当作何评价。中国人言"经师不如人师"，"言教不如身教"。今人又谓西方教育重启发式，中国教育重填鸭式。以上引二语证之，亦可谓适得其反矣。惟一崇西化，以彼所知，强吾所不知，则非填鸭不可，而更何启发可言。

略论中国政治学

（一）

政治学是近代西方传来一门新学问，大学法学院必设政治系。青年初进大学，何从识得政治。或进研究院，获得硕士博士学位，尚未入仕，对实际政治毫无经验，但已是一政治学专家。试问近代西方各国政治人物，又几人曾读过大学政治系。

中国文化传统极重政治。欲研讨中国文化，孔子自为其中心主要一人物。但研讨孔子，一为两千五百年前之孔子，一为两千五百年来之孔子，此两者，不可缺一，否则不足以见孔子之全貌。

两千五百年前之孔子，主要见在《论语》一书。但孔子卒，墨翟即起反对。继之有杨朱，又反墨翟。孟子继起，曰："乃吾所愿，则学孔子。"又曰："能言距杨墨者，皆圣人之徒。"然《孟子》七篇中言论，已显与孔子有不同。举其一显者，子贡言："夫子之言性与天道不可得闻。"今见《论语》者，言性惟"性相近，习相远"一语。而孟子道性善，则为其立论一要端。今可谓，《论语》所言乃孔子当年之本意，《孟子》七篇则《论语》之引申义，由本义加以发挥，而益使之充实光辉。孟子语不啻犹如孔子语，惟时代先后有变而已。

庄周与孟子略同时，既反孔，又反墨，另创道家言。老子书继之，其他尚有百家竞起。而荀子独宗孔，为《非十二子篇》，则其较孟子之距杨墨，乃益见复杂而多端。然荀子亦反孟子之性善论，而主性恶论，乃成儒学中两大对立。后儒多尊孟，少尊荀。但除此性论一端外，孟荀要为战国时代儒学两大柱，其于宏扬孔子同有功，不得谓荀子语非承孔子来。

秦代焚书，儒学大衰。然焚书之议起于李斯。李斯乃荀子门人。又韩非亦同为荀子门人，而其书乃为秦始皇所爱好，则荀子之主性恶，其流弊尚小，而荀子之主法后王，则其弊更大。孔门之学分四科，孟子直承德行科，亦可谓之心性学。荀子乃偏在政事文学科。孔子晚年自知道不行，故其教后进门人特重文学一科，颜子所谓"博我以文"。不得行道于当世，亦当传道于后世。荀子在政事文学两科，似更胜于孟子。至于言语，则不仅国际外交，如孟子之好辩，荀子之持正论，皆可以当之。

秦代有两大儒书出，一曰《易传》，一曰《中庸》。此两书皆特言天道，乃兼采道家言。同时又有《大学》一篇，列举格物致知诚意正心修身齐家治国平天下为八条目。下至宋代，以《大学》与《中庸》并重，并与《论语》《孟子》同称四书。可见中国孔子儒家之学以心性为基本，治平为标的，一切学问必以政治治平大道为归宿。故曰："学而优则仕，仕而优则学。"仕与学兼重并进。未有学而不能从政，仕而不经由学者。此一传统，乃为两千五百年来孔子儒学之大传统。但中国向来无政治学一名称。

西方自始即有哲学科学文学诸别，但自初亦无政治学一门。凡从政，皆尚术不尚学。至晚近世，西方学问，分门别类，益增益多，乃有政治学之出现。然岂可舍却其他各门学问，而可以专门有一项政治学。又岂在大学四年过程中，以一青年初学，即可从事此项学问，而可以有其独立之成就。此则与两千五百年来中国孔子儒学之大传统大相违背。亦可谓，依中国观念言，乃无说以通者。中国之学，弥传而弥广大，乃益见其会通。西方之学，愈后而愈分裂，乃互见其冲突。此亦一例。

中国教育分小学大学两阶层，亦可谓修身齐家乃小学大众之学。治国平天下，则为大学，大人之学。治平大道，当先通经史。经学尚在孔子前，孔子《春秋》是经学中最后一书。司马迁以下，中国乃正式有史学。治乱兴亡，多载实际政务，政治思想政治理论皆本实际政治来。此与经学无大异。故中国经史之学，可谓即中国之政治学。

中国政治最重实际经验，故仕途必自卑升高，重资格，重履历，不次拔擢之机会则绝少。中国人称四十强而仕，则其登入仕途，年资已不浅。而宰辅重任，则断非年少新进所能希。姑以西汉言，经郡国察举，始得进国立大学肄业，攻读经学一年后，分发中央或地方政府之基层下部服务，然后得递升。唐代则先经礼部考试及格后，得为僚吏，再经吏部试，始得正式入仕，但亦尽在政府之下层。亦可谓学校教育已全由民间任之，政府则操有考试权与分发任用权。而政治学之重在实际练习与经验，亦居可知。

中国之所谓士，无不重政治学。中国传统政府可谓乃一士人政府。其考试与分发任用，则全由先进之士操之。而其间乃有一大问题出现。士人在野，早于政治上之传统大理论，及历代之治乱兴亡，有相当之知识。目睹当前政治实况，心怀不满。于是进入政府下层，与政府上层乃时有意见相左。而上层人物又极知看重此层，于是遂特于直言极谏备加奖励。实则所谓直言极谏，不只是臣下之对君上，尤其是政府下层之对其上层，即后进之士之对其先进。此乃中国政治一传统精神，适切配合于中国政府之实际传统体制，而寓有一番极高明之甚深涵义。

如西汉初之贾谊，其上《陈政事疏》，此亦一种直言极谏。其对政治学早已具有一番极高造诣可知。文帝甚重之，但终不能骤加拔用。又如东汉有郑玄，网罗群言，囊括大典，为当代经学一最高大师。政府特征召，而郑玄终不赴，老死讲学于乡里。此其对当前政治，必有其一番意见，而不愿直言者。此两例，后世不断有之。故抱有极高政治见解之士，或沦没下位，或隐逸在野。于是中国之政治学，与实际政治，实常分裂而为二，此不足以全归罪于政府。或可谓中国人之政治学，常必有超于实际政治之一种理想之存在。此当为研究中国学术史者所更值注意之一事。

如北宋，胡瑗专务讲学，而王安石则亲操政治大权。胡瑗所讲，曰经义，曰时务，实皆政治学。其门人弟子登入仕途，皆有成绩。而胡瑗则终身不仕，未尝参预实际政事。当时人评论胡王两人，更重胡，后世更然。因政治终必为实际所限，不能全符理想。则中国之政治学，自深一层言之，其重理想尤更重于经验，亦断可知矣。惟中国人之政治理想，仍必本于实际政治来，非凭空发挥为一套政治哲学之比，此则当明辨。

即如孔子，亦可谓当时一政治学家。孔门四科，曰德行，曰言语，曰政事，曰文学。言语即今之国际外交，则四科中之二三两科，全属政治。德行一科，乃抱有更高政治理想。用之则行，舍之则藏，非一意于仕进，而更多恬退。其文学一科，则不汲汲于仕进，而更用心在古籍中，熟悉历代政治往迹，培养政治理想，主要则仍在政治上。然则孔门四科，其最高目标，岂不全集中在政治上。但谓孔子乃一教育家，更属近似。谓孔子乃一哲学家，则差失已远。谓孔子为一政治学家，岂不贻笑大方乎。是则中国学问，最重在政治，而独不有政治学一名，是诚大值研寻之一问题矣。

墨翟继孔子而起，其学主要亦为政治学。庄老道家继起，反儒墨，实则其所讲，主要亦为一种政治学。惟墨家主进，道家主退，儒家则兼主进退。道家重无为而治，可谓墨家重有为，儒家则兼主有为无为。故儒家乃中道。后代儒林人物则多兼采道家言，故儒林必重政治，而又多主隐退。至少能退者之地位，则更高于能进者。知进而不知退，则不足挂齿矣。如北宋司马光，当王安石为相行新政，彼则宁退不进，以十九年精力成《资治通鉴》一书。名曰资治，是亦史学即政治学之一证。南宋朱子，承其书为《通鉴纲目》，所争在正统一问题上。是即政治学必上通史学一明证。有道统，有学统，亦有政统。一代一朝之政治必有统，而又必上通于历代历朝之统，此又政治学必上通文化学之一证。此又中国政治最高理想之所寄。朱子为宋代理学集大成，近人以朱子比之西方之康德，此又如以孔子比之希腊之苏格拉底，皆所谓拟不于伦矣。

中国儒林一意主退者，最多在元清两代。如顾亭林，如黄梨洲，如王船山，皆以明遗民在异族政权下决心不出仕。然其治学，则可谓仍以政治为重，此为不失儒林之真传。亭林有两书，一为《天下郡国利病书》，一为《日知录》。前书备列明代地方政治利病所在。以近代专门之学言，或治农，或治矿，或治工，或治水利与道路交通，或治刑律，或治兵治商，可以各不相顾。然主持地方行政，此诸事皆当兼通并顾。故以今人读亭林此书，则鲜不倦而怠矣。或治社会史经济史者参考及之，然鲜知此书之终为一政治学要书也。至于《日知录》，亦多详于下层地方政治，通其古今得失。近人则或不以史书视之，而更少认识其乃为一政治学之书矣。

黄梨洲早年即为《明夷待访录》一书，备论古今政治史上之大得大失所在。亭林先见此书，故其为《日知录》，乃偏详下层地方政治。而梨洲晚年，则为《明儒学案》，此书亦深具作意，当试阐之。盖明初太祖废宰相，成祖以十族罪诛方孝孺，故明儒亦承元儒遗风，以不仕为高。阳明例外，然谪龙场驿，幸免一死。后为江西巡抚，乃几以平宸濠乱获罪。其生平讲学，亦鲜及于政治。其及门大弟子如王龙溪王心斋，相率不仕。遗风所播，不免多病。东林起而矫之，谓为儒则必当有志于从政，此始不失儒学之正统。梨洲师刘蕺山，蕺山一意盛推东林。而梨洲为《明儒学案》，则显有违背师门处。盖梨洲为《明儒学案》，亦显有提倡不仕之意。其门人万季野，应召赴京师，参加编明史工作，犹自称布衣。其一时师弟子意见，亦从可见矣。

王船山偏居三湘，与中原儒林少交接，然亦终身不仕。但其学则源自东林，亦终生不忘政治。观其最后著作《读通鉴论》《宋论》两书，今人皆以史论目之，不知其乃一部政治学通论，于历代政治上之大得大失，以及出仕者之大志大节所在，阐发无遗。下及晚清，革命前，梨洲《明夷待访录》及船山此两书，经《国粹学报》重刊，几乎尽人传诵，其有助于革命事业者至巨，此亦治近代史者所宜知也。又《明夷待访录》尚远在法国卢骚《民约论》之前，而其《原君》《原臣》《原法》诸篇，明确有历史证据，明确系往圣陈言，明白平允，远出卢骚《民约论》之上。则中国传统政治思想，显有未可一笔抹杀者。奈何迄今仅七十年，国人已早加鄙弃，求变求新，进步之速，此亦难以理解也。

乾嘉诸儒之经学，训诂考据，又立汉学宋学之分。实则当时诸儒，乃一意反朝廷承袭元明以朱子《四书章句集注》为主之科举功令。先有吕晚村，于朱子书中发扬民族大义，开棺剖尸。乾嘉诸儒，遂改而贬抑宋儒，与吕晚村貌相反而意实同。此下乃有所谓今文经学。时清政府压力已衰，而儒生乃重谈政治，直迄清末，而有康有为变法维新之主张。

又晚清大儒曾国藩，有《圣哲画像记》，罗列各代圣哲，多数与政治有关。其于清代，则举顾、秦、姚、王。顾、秦乃顾亭林、秦蕙田。蕙田编《五礼通考》。余尝谓中国传统政治重礼治，吉凶军宾嘉五礼，关涉政治诸大端，与杜马《通典》《通考》备详制度者分占重要之一部分。乾嘉诸儒以义理考据辞章分学术为三方面，义理专重人生，而独缺政治。国藩又增经济一目，经国济民，正为治平大道，即政治学，与近人以财货为经济者大异其趣。而国藩乃以居乡办民团，弭平洪杨之乱。但国藩之自称，则曰粗解文章，由姚先生启之。是国藩亦自居为一古文家，终不自承为一政治家。从来亦未有以古文名家而不通治平大道者。抑国藩苟非丁忧家居，即无机缘办团练，成立湘军。清廷之派兵命将，亦绝不之及。故中国自古圣哲，亦绝少以政治家自命，乃亦绝不专以政治为学。惟果细研中国一部儒学史，必知与政治声息相通，难解难分。而治中国政治史，苟不通儒学，则于历代制度之因革以及人物之进退，必无可说明。今人则不读儒书，于传统政治惟有借用西方术语，一言蔽之曰君主专制。以广土众民之中国，而君主一人得专制其上，亦当有妙法精义宜加阐说。一笔勾销，明白痛快，而又得多数之同情，但岂得亦谓之政治学。

民国以来，犹有通旧学者，当以梁任公为殿。任公著《中国六大政治家》一书，惟王安石可入儒林，张居正已非其比，其他四人皆非儒。然安得谓凡主变法即属大政治家。抑且全部中国政治史，其变多矣，变而不觉其变，斯为善变。新莽与王安石皆非善变，史迹昭然。以如此胸襟，如此见识求变，亦浅之乎其言政矣。任公师康有为主张变法，而曰求速求全。清德宗倘能加以任用，则亦必为新莽王安石之继矣。其后任公议论渐趋中正通达，创为《国风报》，知一国有一国之风。则中国之为政，又岂能尽效英美。其所见识，已超同时提倡新文化运动者之上。又曾亲预讨袁之役，终为于政治史上有贡献。其后又能退身仕途，一意为学，惜其不寿，否则论史论政，并世无出其右，其为学终当有得于儒学之传统矣。要之，晚清若康有为，若章太炎，若梁任公，皆一代杰出人物，惜其涉身政治太早，又以领导政治最高理论自任，而未得优游潜心完成其学。孔子曰："加我数年，五十以学，亦可以无大过矣。"孔子自知其不久或当涉身于政治，乃更期数年之进学。故惟超其身于政治之外，乃始得以深入政治之堂奥，以知其利病得失之所在，而有以成其学。大圣人之言如是，亦良可谓语重心长矣。

孙中山先生亦略受康章论政影响，而聪明天赋，乃倡为三民主义五权宪法。于众所共崇西方民主之立法司法行政三权分立外，又特加考试监察两权，此皆中国传统政治所固有。惟有考试权，则西方分党竞选之制可变。惟有监察权，则西方国会议院不仅立法，又兼议政之制亦可变。而后采用民主，乃得配合国情，良法美意有因有革，但亦在其隐退沪上积年深思之所得。惜乎国人已无人能知中国政治之旧传统，此两权终成虚设。继自今，吾国家吾民族四五千年来相传之治平大道，政治大规模，惟有学步西方，作东施之效颦，其他尚复何言。中山先生已早有知难行易之叹，又谓中国乃一次殖民地，更次于殖民地，亦可谓言之沉痛矣。

西方政教分，政学亦分。其为学又主分，乃有政治学一专门，其实际政治则尚术不尚学。中国则学而优则仕，仕而优则学，必政学相通。尚术则为人所不齿。惟其尚术故必变。法国戴高乐言，无二十五年不变之外交，亦无二十五年不变之内政。西方民主政治尚多数，多数亦何知，惟大圣大哲大贤人大学者，乃能知多数之所欲知。治平大道，于以建立。中国之通儒达哲，圣之仁者，乃庶能知吾当前国人之所欲知而未能知者，所以谓先知先觉，圣人先得吾心之同然。即历代帝王，亦莫不奉孔子为至圣先师。使必服从多数，则何烦有圣哲。中山先生之知难行易，今国人亦莫之知，莫之从。求能真实解说一部《三民主义》者，亦难其人。乃以美国林肯民有民治民享为解说，则自然使我国人心悦诚服，无敢再作异辞矣。若有之，则仍必求之国外。如是之国家，如是之民族，为之立心立命者，乃在国外，不在国内，而犹必主张国家之独立，此非一次殖民地而何。诚可悲之尤矣。

（二）

孔子曰："道之不行，我知之矣。""不仕无义。"则孔子之学不忘出仕。子夏曰："仕而优则学，学而优则仕。"则学与仕本属一道。学以学其道，仕以行其道，则学与仕，义属一贯。后代中国乃成一士人政府，凡学人多出仕，凡仕者亦多能兼于学。其所重则曰道，乃别无一套政治学。

今姑从中国历代政治史言之，庖牺神农黄帝，邃古不论。试言尧舜，其时以氏族社会行封建制度，各部落各酋长即各为一国之主。尧则为天下共主，为天子，然亦仅管理其国内事。洪水为灾，尧非有权力责任，必以治水为务。而尧使鲧治之，灾益厉。尧乃访用舜，并使摄政。舜改任鲧子禹治水有效。就鲧禹两人之名推测言之，盖亦一氏族，以治水为业。则尧之用鲧，非其罪。舜之用禹，亦非其功。水患既减，尧亦老，其子丹朱亦非有恶名。使尧告其子继位后仍当任用舜，丹朱亦非绝不听。而尧竟舍其子而让位于舜，非出外力所逼，乃尧之内心自愿如此。洪水既平，亦舜任用禹之功，舜子商均亦非有罪恶，舜乃亦让位于禹。此亦非外力所逼，亦出自舜之内心。实则尧舜之为君，亦并无其他功绩可言，故孔子曰："荡荡乎民无能名焉。"但此禅让一德，则永为后世尊崇，其影响于此下四千年中国传统政治心理者至深且大，难以详阐。但尧舜以前，亦非先有此一套政治哲学之提倡，故陆象山言："尧舜以前曾读何书来。"孟子则曰："尧舜性之也。"盖尧舜此一禅让之美德，乃纯出自尧舜之内心。而此心则由天所赋，乃人性之本有。纵其为天子，为天下之共主，亦非有一套预定学说可为其作一切行事之张本，亦惟依照其内心天赋，亦可胜其任而得其道矣。政治正其一端。此乃以下中国人群所信奉之大道，但亦根据于古人往迹，所谓历史事实，故孔子曰："述而不作，信而好古。"而何待有分门别类种种专家之学之竞相创造乎。

此下昌言中国传统政治哲理者，最备于《小戴礼记》中之《大学》篇。首谓大道"在明明德，在亲民，在止于至善"，此为三纲领。又有八条目曰："格物、致知、诚意、正心、修身、齐家、治国、平天下。"其实三纲领则只是一纲领，即明明德。亲民即是明明德，亦即是至善，非有他矣。八条目中，最先格物一目，最起争论。实即《易·系辞》所谓"开物成务"之物。朱子注："物，犹事也"，此事字亦即《易·系辞》开物成务之务。格字可有两义，一为限止义，一为标准义。政治乃人群中最大一事务，宁有不接触实际事务之政治。凡事则必及物，又乌得有空无一物之事。事物则随时随地有变。孟子曰："尧舜性之，汤武反之。"汤武所接触，已非尧舜之旧。只以尧舜当时居心反之己心，乃知当征诛，不再禅让。此下事物又变，非实际接触又何知所以为应。则惟仅凭己心，又必格物致知，而后诚意正心以应，此即所谓明明德。非亲民则亦何以明此明德，明德即至善之标准。孔子曰："子帅以正，孰敢不正。"心正而身修，则齐家治国平天下之道一以贯之矣。心不正，身不修，又乌能齐家，乌能治国平天下。此义孔子已先发之，为数千年来中国共同所信。故心性之学，乃为一切事之本源，亦为一切事之中心，乃亦无一切学之分门别类各自发展之可能与必要。后代中国人，则称此曰理。

近代国人崇慕西化，乃以为国人传统重心性，偏于主观，不知有客观。此又不然。中国人主合内外，内在之心性，必见于外在之事物。格物致知，此知又何尝非客观。"形而上者谓之道，形而下者谓之器。"器外在，易见，即属客观。道不易见，不易知，发于内心，属主观。惟道即见于器，器必存有道，主观客观，乃和合而为一。西方科学重物质上之试验，主客观。宗教在内心信仰，实主观。哲学中有形上学，无形下学，故分主观客观而为二。中国人谓人心有同然，故心与心相通，有同情。孔子谓此同情心为仁。此同情心之见于事物上，则为礼。孔子重仁亦重礼。但曰："人而不仁如礼何"，则更重仁。仁在内心，当属主观，形而上。礼在外面事物上，为客观，形而下。中国人则和合此两而为一，而更重其内在者，如是而已。

今姑专就政治一端言。中国古人言："天生民而立之君。"人群聚处，则必当有管理统治此群众之事而为之君者，此亦一客观。希腊人不知有此客观，乃不知有君，乃亦无国。希腊人之客观，则惟以个人之经商财货为主。可谓仅知形而下，不知有形而上，不知有大道，乃亦不能成大器。国之与君，则实人群之大器。今人谓西方人重功利，其实中国人重道义，乃功利之尤大者。然则西方乃由内在主观而定其外在之客观，故有个人主义。中国则以外在客观通于内在之主观，又以内在主观为外在客观之中心，则心亦犹一物，个人则为大群之中心，故主仁，而有礼。仁在内为主，礼见于外为客，主客一体，而有内外之分。西方则反客为主，身为主，物为主，心为物役，而转为之客。则西方所重之客观，宜与中国之客观有别矣。

人心又有理欲之分。欲属形而下，理属形而上。欲则附着于外在之事物上，故心为客，物为主。理则超脱于事物之上，故心为主，而物为客。

国之有君，以一人高居万人之上，有权有势，人心谁不欲为君。中国乃以一氏族社会，而择其氏族中之尊长者为之君。孰为尊长，则有一客观存在，人莫能争。又君位世袭，父以传子，子以传孙，此亦一客观，亦复无与相争。故中国之君位尊严，实乃定于一客观。

惟既在万人之上，高踞君位，其内心仍不能无所欲。《大学》言"为臣者止于敬"，中国则有敬君之礼，以满足其君求尊之欲。人有同情，斯为君者亦可启发其对臣下之爱，故曰："为君者止于仁。"而君臣上下之间，乃得相通相安，而政事不至于大坏。苟使为臣者不尽其敬，则为君者或可凭其权位以肆其自尊之表现，而为臣者亦无以止之，国政乃不免于大乱。又为君者深居简出，乃以表显其君位之尊，此亦一礼，而滥用君权之害，亦随以减。故中国重礼治，不重法治。君一位，臣一位，同在政府负一职位，即同在一礼治下，有其尊卑，亦有其平等。中国政治上礼之规定，莫不寓有深义，亦可谓其事乃大成于周公。

周公制礼必兼乐，其间皆寓深义。诸侯朝觐天子，多为天子祭拜宗庙而特来陪祭。是则非尊天子其人，实乃尊其祖先。如周文王，如后稷，乃举世共尊，而因以尊及其后代现任之天子。文王后稷之德，临祭而歌其颂辞，即不啻对其继位者以一番大教训。而在位为天子者，亦知己之见尊，乃由其祖宗积德来,孝思亦油然而生矣。诸侯归其国,亦各祭其祖先。其意义亦近宗教,又近教育。读诗经诸颂及大小雅各篇,可知朝廷遇事必有礼,遇礼必有教。礼之外貌在敬,而礼之内涵则在教,寓教于敬,从人心所欢处诱之教之,是则中国之礼意。此之谓政教合。

故中国天子虽受在下位者至高之尊敬,而实亦同在礼之下,同受礼之约束,而不得轻肆其一己之私欲。后世此礼继承,而中国乃得成其为广土众民大一统之民族国家。政府虽有君王,高高在上,而庶民在下,乃尽得有宽放安宁之自由。

尊为一国之君,不得轻出都城一步。乃有巡狩封禅诸礼,登高山,临大河,而以不扰民为主。为君者不仅不出都门,抑又不出宫门。今人巡览北京清故宫,观其建筑之壮丽伟大,认为惟帝王专制,乃得有此。不知中国乃广土众民之一统大国,帝王之尊,亦宜可有此宫殿。而为帝王者,乃不啻幽禁此宫中,礼以显其尊,亦以严其防。其君杰出优异,固亦仍有所作为。中材庸主,则亦可以其尊贵自足。最下者越礼自肆,亦多淫佚,而少暴虐,但乱亡亦随之矣。

古人又有言:"礼不下庶人,刑不上大夫。"此又若封建时代之显分阶级。但在当时社会,下层亦有礼,如读《二南》与《豳风》,皆在周初,何尝得谓礼不下庶人。其次列国风诗亦皆有礼存。惟政治上层与社会下层有不同。刑不上大夫,亦非社会下层乃以刑治，而指朝廷君臣间，则有礼无刑。其风直至西汉之初，贵为三公，有罪不下狱，乃赐自尽。今之说者，乃据以为中国传统政治帝王专制之一证。不知此亦一礼，非以尊君，乃以尊臣。循至后世，赐自尽之制衰，而大臣下狱之事卒亦少见。细读历代之礼，其用心所在亦可见矣。

中国重礼治，一切人事皆重礼，政治只其一端。为君为臣为民同为人，斯君道臣道民道同一道。《大学》之道，即在教人以为人之道，即上通于为君之道，故曰："自天子至于庶人，一是皆以修身为本。"治道即人道，一如圆颅方趾，同在一体，虽高下有别，而生气贯注，血脉流通，而亦有贵贱劳逸之别。于不平等处有大平等，于大相异处有大相同。礼者体也，岂得谓一身乃由一脑所专制。中国传统政治之主要精神乃在此。

西方重法治，虽称法律之前人人平等，但法与人已不平等，司法官与受讯人终不平等。耶稣乃上帝独生子，恺撒得判其上十字架。后世教徒极意推行律师制度，但律师为受判人辩护，亦仍待司法官判决。司法官一依法律而裁判，此见法之尊于人。然法律亦由人制定，此制定法律者，又是何等人。耶稣创教，使人人尽在教会之下。谁何人制定法律，又不断改造，乃使人人尽在法堂之下。现代民主政治，立法行政司法三权分立，司法权乃外于立法行政权而独立存在，大总统犯罪，亦得受法庭裁判。是人权终低于法权。今人又称民主必争法治，则法在上，民在下，显分高下。要之，人生尊严则有限，信仰上帝遵奉法律皆其限。惟违犯上帝，乃死后灵魂事，渺茫而难知。违犯法律，乃生前当身事，具体而可证。但西方人除法律有明文规定外，一切又尽可自由，纵荡放肆，惟意所欲，无复再有防止，此之谓人权，岂不可畏。

中国人言法，亦如言礼。乃一种规矩，一种制度，一种模范，一种律则。天地运行皆有法，君有君法，师有师法。孟子曰："上无道揆，下无法守。"在下所守，即在上之道，是法亦道也。苟其人而可为法于天下，为法于后世，斯非圣君圣师莫属矣。而人之有法可守，则一切日常言行皆有法，亦可谓法即人生，人生即一法。西方之法，在人生之外，人生不当犯此法。不当犯，与当守，其义又大不同。西方人重外在，其法其政，皆外在于人生。中国人重内在，其政其法，则皆在人生之内。此又其文化精神大不同之明显可证之一端矣。

中国法家亦主立法以限制人。商鞅作法自毙。道在引导人为善，法在防止人为恶。一积极，一消极。故法终不为国人之所重。沛公起兵，与民约法三章，杀人者死，伤人及盗抵罪。此乃全国通行之普遍法。汉武帝行盐铁政策，乃针对某一事之特殊法，引起全国之争论，历久未衰。正因法必本于道，而道则必兼通于各地各时之一切事变。故中国不能言法治，于道统政统之下，乃始有所谓法。

中国有刑律，有制度，皆称法。而一代之制度，则尤为一代之大法。设官分位，各授以职，皆由制度规定。君一位，亦一职，亦在制度中。又称王制王道，俗称王法。此犹西方之所谓宪法矣。王位最高，非谓由此一王乃可定此道，制此法。王亦在法之中，非能超乎法之上。记载此历代制度沿革者，唐有杜佑《通典》，宋有郑樵《通志》，元有马端临《文献通考》，后人称为三通。朝代有更换，而其道其法则古今一贯，故谓之通。或称典，或称文献，文即文章典章，献则指贤人言。中国政治尚贤，故曰贤君贤相贤臣，惟其贤，乃能制法定法，亦能守法行法。亦惟贤，乃能不专制。今国人不读三通，乃谓中国有君主无宪法，故其政体为君主专制。不读书，轻发言，亦非治学之贤矣。

中国政治不专为治国，亦求平天下。同此人，能尽人道，同为一国，斯其国治。同在天下，斯天下亦自平矣。唐虞夏商周三代封建政治，为天子者，仅治其邦畿千里之内，而列国诸侯尽来朝，尽相和，斯即当时之平天下。秦汉以后，改为郡县政治，全国统一。然非无邻邦，非无国防，非无兵争，而和平睦邻相处之道，则传统不绝。近代国人又称汉帝国唐帝国，以比拟之于西方中古以前之罗马帝国，乃及晚近世之大英帝国。中西历史各有记载，不详加比较，乌得一以西史作准绳，一以国史作注脚。

今再综合言之。中国传统政治仅亦言人道，中国全部古籍，经史子集，亦主在言人道。故非兼通四库，略知中国文化大义，即不能通知中国之政治，而又何专门成立一政治学之必须与可能。

略论中国社会学

（一）

1

中国人称身家国天下。人生各有身，又有家。家之上乃有国，有天下。人生不能离此四者以为生。身家国各有别，天下则尽人所同，故更无驾天下之上者。

人生乃一会合。身有五官四肢六脏百骸，即是一复杂之组合。惟身之组合皆属物，可谓乃一自然人。家国天下，则人与人相会合，乃为文化人。凡其会合皆有统。身统于心，实则家国天下亦皆统于心，故人心乃人生最主要一统会。

所谓家，乃由夫妇组合。上有父母，下有子女。而父母以上，更可有祖父母，曾祖父母，高祖父母，以上推于无极。子女下有孙子女，曾孙子女，以下递于无穷。而其历代皆可有兄弟姊妹，又各别成家。故中国人言家，则必言族。又婚配之女家为外家。内家谓之亲，外家谓之戚。家族亲戚，关系牵连，乃成人文一大群。如姬姜两族通婚，互为外家，家扩大而为国，国扩大而为天下，皆由夫妇之配合始。故曰夫妇人伦之始。夏禹时号称万国，其时疆土仅在黄河两岸。所谓国，盖仅一部落，古人所谓化家为国是也。

虽万国林立，而同有一共同朝向归往之天子。列国有相争，每朝向此中央之天子而求其排难解纷，俾列国间常得和平相处。然此为万方诸侯排难解纷之天子，尚德不尚力，其势不可久。尧舜禅让，汤武征诛，众心朝向之此一中心，则常有代而起者，故中国人又必连称朝代。唐、虞、夏、商、周相代。商周之际，其时当尚有千数百诸侯，较之虞夏间国数大减，亦有兼并，多则和合。故生齿益增，治道益平。周初封建，兴灭国，继绝世，在当时，已有一历史大传统之存在，天下观念则常在国之观念之上。实即社会观念常在政府观念之上。中国乃一宗法社会，每一宗族之团结融和，则常赖其祖宗之有德者。亲亲尊尊，以宗族血统建其本。必使每一宗，每一族，凡其祖先之有德，则必使其存有一国而不亡。此乃西周封建之大义，而亦即中国文化大义之所存。稽考古史，此一义殆无可疑。

西周东迁，中央失其众所朝向之地位，而无与代兴，乃有霸者。王霸之别，仍在其道，不在其力。迄至秦代，不再有封建，天下共戴一中央。秦始皇帝之大误，乃在其以为天子之位可以一世二世以至万世，永传不绝，而不知有代兴。岂得以一家永在万家之上，则秦始皇乃对宗法观念上有误。但亦终不得以帝国征服之西洋传统说之，则比较中西史迹而可知。

秦以下，有朝有代，有分有合。而国之上有天下、国之下有家之一传统观念则无变。要之，身家国天下四阶层之递累而上，而人之各自之身则为之本。故中国人观念，自身以达之天下，所谓修身齐家治国平天下，其道一以贯之。而中国社会之宗法精神，则始终不变。

故欲治中国之政治史，必先通中国之社会史。而欲通中国之社会史，则必先究中国之宗法史。由血统而政统而道统，此则为中国文化之大传统。今人一慕西化，身之上忽于家，国之上又不知有天下，乃惟知有法，不知有道，无可与旧传统相合矣。

2

中国本无社会一名称，家国天下皆即一社会。一家之中，必有亲有尊。推之一族，仍必有亲有尊。推之国与天下，亦各有亲有尊。最尊者称曰天子，此

略论中国社会学　221

下则曰王曰君。王者众所归往,君者群也,则亦以亲而尊。人同尊天,故天子乃为普天之下所同尊。

人生在天之下,地之上。中国有社,乃土地神。十室之邑乃至三家村皆可有社。推而上之有城隍神。一国之神则称社稷。稷为五谷神。中国以农立国,故稷亦与社同亲同尊。中国人观念,凡共同和合相通处皆有神。故不仅天地有神,山川有神,禽兽草木金石万物亦各有神。人心最灵,最能和通会合,故亦有神,而与天地同称三才。则人群社会亦必有神可知。今可谓社会可分天下与地上之两种。西方社会为地上社会,非天下社会。故多分别性,而少共同性。

佛法有世界观。世属时间,属天。界属空间,属地。故佛教之世界观近似中国人之天下观。西欧人独富地上观。所居住之地既各别,乃不相亲不相尊,故其社会组织有国而无天下,而其国亦各别为小国。近世英法德意,皆仅如中国之一省。其他诸国土地更小,有同一民族而分为异国,亦有异民族合成一国。其国不专以民族为本,亦不专以地理疆域为本,又不专以历史传统为本。其立国之本,殊难言。或马克思唯物史观,庶乃近之。

犹太人不成国,乃似有一天下观。古代有耶稣,自称为上帝独生子,其教徒乃共同尊亲上帝与耶稣。近代有马克思,乃改从地上观。主唯物史观,分西方社会为农奴、封建、资本主义与共产四阶层,其所重尽在地上之物。但专言社会，不言国，虽亦不言神，而与耶稣有其共同相似处。西欧人独缺一和通共同观，故耶稣马克思乃同得西欧人崇奉。但亦多变质，仅成西欧传统中之一部分而已。

中国人之社会观，乃使天下与地上共融为一，既信有神，亦重有物，而人为之主。如山川社稷，亦皆合天地神物而为一，乃各加祭拜，各加尊亲。故人必尚群，而无个人主义。群则本于人之德性。今人好分公德私德。孔子曰："志于道，据于德。"又曰："天生德于予。"韩愈言德"足于己，无待于外"。则德乃私而即公，又何公私可分。中国观念不仅人有德性，天地万物亦各有其德性。德性则大同。人之有德，乃知有尊有亲，故能尊亲其家其群，又必尊天亲地，而人群乃可安可乐。此始为中国人之社会观。故中国人言社会必好言风，此乃一天下观。又好言俗，此乃一地上观。言社会，则必言风俗。犹之言人生，则必言天地。天地人三者之会合，即自然与人文之会合。耶稣教徒讥中国崇奉多神为迷信，更有人则讥中国为封建社会，此皆不得中国之真相。

近人又多称政府为上层，社会为下层。实则中国乃以社会组成政府，非以政府组成社会。果其政府能知社会之在其上，则其政无不治。若使政府认为其乃高踞社会之上，则其政无不乱。人之于群，中国观念重职任，非权位，细读一部二十五史自知。即如蒙古满洲以外族入主中国，此乃中国社会暂时承认此两族之统治，而非此两族能来改造此社会。顾亭林言："国家兴亡，肉食者谋之。天下兴亡，匹夫有责。"言天下，即犹言社会，其地位尚远高出于政府之上，而一士人一匹夫可以直接负其责，而政府之事，可置之于不问。朱舜水流亡日本，亦犹如孔子之周游列国，欲居九夷，思行道于天下，亦犹顾亭林之所谓匹夫有责也。此乃中国文化传统之大义所在，岂仅知有国不知有天下者之所能知。

近人又好言自由平等独立。但就中国观念言，个人处大群中，非可有德性外之自由。德有大德小德，知有大知小知，亦非平等。人生在大群中，亦非可有独立。伯夷叔齐可谓独立不惧遁世无闷之最高榜样，但孔子称之曰仁人。则伯夷叔齐乃在大群中独立，非离群以独立也。故中国社会最富和合性、共通性，乃有其大同之理想。大同乃得太平。人处太平世大同社会中，乃各有其自由平等独立之可言。

西方人仅知有国际，不知有天下。最近始有国际联盟之组织。其下有一教育科学文化联合机构，此三者皆具有天下性。但近世只有国民教育，无天下人教育，此乃教育上一大病。有战争科学，无为天下保和平之科学，此又科学上一大病。有民族文化，无天下人之共同文化，此又文化上一大病。因此国际联盟下此一机构，亦仍趋于政治化。所谓政治化，乃仍保国别性，而无天下性。美国人最近乃主退出此机构。其实不仅此一机构难有实效，即整个国际联盟亦然。国际会议亦主少数服从多数，多数无财力无武力，岂能得少数服从。中国人则言得道者多助，失道者少助。平天下有道，而其道则实从最少数之先知先觉者倡之，次多数之后知后觉者和之，而后绝大多数之不知不觉者乃相与从之。《大学》谓明明德于天下，此即平天下之道即从少数之先知先觉者起。曾国藩《原才》篇谓："风俗之厚薄奚自乎？自乎一二人之心之所向而已。"一二人心之所向，此即一二人之明德。则天下大群社会之基本，乃在最少数一二人之心上。此则为中国最高之社会学。故曰："天下一家，中国一人。"此义大可深思。

3

中国乃一氏族社会，或称宗法社会，其本则为家。家与家同处一地，曰乡党邻里，曰都邑。其上有国，有天下。家国天下，皆指人与人之关系。其关系或属天，或属地，而初无社会一名。社会一名，乃传译西方语。西方人在社会之下有个人，在社会之上有国，轻视家，又无天下观。

中国之家，必有亲长。亲其亲，长其长，乃人之性情，出于自然，亦可谓乃天道。化家为国，其道亦只在亲亲长长。人之性情同，则道同，可推至于天下，为大同。同在此光天化日之下，同在大自然中，实无大不同可言。西方则认为个人结合为社会，社会结合成为国，皆赖法，其相互内在间之性情关系则较为淡薄。

中国人为人，始于在家中为幼童时，曰孝曰弟。成年为家长，仍贵不忘其本初。孟子曰："大人者，不失其赤子之心者也。"推而至于家之外，则曰忠曰信。孝弟忠信，乃中国人为人之大道，处家国天下皆然。

西方人以个人处社会，不见有孝弟忠信共遵之道，故曰自由，曰平等，曰独立，实皆为个人言。中国观念，幼童处家中，皆赖父母亲长之教养，何得自由，亦不平等，更无独立可言。若如西方，则待成年而一变，人生割裂为两截。晚年又成一截。乃谓幼年如在天堂，中年如在战场，老年如在坟墓。此惟西方社会有此情况。

今人好分个人与大群，此亦西方观念。若在中国，一家融成一体，即无个人与群体之分。乡国天下皆然。人之为人，有为一家之人，有为一乡一国之人，有为天下之人，独不得为个人。孟子分圣之任，圣之清，圣之和。但即伯夷之清，亦非个人主义。孔子恶乡愿，乡愿亦非个人主义。老子主小国寡民，各安其乡，乐其俗，老死不相往来，亦非个人主义。释氏主出世，但同样非个人主义。中国人只称人生天地间，不称人生社会中，此犹谓人生大自然中。即太古原始人，其时尚无家，尚无社会，但亦无个人主义。中国人称人生一家之中，则已为一文化人。必谓人生社会中，乃有个人主义。

严格言之，亦可谓中国初无与西方人相似之社会观。近代国人，乃将西方人对其社会一切之意见与讨论移来中国，则宜其一无是处。尤甚者，莫如谓中国乃一封建社会。但迄今亦无议其非者，其他则复何言。

4

中国社会有两大义，一曰通财，一曰自治。其见之历代书籍记载者兹不详。晚清之末，鸦片战争，五口通商，国人震于西化，乃倡实业建国。而江苏省之南通无锡两县，乃群誉为全国之模范。

南通主持于张謇季直一人，季直状元及第，退而在野，提倡实业。自南通推及于近围之淮河流域，自煮盐植棉纺织碾砻创为种种工厂外，又兴办学校，设置图书馆戏院，以及育幼院养老院等，一县之文教设施，几乎全出张氏一人之手。地方长官承意惟谨，而江苏一省之督抚藩臬，亦不加干涉。

同时无锡则并无如张季直其人。其西北乡多营小铁工业，在沪设厂为生。一日，有三四人同游西湖，晚宴于湖滨之楼外楼。席散下楼，夜已深，群丐围乞赏。诸人一时感动，谓无锡亦有此俗，倘能多设厂招群丐为劳工，岂非大佳事。乃归而各设工厂，或在沪，或在锡。营业有得，亦各办私立学校，或在城，或在乡。一时兴业办学之风，乃更驾南通而上之。

余家无锡东南乡之荡口镇，镇上有华氏义庄，其庄主亦兴办一小学，余兄弟皆肄业于此。义庄始于北宋之范仲淹，一千年来，其风遍全国。此亦尚通财之一例。而通财不仅为济贫，又兼之以宏教。曰养曰教，皆社会自为主持。而其他一切自治，亦皆由此一意义推扩而来。

无锡实业家之兴学建校，又不限于小学中学。唐蔚芝以清末邮传部大臣出掌上海之交通大学，老而退休，无锡唐氏某家聘其来创办一国学专修馆，其规模乃似一大学研究所。又特为建宅第。蔚芝昆山人，移家来，人遂误传蔚芝亦无锡人。抗日战争后，无锡荣氏又创立江南大学于太湖之滨，规模恢宏。共产政权起，始停办。

专就南通无锡两县论，其兴业办学之盛，皆在袁世凯及北洋军阀时代。果使政治安定于上，则其他县邑，不乏慕效而继起。历数十年，中国当可早臻于现代化。近代中国，实非社会乱于下，乃政治乱于上。乃政治使社会不长进，非社会使政治不安定。中国传统文化亦自有其安定向荣之一途，民初新文化运动乃主尽变其旧，而全国乃无宁静之望矣。

余至香港，曾游新加坡与马来亚，乃见海外侨民社会之一斑。其地皆有会馆，国内以贫穷单身来者，皆得一暂时安身处，并为介绍职业。此亦社会通财之一端。经商赢利，亦竞办学校。新加坡初办私立大学，群情欢动。教授自外埠来，街上车夫拒不收车费，理发店拒不收理发费，店铺购物则廉价，社会重视教育之风有如此。但司教者则必尚西化，于国人加鄙耻。此诚为近代中国社会一悲剧。新加坡马来亚，皆在海外，非能受国家之庇护，而历明清两代五六百年之久，仍能保持一中国社会之风貌，此非中国社会有自治潜力一明证乎。

又如辜鸿铭，诞生于槟榔屿。幼受西教，长而博通西欧文献。乃宏扬儒统，阐申国学，获西方学术界之信重。归国授教北京大学，则为当时新文化运动所湮没。陈嘉庚兄弟，随父经商新加坡，其父业败，其兄弟乃再起。又回国兴学，自集美小学中学以至厦门大学，为同时全国各地私家兴学之冠。陈嘉庚晚亦倾向共产主义。国内社会未能作国外之领导，则国外社会之影响国内者，宜其微矣。然如此类人，亦殊值重视。

其他如泰国，如越南，如美国旧金山，乃及各处海外华侨社会，不遑举。即如美国纽约之有丁龙其人，岂不更大值重视乎。其他为国人所不知而实值称道者又何限。孙中山从事革命，得海外侨民之助，甚深甚大。中国古人言，礼失而求诸野。今则民族文化传统失之国内，而犹可求之海外之侨民社会，此亦中国社会具自治潜力能通财能宏教之一证。而中国传统文化之未可厚非，亦即由此见矣。

（二）

1

中国本无社会一辞，故无社会学，亦无社会史。然中国社会绵延久，扩展大，则并世所无。余尝称之曰宗法社会，氏族社会，或四民社会，以示与西方社会之不同。古代封建制度即从宗法社会来，察举考试制度即从四民社会来。在中国，政治社会本通为一体，因亦无显明之分别。

今论中国社会，应可分四部分，一城市，二乡镇，三山林，四江湖。古代都邑有城，秦汉后即为一县，乃政治上一最低单位。西汉全国有一千多县，即一千多城，同时即是一商业集中区。有持续两千年，至今大体无变，而日趋繁盛者，如江浙之苏州、杭州两城，俗称上有天堂，下有苏杭。考论中国社会，必先注意其城市。其次如江苏之扬州，广东之广州，商业尤旺。扬州为国内南北交通商业集中区，广州为对海外商业集中区。四川之成都，河南之开封，山东之济南，皆所不如。中国自古以农立国，然商业早兴。今国人每称中国为一农业社会，实不符情实，称四民社会较为妥当。

城市四围为乡镇。镇亦一市区，但无城，在政治组织上隶于县，其起源亦甚早。如江西有景德镇，河南有朱仙镇，尤著名。镇之四围乃为乡村。大抵村民多聚族而居。余幼年所历各乡，全如此。即各镇各县亦大体如是。故称中国为宗法社会氏族社会，实历三四千年而未变。

城市乡镇之外为山林。其重要不下于城市，主要乃为宗教区。天下名山僧占尽，名山胜地与僧寺结不解缘。佛教影响中国社会至大，山林为其根据地。其次为道院，尤其如元代之山东崂山，影响亦遍全国。儒林中亦有终身在山林者。如东汉初严光，隐居富春江上，影响后世千五百年而未已。宋初孙复、石介在泰山，亦影响迄今千年。清初有王夫之，亦终身山林，其影响当与前举相伯仲。其他山林名儒不胜举。要之，亦可谓中国山林多寓有社会文化精神，与近代所谓观光游览区者大不同。

又次为江湖。其与山林，地域难分，而情况则别。中国古代有游侠，富流动性。山林人物富静定性。在山林而具流动性者，则谓之江湖。其势时起而时衰，弥后而弥盛。明初小说《水浒传》，其故事远起北宋。及宋室南迁，北方民间抗金故事流传，即《水浒》忠义堂之前影。此乃谓之江湖。此下《七侠五义》《小五义》等皆是。即如洪秀全杨秀清起于广西山林中，亦皆江湖。晚清之义和团，亦莫非江湖流派。中国主要乃一静态社会，而江湖则为其静态下层一动态，其人多豪侠，其名亦多为忠义，而其趋势则常归于乱不于治。亦有江湖势力侵入城市，则如清代之帮会。五口通商后，乃以上海为大本营。中国社会现代之帮会远自明代运河劳工之组织始，仍是一种江湖义侠传统精神，与西方工厂劳工团体之结合仍有其大相异处。当从帮会本身以求其意义之所在，影响之所及。此亦研究中国社会一主要项目。

《史记》《汉书》有《货殖》《游侠》《儒林》三传，《汉书》有《逸民传》，《货殖》《游侠》两传无继起。游侠一项转入传奇小说中。而货殖一项，则后世甚少称述。此四项人物，正可代表上述城市乡镇山林江湖之四部分。逸民可与儒林相抗衡，而实亦出于儒林，为其别支。故儒林之在城市，亦多慕为隐逸者。惟货殖人物，则较视为卑下。中国常多连称农工，商人最居四民之次。此正中国城市山林化，而资本主义绝不能形成之一大好说明。

合此城市乡镇山林江湖四者，乃见中国社会之全貌。亦可谓中国社会，乃分别成为此四部分。中国各省府县之地方志，实亦可当中国之社会史。正史较详政治，地方志较详社会。中国人本不为政治社会作严格分别。可谓正史则多详全国性，方志则多详地方性，即各地之分别性。方志较晚起，始于宋代。亦因宋以前五代十国，即有十国之志。宋代统一，乃有地方志之出现。其后乃演化为省志府志县志。今欲搜集地方社会史料，则方志其首选矣。

亦有镇乡之志。最佳之例，当首推吾乡之泰伯梅里志。仅就前清金匮一县中，东南方数十乡镇，汇记其文物故事，详其古今演变，而成一书。亦有一山林自成一志者，如庐山志。亦有一寺庙一书院自成一志者。更有专就某一观点，成为一书者，则如顾炎武之《天下郡国利病书》。虽综合全国，而专就经济观点各地分别记载成为一书，乃为明代社会史之极佳材料所在。此皆治中国社会史者所当注意。

中国文化传统既与西方不同，则中国社会状态亦自当与西方有异。今国人乃率据西方社会学来观察评论中国社会，则胥失之矣。如言西方为商业社会，中国为农业社会，不知中国社会之工商业积两三千年来，皆远胜于西方。直至近代西方科学发达，情况始变。而中国始终不能有资本主义之产生，则为中西双方文化之大相异处。国人又称中国为封建社会，则又大谬不然。中国社会两千年来，工商业皆极盛，何以终不产生资本主义，此乃一大问题，可自上层政治措施上论，亦可自下层社会情态上论。如苏州，乃两千余年来一大城市，而颇亦趋向于山林化。其城外附近四围山林人文化之日趋旺盛，姑不论。专就苏州城内言，远自唐代，近迄清代，其园亭建设之胜，冠于全国，亦可谓其超出于全世界。清之晚季，日本逼开商埠，乃划城南区与之，但苏州人迄未予以开发。及沪宁铁路兴建，又在城北辟成一新商业区，而城内旧形态依然保守不变。果使国人有远识，能永保此苏州城内之旧形态，则可供全世界人参观欣赏，当远在意大利文艺复兴时诸城市之上，亦可活现出中国社会自古相传之一种特有面貌。而惜乎最近数十年之改变，今已无可期望矣。此诚一大堪惋伤之事也。

中国文化之最高理想，与其最高精神，乃在通天人一内外。以今语言之，则为人文与自然之和合成体，即人文之自然化，自然之人文化。而城市之山林化，乃为中国全社会所同心向往之一事。尤其如帝王首都，中央政府之所在地，如长安、洛阳、开封、余杭、金陵、北平诸城，惟开封一城为自然形势所限外，其他诸城尽皆城市而山林化。宋都开封，其人文荟萃，则转在洛阳。今此诸城，虽长安洛阳已趋衰败，而往年景象，犹可依稀访求。杭州南京北平三城，则景象犹存。即如山西大同之云冈石刻，以及《洛阳伽蓝记》之所记载，亦可见当时鲜卑人之华化，亦求其京师之山林化。此真治中国社会史者所更当留意，更当研讨者。

分论各省，则西南诸省如四川广西贵州云南等，更易体认。而云南一省尤然。以其自然地理与其开发之较迟，稍加现代条件之修缮，惟求不伤旧状，即可成为世界一瑞士，而实可为城市山林化之更高象征，亦中国文化理想最高一楷模。所谓天地之化育，此实可作一最佳具体之说明。

中国社会尤有一值得注意者，则为其有化外之一部分。中国自古即华夷杂居。所谓戎夷，实多与华夏同血统，特以人文生活即文化为分别，故曰夷狄而中国则中国之，中国而夷狄则夷狄之也。两汉广迁塞外异族入居中国，是即夷狄而欲中国之。明清两代，西南诸省乃有土司制度。如何以相异民族，而能在同一地区和平共存，此又为研究中国社会学者一项大值注意之问题。即如台湾，亦有高山族居民，但无如大陆之有土司制度。而有如吴凤其人者出，此亦中国文化中国社会中之特有人物，为其他民族其他社会所未有。

今国人则专就西方社会学眼光来治中国社会，强异以为同，其不能深入了解往昔中国社会之真相，殆无疑义。专就城市论，中国城市皆求山林化。而西方城市，以中国人观念言，则可谓乃趋向于江湖化。山林化求静定，而江湖化则易动乱。西方动乱多起于城市。即如法国之巴黎，最为西方人艳称，然巴黎亦多见江湖化，少见山林化。西方人之江湖，更扩大而为海洋。西方国际乱源，亦多起于海洋。其实西方各国疆域，亦仅如中国之一省一府而止。西方乡镇人群之趋赴大城市，亦可谓其乃趋于江湖化。近代美国人，群喜从大城市迁居附近诸乡镇，则亦使附近诸乡镇同趋江湖化，而转漫失其原有山林之情状。

故在西方城市，几尽属货殖人物。政府宗教学校，或可以比中国之儒林，而尽必附属于货殖。因西方不重人物，仅重事业，而事皆需财，财则掌于货殖之手。而货殖则趋于江湖化，于是曰流动，曰竞争，乃成为一资本主义之社会。隐逸一流，则甚少，几乎无之。西方亦有山林，而无中国之山林气象，徒供人游览或探险，亦可谓全成商业化、江湖化。此诚中西双方文化大异处，亦社会大异处。

近代美国人中，有西欧白人，有犹太人，有非洲黑人，有东方中国日本人，亦异族共处，成为西方文化体系下有一崭新形貌之社会。但其多人杂处，如一大赌场，如一大戏院，各有所求，各有所争，若在静定中而不胜其动乱性，纵占富强，亦不易得安定。周濂溪《太极图说》"太极动而生阳，动极而静，静而生阴，一动一静，互为其根"。又曰："主静立人极。"宇宙大自然实为一动，而人文化成则当为动中一静。自然为人文之根，而人文亦可转为自然之根。今可谓西方社会富阳动性，乏静定性。近于自然现象，而少人文理想。中国社会则在自然阳动中，必求以人文理想之静定为目标。今则受西方商业威胁，乃亦失去其静定性。若求全世界人类同归静定，同臻安乐，首当限制资本主义。勿使商业在其社会中一枝独秀。中国四民社会，商人居最末。农工在其上。亦可谓农工在静一边，而商则在动一边。中国社会非无动，而静为主，故信义通商，终不失人类相处之真性情，遂亦不产生资本主义，此又中西文化之相异。

中国人认为生产多属天地自然一边事。人之从事生产，又须分工合作。故不主私，不主专，而有一种通财公产观。孝、友、睦、姻、任、恤，乃人群相处居心所宜之大道。故在中国不能有农奴社会，封建社会，资本主义社会。封建在中国，乃一政治制度。西方封建，则仍重在财富之分别占有。马克思创为唯物史观，中国当称唯人史或唯心史，实则乃唯德唯性。西方人生注重在外面物上，中国人生注重在人之内在德性上。换言之，西方人用心在物，中国人用心在己，即己之心。西方人亦知有心，中国人亦知有物，惟主客轻重则大不同。

中西社会有不同。中国社会抟成，不仗财力，亦不仗武力，故中国人无权力观。齐家治国平天下，皆不能仗财力兵力，乃在人与人之性情之相感相通，而成为一体。此种性情之培养，则贵在心，贵在先有一段静定生活。在人则贵在未成年期，在地则贵有一山林生活，此两者皆属天。能知此，则知天地人本属一体，即自然与人文之本属一体矣。如原始人之洞居，实即山林生活，亦即人类未成年时之生活，此为自然生活。而人文社会之生活，即本源于此。人文社会生活之最后归宿，则仍应为一种自然生活。总之，人类逃不出物的生活，而以心生活为之主宰。若如西方人，以心生活投入物生活中，物为主，而心为奴，心生活不长进，惟求物生活长进，则与中国为大异矣。

释老皆重心生活，但又太轻忽了物生活。惟有儒家，执两用中，心物并重，而又会通和合，融为一体，始为人生之正途。故欲知中国社会，又须兼通中国经济史，并须兼通中国思想史。要之，即须先通中国文化史。若分门别类，专一求知，则中国究为何种社会，诚难以一言尽矣。

重物，则其大群生活乃自下而上，由分而合。重心，则其大群生活乃自上而下，由合而分。西方社会重多数，中国社会则特重一领导中心，此则必属少数。四民首重士，即此意。但此下中国社会中士之一阶层将渐消失，重少数将转为重多数，则心社会自不得不转为物社会。此乃中国当前一大问题。孙中山先生提倡知难行易，分知为先知先觉、后知后觉、不知不觉三阶层。行属多数，先知先觉必属少数。易属多数，难属少数。分门别类之知，亦属多数。而会通和合之知，则仍属少数。社会无一中心领导，此终属一危途。而此中心领导阶层，又如何产生，又如何得大众之承认，此则为治中国人文史者最当注意研寻之一问题。

然此事实亦不难。须使人先知心生活重于物生活，则自然寻向上去，识得自己性情，同时即识得人类性情，则已把柄在握矣。心生活何以重于物生活，其事亦不难知。反身以求，当下即是矣。中国古人之高瞻远瞩，而又切己体察，此亦执两用中之一道也。吾国人其勉之。

2

夫妇和好，父子慈孝，即中国之所谓道。《中庸》言："非至德，至道不凝焉。"道即凝于德，宇宙大自然万物散布，非德则无以凝聚。德又有大小之分。《中庸》言："小德川流，大德敦化。"川流则犹有形象可寻，如结为夫妇，生育子女，生命无穷。中国乃一氏族社会，父子祖孙世代相传，亦即小德之川流。孔子为中国之至圣先师，其道不仅传于家，不仅传于鲁，并传于两千五百年来之全中国，斯则为大德之敦化矣。两千五百年来，疆土日廓，生齿日繁，同为一中国人，此生同，此心同，乃有同德同道。今日此世界则同有电灯自来水，以色列人巴勒斯坦人同样生活在此灯水中，而有不可同日生之势。又如宇宙大自然，浑然一体，本无区别。此身乃生命一时所附着，其魂气则可离于肉体，而还归宇宙大自然之浑然一体中，即其生命之依然存在。乃不朽，非复活。

宇宙大自然之浑然一体，此乃一大生命。人类生命即由此大生命中分得，中国人谓之德。三不朽以立德为首，德不在身，而在心。圣人先得吾心之同然。人人之心，皆可同于圣人之心。故圣人之德，亦长在人人之心中。此即中国古人之生命不朽观。立功立言，则较落于外面形象上，然仍必归于心，故同得为不朽。是则中国人之生命观乃在心，心则非器物，无形象。故言灵魂，世人之灵魂观，仍可有分别。中国言心，则有同然，无分别。如言夫妇父子，自身言，亦各有分别。然夫妇和好，父子慈孝，自其内心之德言，则可无分别。

俗云说法，此法字，亦犹文言所谓之名义。顾名思义，正名定义，一名则必有一义。师出有名，则非无义。即犹俗语每一事必该有一说法，即如登山玩水，亦该有法可说。古代帝王登泰山，行封禅。封禅是一名义，登泰山观日出是一实情，然实情必当有名义可说。无锡附郭数里外有惠山，山有泉，称天下第二泉。蓄泉为池，坐池旁二泉亭，观池中大红鲤鱼结队游泳，品茗玩赏，其乐何如。然人生不该专以登山品茗为乐，仍该有一说法。县人皆于山麓建祖先祠堂，又建历代名贤祠，如唐代张巡许远祠等。每逢春秋佳节，县人登山，先祭拜祖宗祠堂，又瞻拜先贤群祠，乃赴二泉亭。则登山品茗乃有名义，乃有说法。余少年时即喜读韩昌黎张中丞传后序一文，反复朗诵不忍辍。及瞻拜张许祠，益增崇敬向往之情。余之于国家民族历史文化往圣先贤之有其一番真挚深沉之感者，此乃由社会风气，亦即社会教育之培养，有不知其然而然者。余家五六华里外有让皇山，相传乃吴泰伯让国至此。又名鸿山，因东汉梁鸿孟光夫妇亦隐居在此。实只一小土丘，无林泉之胜。而环绕十华里内居民，每逢清明佳节，群来瞻拜。余幼年即随族中长老前来。余之对国家民族历史文化往圣先贤有其崇高之敬意，实早由幼年植根。及余初来台湾，环游全岛，至今逾三十年，记忆犹新者，在台南拜孔庙，谒郑成功祠。在嘉义，谒吴凤庙，感动尤深。古人云行万里路，读万卷书，此两者亦同有名义说法，主要则在学为人。余未来台湾，初未知有吴凤其人，故其感余心者尤为深厚。三十年来台湾观光游览区日益开辟，索忍尼辛来，全国上下仰崇，陪其游览，却不去吴凤庙。盖人心已变，名义说法亦不同。观光游览仅为寻开心，同时亦为经商赢利。风气既别，古今人不相及，但其间高下得失实仍堪寻味。中国人言社会，必先问其风气。西方人言社会，则必论其经济。则又何小德川流大德敦化之足云。

3

今日国人争言知识,此时代亦称为知识爆破的时代。一幼稚园儿童,其所知,为余九十老翁所未知者亦多矣。然以中国传统观念言,则知识中最有意义最有价值者,乃知你自己,所谓"自知之明"是也。又称"知人知面不知心"。又曰:"人之相知,贵相知心。"所谓自知,乃在自知一己之心。孔子十有五而志于学,三十而立,至于七十而从心所欲不逾矩,此即孔子自述其七十年生命中为学之心路历程。颜子曰:"如有所立卓尔,虽欲从之,末由也已。"此所立卓尔欲从末由者,即指孔子,实指孔子之心之德。孟子曰:"我四十不动心",亦即如孔子之四十而不惑。中国人之重其心,重自知其心有如此。

重自知,又贵知己之一家。父母兄弟姊妹夫妇子女,一家相聚,互不知心,他复何言。自家而推之乡,推之国,推之天下,同此人类,实即同此一社会,皆贵能互相知心。故中国人言民情风俗,又言人心天理。若言中国亦有社会学,惟此乃其主要之一端,为最所当知者。

余幼居荡口镇,楼下大门旁有一酒酿铺,酒酿美味,驰名全镇。铺主老夫妇两人,年各六十许,日制酒酿两大锅,日未夕,即卖完。有子三人,年在二十上下,每日下午各担一缸酒酿,分赴镇上他处路售，亦均未晚即归。一家衣食已足，乐以悠悠。阖镇知者，无不称羡。其铺最少亦历数十年之久。

及余长，任教苏州中学。城内玄妙观前一街，最所知名。然一街店铺最多不过四十家左右。其中有稻香村采芝斋两铺，皆卖小食品，乃驰誉全国。余家本在七房桥，距苏州城四十里，有小航，日开一次。每月必托小航购买两铺食品，几乎全村皆然。至是已逾二十余年，乃知此两铺仅皆小门面，一小长柜。不只苏州人竞来争购，京沪铁路过客几乎无不来购。后余转赴北平任教，亦可得此两家食品。后来香港及台北，亦仍有此稻香村采芝斋之店铺。其实此两家自数百年前明代已有之。不知此两家历代相传，生齿日繁，生计何以维持。要之，此两家则依旧一小门面小店铺，无分店无扩张，则尽人皆知，无足疑者。

抗战时，余在成都华西坝任教。一友常在图书馆相候，谓余，君喜治理学家言，当时一理学家日读书几何，予等每晨阅报章字数当已超之，而生活营养又远逊，健康岂可忽。西门内八号花生米，驰名全城。此物富滋养，佐饮浓茶，不患不消化。必偕余往购，两人各一小袋，同坐华西坝溪上品茶畅谈，至晚而散。此八号花生铺，亦如余家荡口大门前酒酿铺，大小花生皆装大袋销各地散售。其场面当亦历数世不变矣。

及抗战胜利，余重莅昆明，乃知昆明有一月饼店，亦播誉全省。在中秋前一月即停售，谓当为他家月饼业留一地步。在其停业期间，即航空远销京沪。其他月饼店乃亦赖以维持。

抗日胜利后，余返无锡任教江南大学，乃知无锡肉骨头，有某街一家特佳。门外设一锅，晨十时销售到午即毕，不再售，需待翌日。传说此锅卤汁必日有留剩，历数百年之久，故其味终为他处所不及。适余弟家居此街，故得知之。其味乃为余自幼五十年来屡尝所未及。然其家亦历数百年，仍为一小家。

以上偶举饮食一小端，自小乡镇至大城市，广达全国，其业长有历数百年不变者，亦以见中国人一种安足之心情，安常守故，安分守己，知足常乐，安居乐业。中国人言心安理得，足于己无待于外，此一安字足字，乃寓甚深妙理。吾中华民族之得五千年绵延迄今，广土众民一大结集，一大和合，则亦惟以此一安字足字得来。今日国人则争相诟厉，斥之曰守旧不进步。则姑举开新进步者言之，如西欧之古希腊，递变递新，而乃有后代之大英帝国，又有现代之美苏对立。而当前之希腊人又如何，英伦三岛人又如何。有新无旧，有进无退，则无安足可言。即如吾家在无锡东南乡啸傲泾上之七房桥，亦已自明迄清六七百年一旧家庭，直至最近推行共产主义，始大变，大异其旧。有一美国人读余《八十忆双亲》一文，大生慕恋，为之传译，来书嘱余为五世同堂家宅作全图。又进而通读《钱氏家谱》，将进而为无锡全县之研究。中国人言，此心同，此理同。在此同处，亦未尝无一番妙理，思之而得，则此心自安自足矣。

近代国人一意慕向西化，治社会学，则必以西方社会为蓝本。群谓农村必进步为都市，则试问人类岂能仅有都市而无农村之社会。故西方之资本主义，必进而为帝国主义，以殖民地为农村，乃始可耳。今则帝国主义之时代又已过去，而农业国之购买力则必日退，乃有经济不景气之新兴现象。试问又何从而得解决。

西方人为学，好分别专门。但政治社会紧密相关，合则两得，分则两失。马克思亦不免此病。或因其乃一犹太人，无权过问欧洲白人之政治。上帝事耶稣管，恺撒事恺撒管，马克思乃专论社会经济，置政治于不顾。则试问共产主义又何得成其为一世界性。列宁借其说，向尼古拉帝皇专制作革命。一共产国家新兴，又何得与并世资本主义之富强国家并立。斯大林乃继列宁，而仍遵帝俄之帝国主义以前进，迄今而核子武装海空军备乃超美国与西欧之上。论其实，则仍是一西方政治大传统。此岂马克思提倡社会主义时所知。

近代吾国人或专治经济学，或专治社会学，亦每置政治问题国际问题于不顾。孙中山先生三民主义首为民族主义，则不可不顾及五千年来中国之人文大传统。最后为民生主义,则如余此上所举荡口镇之酒酿铺以及无锡城中之肉骨头锅,此亦民生,而有自安自足之民族心情民族文化之甚深传统涵其间。岂得与西方社会相比,又岂得以一专家专论经济问题社会问题又必以西方之经济理论与社会理论为准绳,而谓吾民生乃得由此而安而足,而和而乐乎。

西方传统中,有两度加入犹太人思想而得广为流传者,古代为耶稣,近代为马克思。耶稣主上帝事由他管,恺撒事则恺撒管。惟其不管恺撒事,故犹太人终不能立国。而恺撒亦终钉死耶稣于十字架,但耶教则终得流行。马克思主张剩余价值由无产阶级取而分之,则资产阶级失其存在。然非谓资产阶级乃人类之剩余,而不许其存在,特不许其专拥经济之剩余价值而已。此一百年来,西方资本社会盛行社会福利政策,劳工有罢工之自由,失业者得公费抚养,此即承马克思之遗意。马克思亦并未主张将资产阶级斩尽杀绝,而推行无产阶级之专政。俄国地处寒带,又惯受帝王专制之暴政,其性情异于其他欧洲人。列宁创造共产政府,则实非马克思之初意。

世人仅知犹太民族乃一经商民族,然不知在犹太人中,资产阶级乃永能救济无产阶级。马克思思想实早已存在于犹太民族中,故犹太民族虽永久流亡,而其民族经济则常得旺盛。以色列乃欧洲人代为立国,而在政治上则沾染了西方思想,只求自己立国,不许其他民族亦同样立国。中东和平,大受干扰。马克思则仅一经济思想家,非一政治思想家。亦如耶稣仅一宗教主,非恺撒,亦非一政治思想家。故原本属一专门者,即不宜轻易扩大为通义。必认清马克思共产思想非一政治思想,其流弊乃可减。耶稣教亦必坚守其恺撒事恺撒管之初意,乃庶可仍得流传。中国人则主政教合,又主政经合,则与西方自不同。西方人主分别,耶稣马克思虽专论宗教信仰与经济,但其言偏近和合性,为西方人所无。故西方人不得不采用此两人思想以资调剂。中国人本亦主和合,倘加进此两人思想,则非全部改造不可。故言现代化,则必求其传统之现代化,而非可现代化其传统。此一层,现代国人更当深究。

略论中国文学

中国文学亦可称之为心学。孔子曰："辞达而已矣。"不仅外交辞令，即一切辞，亦皆以达此心。心统性情，性则通天人，情则合内外。不仅身家国天下，与吾心皆有合，即宇宙万物，于吾心亦有合。合内外，是即通天人。言与辞，皆以达此心。孔子曰："言之无文，行之不远。"言而文，则行于天下，行于后世，乃谓之文学。何谓文？此涉艺术问题。故文学亦即是一种艺术。

古人生事简，外面侵扰少，故其心易简易纯，其感人亦深亦厚，而其达之文者，乃能历百世而犹新。后人生事繁，外面之侵扰多，斯其心亦乱而杂，其感人亦浮而浅。抑且时地事物虽已变，而人心犹常，后人为文，遂多援用古人语，实获吾心，言之不啻若己出，则三复之而不厌矣。今国人疑其为蹈常而袭故，务守旧而不开新。实则全部中国文学史，遂如枝叶扶疏，潜而寻之，一干一本。此心既犹故常，言辞又何待开新。

人之性情必有所向。先之则父母子女之长幼相依，兄弟姊妹之平等相随。继之则有夫妇男女之异性相恋。实则一家即一己生命之往前而扩大，兄弟姊妹或缺或无，人则必由父母而生。年长则必有婚配，始得为成人，有意义有价值，以异于他人而成其为一己。或生而父母丧亡，长而未有婚配，则为人生一憾事、一不幸。

人之性情，实即人之生命。而父子夫妇两伦则最见性情之真。至于身，则仅生命寄存之工具。食衣住行，视听言动，为我生命之维持与表现，非即我生命之内涵。生命必与生命相接触，而有家国天下，乃有父子夫妇兄弟三伦外，复增有君臣朋友两伦。生命接触不止人与人，乃有宇宙万物，禽兽虫鱼草木，山水土石。人之性情亦多接触于此而发，乃若此等亦同有与己相类似之生命。吾之生命乃若无往而不在，故"君子无入而不自得"。

以上所言，可读古诗三百首而得之。亦贵本于以上所言以读古诗三百首。此下中国全部文学则尽从此诗三百来。故中国古人又称文心。文心即人心，即人之性情，人之生命之所在。故亦可谓文学即人生，倘能人生而即文学，此则为人生之最高理想，最高艺术。

西方人则驰心于外，中国古人所谓之放心。心放于外，则所见尽为事事物物，而不见有一己之生命。自古希腊之小说戏剧起，直至于现世，亦大体无变。重生命，言性情，则无可尽言，无可详言，并有无可言之苦，实即无可言之妙。抑且有心之言，则心与心相通，亦不烦多言。故中国文学务求简。陶渊明诗："此中有真意，欲辩已忘言。"此最中国文学之至高上乘处。

诗三百，首《关雎》，第一句"关关雎鸠"四字，关关乃雎鸠和鸣之声，而雎鸠雌雄恋爱之情，亦即此而在矣。如古希腊之小说戏剧，言及男女恋爱者何其详，何其尽。抑且此一对男女之恋爱，与另一对男女之恋爱，又必求其相异而不同，乃得成其为另一篇小说与戏剧。此之谓文学之开创。中国诗人只言关关雎鸠四字，即人类男女恋爱之真情蜜意，亦已一语道尽，可无多词。故中国古人婚礼，必诵《关雎》之诗。今人乃谓中国人不知恋爱，故文学中不言恋爱。实则中国文人非不言恋爱，乃从生命深处性情深处言，乃可一言而尽耳。

而且中国文学，必求读者反之己身，反之己心。一闻雎鸠之关关，即可心领而神会。如读西方小说戏剧中恋爱故事，则情节各异，不相类似。故西方文学贵创作，人各说一故事，说了千百件，件件不同，而读之不厌。但各故事尽在外，非本之作者一己之性情。中国则不然，一切文学皆自著者一己之性情发出。读者不反之心，而求之外，则若千篇一律，无新奇、无创造，乃若其陈旧而可厌。

西方文学从外面事物求其独特奇异，而多出捏造，离奇曲折，紧张刺激，挑动人心，而实出于人之性情之外，乃必如是以为快。中国人贵从内心同处言，寻常平实，而其可乐可喜，可哀可怨，有更深入更生动者。孔子即以诗教，宋代理学家言吃紧为人，亦无不知欣赏文学。即如周濂溪光风霁月，程明道如坐春风，人生即如文学。而理学家之能诗能文，超出于一般诗人文人者亦多。此见中国文学实即一种人生哲学。今必分文学哲学而为二，斯其意义与价值，惟各见其减，不见其增矣。

中国道家言实多通于儒家。而中国文学中尤多道家言，如田园诗，山林诗，不深读庄子老子书，则不能深得此等诗中之情味。是则欲深通中国之文学，又必先通诸子百家。故曰徒为一文人，斯无足观。今人则一慕西方，专治文学，欲为一文学专家，以此治中国文学，宁得有当。

佛法东来，中国高僧出家，多为慈悲救世，不为生老病死而厌世。其僧院修行，亦多中国情味。翻译印度经典，及其创为经论，如《大乘起信伦》等，皆绝精妙之散文。禅宗号为不立文字，但其故事则可谓皆成极高尚之文学小品。如慧可向达摩求心安一则，苟以羼入《世说新语》中，亦可为上乘之选。慧能则俨是一传奇人物，《坛经·行由品》，亦显见为一极佳之短篇小说。此下禅宗诸派大师，亦莫不传奇化。其故事流传，亦莫不小说化。即身成佛，立地成佛，亦皆诸禅师一种出格之文学人生，即艺术人生，亦即哲学人生矣。是则宗教亦成文学化艺术化哲学化，而相通为一。要之，则是中国之人生。寒山子以诗人为僧，即以僧人为诗，而其诗乃为后代所爱诵。其他僧人能诗者，历代皆有。韩愈最辟佛，而当时僧人登其门乞讨一诗一文者不绝。柳宗元尤多佛门文字。韩愈之徒李翱，则以古文阐佛义，后人或推尊其在韩愈之上。而如欧阳修苏东坡，皆自称居士，此即如居家为僧。唐三藏法师玄奘，更许其徒不出家为僧，从事翻译，转为其门下一高僧。为僧为儒，为佛为圣，皆从性情中出，此仍中国传统。故中国僧人亦皆好中国文学，而中国文人亦好诵佛书，交僧友。如刘勰之著为《文心雕龙》，即其最佳一例证。

中国人生既求文学化，文学亦求人生化。佛教东来，但为中国人生增辟一新途径，亦为中国文学创立一新境界。此须深通中国文化内在深义，乃能认识其相通处。仅从外面形名貌相上，慕效西化，好作分别，则无可得之。故道释两家之在中国文学史上，虽不能与孔孟儒家成鼎足之三，但亦有其文学上之成就。今日专意欲为一文学家，封闭其一己之意识，摒弃一切旧文学于不顾，则亦无以语之。

小说家在先秦为九流十家之一，此后演变，亦渐成为文学之一部分。然后起小说，仍不失古代小说家言之传统。中国之集部，本源先秦之子部，此亦其一例。唐代人应科举，先作温卷，好为传奇，投之先达，期能上公榜。而佛家如《目连救母》等故事流播，则为近人所称俗文学白话文学开先路。宋代如《三朝北盟汇编》诸书，则史书而亦几近小说化。于是乃有元季施耐庵《水浒忠义传》章回小说之出现。其称忠义传，则小说而慕为史书化。中国人好求通，为学亦然，此亦其一证。清初金圣叹乃有《六才子书》之选，以《西厢记》《水浒传》上媲屈庄马杜。文不论雅俗，体不论古今，一部中国文学史先后承续一贯会通。圣叹所见，为治旧文学者所不同意犹可，而今日国人提倡新文学者读《水浒传》，圣叹批注乃摒不阅，是亦其自我意识好自封闭之一例。

元曲承自宋词，又演为戏剧，又继之以明代之昆曲，清代之平剧，于是小说与戏剧，乃成为中国文学中之一部分，一支派，而盛大流行。其实亦可谓平剧亦上承古诗三百首而来，风雅颂亦有演有唱，其与后起戏剧依然是一贯相通，一脉相承。必当认识中国文学之生命，乃能认识中国民族之文化生命。今人则一刀两断，元曲以前称之曰旧文学，元曲以后始称之曰新文学。旧文学死去，新文学始诞生。但实是同一生命，姑不论。而今日国人之提倡新文学，实视元曲以至平剧一段之演变，仍属旧文学。必承续西方乃得谓之新文学。是则中西之分，即新旧之分。凡中国皆属旧，凡西方始是新。周虽旧邦，其命惟新，今日中国以后之大命，则惟有系之西方矣。从器物观点言，则有新陈代谢。从生命观点言，则当继续成长。父子相传，亦同一生命，故中国人讲孝道。若必除旧布新，认父为旧，子为新，除了父，何来子，又何家祚可传。西方乃一工商社会，故贵创。今尚创，其古亦早尚创，故古希腊亦仍为今西人所尊。中国乃一宗法社会，故贵袭。今吾国人欲袭西方，乃怪古人不能袭希腊，乃转自今来承袭希腊，如模仿奥林匹克运动会而以圣火导其先，乃始得谓之新，谓之是人生，是文学，是艺术，岂不大可怪乎。

大体言之，中国乃广土众民大一统之民族国家，所谓统者，乃自上而统下，故其文学亦自上而下。古希腊小市寡民，其文学亦自下而上。中国人重生命相通，故其文学亦重心性，自内而外。西方人重事物相异，故其文学亦重于异，鄙其同。即言平剧，脸谱服装，台步动态，歌唱道白，皆于相异处会通和合同为一体，主要在其剧情。而剧情则主在人之心性。孝悌忠信，凡属人心，无不皆同。西方剧情则重外在之事物，必求其相异。平剧中脸谱亦非人生之真面目，其歌唱亦异于人生之真言辞，则脸谱与歌唱亦即是一创。宋代理学家气象二字,乃可为之说明。理学家重要在指出圣贤气象,平剧则表演寻常各色人之气象。此亦一气相通,有其大传统之所在。

晚清曾国藩编有《古文四象》一书,亦以气象论古文。然非逐篇朗诵,以声音贯通之,则不易得其阳刚阴柔分别之所在。观气象,又必兼以辨音声,斯则古文亦与平剧用意相通。其实自诗骚以来,辞赋诗词何一不重音声,又何待至于戏剧而始然。此又中国文学古今传递一共通点。今人提倡白话诗白话文,唱之诵之,无声调,无情味。又模仿西方人为话剧,把日常现实人生依样葫芦搬上舞台,重事不重情,事非真事,则情亦非真情,与中国文学传统之意义价值乃迥异。中国人生则期望其能文学化,艺术化,亦即可谓期望其能戏剧化。人生而真能如戏剧,现实人生一如舞台人生,岂不回肠荡气,可歌可泣,为人生大放一异彩乎。此诚中国人生中国文学一至高之意义价值所在,戏剧亦其显明之一例。

故居今言文学,果真欲提倡新,莫如复兴旧。古代诗骚乃其含苞初放期,唐宋则其群艳灿烂期,明清则其凋谢零落期。然终为同一花朵,同一生命。器物可以除旧布新,生命则有起死回生。贞下起元,循环往复,一阴一阳之谓道,此惟中国人能知之,能言之。韩昌黎言:"好古之文,好古之道也。"昌黎能文起八代之衰,今人提倡新文学,宜当于昌黎有所师法。昌黎又言不平则鸣。今人提倡新文学，亦若于古人旧文学有不平，惜乎其不能鸣，则待后起能鸣者再鸣之。果有能鸣者，亦恐非若今之新文学之所为矣。

大匠能与人以规矩，不能与人以巧。中国人之道，即是一规矩，时时地地人人事事所不能离。《中庸》言"道不可离，可离非道"。文学亦不能例外。自古文学中演变出平剧，乃为文学与艺术一大结合，而其规矩乃益显。每一剧之出场人员，自跑龙套以至于生旦净丑诸角，乃至于二胡三弦锣鼓声乐，全由一规矩中来。自其登台，一步一坐，一振衣，一举手，一颦一笑，无不在此一共同规矩中演出。剧中主角则为此规矩之中心。如谭鑫培梅兰芳，演技各有千秋，此皆在规矩中见巧。他人虽同规同矩，却不能有此绝技，有此奇巧。中国之艺术然，文学亦然。推而广之，无大无小，以至于修齐治平，同无不然。天地自然乃是一大规矩，圣人合德，乃是一大技巧。庄周所谓"神欲行而依乎天理"，孔子所谓"知天命而从心所欲不逾矩"，皆是也。今人则欲打破传统，创造新格，文学如此，其他一切全如此。乃视修齐治平亦如写一篇白话文，务求人人能之，又务使人人不蹈袭故常，惟意所向而能之。此非人人为一天帝，人人为一创造主，又何以达此理想。

西方人不重传统重创造，故能于科学外又创造出哲学，又创造出文学，而此诸学则又不断各有其创造。韩昌黎曰："识古书之真伪"，如屈原始为真，宋玉则不免有所伪。伪者，人为，而有失于道之真。屈原《离骚》，文与人一，其人即在其文中，始为真。宋玉求工其文，不能工其人，人在文外，是为伪。扬雄早年为辞赋，晚而悔之，曰："雕虫小技，壮夫不为。"乃模仿《论语》《周易》，作为《法言》与《太玄》，此亦扬子心中一真伪之辨。如司马相如作为辞赋，在其辞赋中，不见司马相如其人，此即雕虫小技。读《论语》《周易》则见孔子文王其人矣。陈子昂诗："前不见古人，后不见来者，念天地之悠悠，独怆然而涕下。"子昂乃一诗人，诗若为文学中一小技，然前有古人，后有来者，子昂心中乃有其一大传统之存在，为同时他人所不知，乃独怆然而涕下。故虽文学，虽艺术，亦贵有独知，为他人所不知。孔子曰："人不知而不愠。"又曰："后生可畏，焉知来者之不如今。"是则必待有后生之知矣。以此心境，乃能知中国之文学，而岂不知有己徒求通俗大众化之所能与知。

"月明星稀，乌鹊南飞，绕树三匝，无枝可依。"此非曹孟德之诗乎。当时曹孟德统军八十三万，南下荆州，而东吴大敌在前，进退两难，月夜不眠，偶此散步，闲眺林野，得此十六字。曹孟德之心情，藉以抒写。此之谓文心，此之谓诗情。司马迁言："离骚者，犹离忧也。"曹孟德此十六字，亦其一时之离骚矣。

至于统军八十三万南下之一事，前曹孟德之生几千年来无之，继曹孟德之死几千年后无之，此如天上浮云，偶此一现。曹孟德只自写心情，何暇写此身外事。抑且中国传统，身外事待后人执笔，不许当事人自有叙述。屈原《离骚》，亦仅写屈原当时一己之心，不涉及屈原当身其他之事，此乃中国文学一特征。

后曹孟德八九百年，乃有苏东坡，谪居临皋，筑为一雪堂，往来其间。偶逢月夜，漫游赤壁。曹孟德当年此十六字之心情，则正亦苏东坡此刻之心情。曹孟德苏东坡，其人其事互不同，而其一时之心情则同。苏东坡漫游中，忆及曹孟德此十六字，不啻若自其口出。中国人所谓之立言不朽，此亦其一例。

"客有吹洞箫者，其声呜呜然，如怨如慕，如泣如诉。"苏东坡当时正有此一可泣可诉，有怨有慕之心情。客之洞箫声，乃与曹孟德此十六字之诗，同样即是东坡之心情。乃历近千年之人间世，与此广大无垠之宇宙而融凝如一。则东坡之赋赤壁，同时即赋此广大无垠之天地，赋此悠久之人生，而岂仅赋其一己一时之心情。故孔子曰："诗可以兴，可以观，可以群，可以怨。"无此心情，则无兴无观无群无怨之可言矣。

抑东坡游赤壁，乃一己私人事，故可赋。屈原之与曹孟德，其及身事涉政治，不限私人者，则不可赋。其实苏东坡之居临皋雪堂，亦有事涉政治，不可赋者。后人为东坡诗文笔记编年，合而观之，乃见东坡此游之真实境况，而此赋中之心情乃益显。此之谓文学中之考据，亦即据其背景而考其心情。若考苏东坡游赤壁非即曹孟德当年之赤壁，则无当文心，无当诗情，所考亦非所必考。

如读《论语》，"子曰：学而时习之，不亦说乎。"读《孟子》，"孟子见梁惠王，曰：王何必曰利，亦有仁义而已矣。"岂不已情见乎辞，何必别待详考。然读司马迁《史记·孔子世家》，孟子列传，详考孔孟身世，其为人，其处境，而《论》《孟》两书中逐章逐句，乃盛见孔孟心情之所在。人之心情，则必于其身世中见。浪淘尽千古英雄人物，曹孟德之为人，则已为时代浪涛所淘去，然其在八十三万大军中，一时不安之心情，有合于人心之同然，则不为浪淘以尽。故读苏东坡引曹孟德诗，乃可了解何以来治中国之文学。

西方文学不见作者内在之心情。如鲁滨逊漂流荒岛，非作家自有此心情，乃伪造一鲁滨逊之心情。读者所激动，乃一伪造心情，故所激动亦不深。仅为一时消遣，非如读中国文学，乃一如读者自己心情之抒写。今读者自无心情，仅求消遣，则宜读西方文学，视为新而可喜。

子贡言："夫子之文章可得而闻"，凡孔子平日告其弟子，诗书礼乐，皆文章也。即后世经史子集四库之书，亦皆称文章。不仅如此，即如尧舜之禅让，汤武之征诛，一国之典章制度，乃至如一贤人一君子之出处言行，如屈子之沉湘，董子之三年目不窥园，扬子云之下帘寂寂，严光之垂钓富春江，诸葛孔明之六出祁山，鞠躬尽瘁，此亦莫非一时代之大文章。岂止诗歌辞赋，骈散为文，乃始谓之文章乎？孔门四科，游夏文学，亦乃为文章之学，乃称文学，而亦岂诗歌辞赋骈散诸文之始为文学乎？故中国，如屈宋乃至如司马相如诸人，为辞赋家。陶、谢、李、杜为诗家。韩、柳为古文家。而独无文学家之称。今日国人之称文学，则一依西方成规，中国古代学术史上无之。此虽一名称之微，孔子曰："必也正名乎。名不正，则言不顺。"今日国人竞称中国文学，乃亦以文章为文学，则其厌弃旧文学岂不并孔门游夏文学一科而亦加厌弃，此又不可不辨。

略论中国艺术

1

欲论西方文化，姑以中国所遭受者言。英国人来中国贩卖鸦片，林则徐加以拒绝，引起战祸。当时英国国会亦有反对，而战氛终起。至今英国人不肯称为鸦片战争，则其内心亦知歉疚。中国割香港赔巨款求和，又开五口通商，英国人占尽便宜，但仍不满足。贪欲无餍，又求关税权。货物低税进口，即可通行全国。治外法权与不平等条约之订立，使中国蒙受莫大灾祸。英国人则仍不以此为满足。继之有英法联军与八国联军之举，非陷中国于灭亡，则其进终不已。

中国人亦非全无知。谋求整顿国防，乃派留学生赴英学习海军。福建青年严复在其选。彼乃认西方富强不仅经商讲武两事，其学术思想有关治平大道者，亦当研求。归国后，乃尽瘁译事，有穆勒《名学》，斯宾塞《群学肄言》，赫胥黎《天演论》，亚当·斯密《原富》，以及法国人孟德斯鸠之《法意》诸书之传译。继之有胡适之诸人之新文化运动。此见中国人用心之广大开通。

西方人为学主分门别类，而严氏之译则通以求之。胡氏慕西化惟主民主与科学，对其宗教与哲学则摒弃不论。此皆中国人意见，无当西方文化之大体。

西方文化亦非有利而无病，有得而无失。当时遭受其害者，又何止一中国。知进而不知退，知争而不知让，乃启阋墙之争，欧洲内部遂有第一次大战之兴起。幸得平息，而西方人曾无觉悟，和会中对德国之虐待，可谓无微不至。乃有第二次大战之继起，大英帝国之命运乃终告停止。而似仍无体会，仍无领悟。最近复有英阿福克兰群岛之战。西方文化之病态，即可专据英国一百四十年来之往事为例而见。

中国人言家、国、天下。西方人有身无家，有国无天下。古希腊人即依商为生，迄于现代，海上自由，仍为一大口号。科学发达，交通便利，今日人群相处可谓已达天下一家之境地。不论人与人，单论国与国，苟无一种友谊存在，则国际相争，何有宁日。英阿之争，美国竭力调解，又继以国际协商联合会议，凡为英国之友，无不望英国不采武力之一途。而兵祸终难免，国际友谊复何在。

国与国不能有友谊，其病乃从人与人不能有友谊来。科学发展，益增人与人间之争夺。现代祸乱，胥由此起。中国人言忠恕之道，不论为人谋之忠，己所不欲，弗施于人之恕，实为西方所无。继自今，中国文化已可供当前世界以大用。

西方文化主要在对物，可谓是科学文化。中国文化则主要在对人对心，可称之为艺术文化。中国人重礼乐，即是中国人之一种艺术。中国人重道义，其实亦即是中国人之一种艺术。当前英阿之争，我姑称之曰不艺术。以前两次大战，亦可称之为不艺术。果使人与人相处相接，能有一种艺术，则战争宜可避免，纵或不得免，其祸害亦可减至最低度。

西方艺术仅供娱乐。果使人生有意义，有价值，有前途，有远景，则其本身即是一乐，何待另求娱乐。抑且西方人为富贵权利名誉地位而有争，即其艺术亦不免。绘画必求当众展览，音乐必求集会演唱。更如运动会，必求争取冠亚军，更不得谓是一艺术。天地大自然中演化出人生，可谓亦天地大自然一艺术，但不得谓乃天地大自然一科学。艺术有乐趣，科学无之。人生本体即是一乐，于人生中别寻快乐，即非真艺术。真艺术乃始得真快乐。周濂溪教二程寻孔颜乐处，此乃中国艺术人生之最高境界。濂溪并未教二程寻孔颜道义。明道教人则曰"吃紧为人"，不曰"吃紧为道义"。此即人生艺术尤高出于道义之上。故乐天知命即道义，即艺术。孔子教人曰："志于道，据于德，依于仁，游于艺。"中国人论道皆必据德依仁。德与仁乃人性，即人生艺术所本。未有违于人性而得成为艺术者。亦可谓西方科学宗教哲学亦皆从人性中来，亦皆人生一艺术，惟未得其全，仅得其偏，未见其和，仅见其别。《庄子·天下篇》又曰："道术将为天下裂。"孔门之游于艺，得人性一大自由，亦即人生一大快乐，乃为人生一大道义。今姑以现代化名辞言，则曰人生艺术。亦岂有艺术而违于心性，又无当于道义者。求快乐而要不得，即此之由。而中国文化大传统亦即在是。孔颜乐处亦在是。欲罢不能，死而后已，而岂吾与点也一意之所能尽。

故西方艺术其用意仍在外，仍有求取，仍有争，乃成为一专门职业。中国人之礼乐，礼即兼宾主人我，融人生为一体，而乐亦自在其中。礼乐即艺术，即道义，亦即是人生。非于人生道义外，有争有求，而成为一艺术。而艺术则更超道义而上之。故中国艺术不仅在心情娱乐上，更要则在德性修养上。艺术价值之判定，不在其向外之所获得，而更要在其内心修养之深厚。要之，艺术属于全人生，而为各个人品第高低之准则所在。即言战争，礼乐艺术亦寓其内。试读《左传》两百四十年大小诸战争，当时之礼乐，亦无不随以流露。孔子曰："君子无所争，必也射乎。"射御为当时战争所必需，而亦为当时人生艺术精神之一种表演。无礼无乐，不论胜负，人竞鄙耻。

此下全部中国历史，死生关头，成败要点，仍亦有礼乐，即人生艺术之存在。如沛公之鸿门赴宴，项王之垓下受困，亦莫不流露一种超成败超死生之礼乐精神。即如诸葛亮与司马懿之五丈原对阵，其馈赠问候，亦莫不有一种礼乐精神。而犹如文天祥被囚，从容就死，其忠君爱国之道义精神，固已表现无遗。而更撰正气歌，此即其超道义之一种艺术精神之流露。其感动人心，则更有远超于其从容就死之上者。西方人则从不见有此一项艺术修养。即如拿破仑两次军败投降，幽囚海岛上，除图再起外，更无其他表现，而永为法国人所崇拜，即其例矣。故余称中国人生为艺术人生，乃本之中国历史文化传统，固非特创一新名词，以求惊世而骇俗。

今再进而言之，科学艺术皆本之自然，皆从邃古原始人生来。惟科学偏向外，艺术偏向内。科学偏重物，艺术偏重心。科学仅为人生一工具，而艺术则为人生之本体。西方艺术亦科学化，而中国则科学亦艺术化。换言之，西方人视天地大自然亦如一物，求以科学来加以征服。中国人视天地大自然则如一大生命，一流动欢畅快活之大全体，科学亦当为艺术之用，乃庶尽其功能。果使艺术亦待科学而完成，则非艺术之真矣。

人以核武器来，我亦以核武器往。纵谓此非无道，此非不义，但以杀人手段相对付，终非一种最高艺术。即以近一百年论，西方一切战争皆以增添问题，并不能解决问题。则战争绝非一种人生艺术，而核子战争之违反人性，更不待论。违反人性，即无当于道义。然而何以得废止此核武器之使用，则须有一种人生最高艺术。西方人分门别类，务求专，不求通，务求别，不求和，则无以语之。中国文化之所长则正在此通与和。

中国人自古以农立国，常与天地大自然之生命体相接触，而人类生命亦寄存在此大生命中。故此一人生艺术最高境界，惟中国人可以不言而喻。心知其意，乃不知其手之舞之足之蹈之，而心与之一，此所谓乐天知命，安天顺命，是即中国人之一种艺术精神。

今日世界已到一无可再前之困境，以艺术济之，此正其时。果使世人皆知礼乐，贫而乐，富而好礼，则资本主义共产主义皆可转向，而帝国主义亦随以消失。国防武装，成为次要，亦可不必要，而核武器乃可不禁而自绝。其转变枢纽，则全在人心上，非科学技巧所能为力。然则又谁为之开先作领导，恐非中国人则无足以当此大任。

一则惟中国乃积有五千年来之艺术文化传统，二则惟中国乃今世界广土众民之惟一大国。果使中国自对日抗战胜利后，即能和平统一。美苏对立，中国尽可以中立姿态，以忠恕之道，与美苏交而潜消其相互之敌意。美苏以种种计量，又谁肯先与中国树敌以自增一重负。今日中国则一师美，一师苏，先自分裂，互为敌对，是亦不艺术之甚矣。

求退不求进，求让不求争，乃中国人生艺术最先一步伐。天佑中国，天佑人类，退让未必即祸害。而即此仰望天命之一心，亦为中国人之最高一艺术境界，亦最高一艺术心情。幸吾国人其善体之。

2

昔俄国文豪托尔斯泰有言，科学乃发现，艺术则是创造，此辨极具深义。科学发展，人类已能登上月球。但此种种可能之理，实是早已存在，不得谓由人类智力所创造。凡属科学真理皆然。艺术则不然。如一乐曲，天地间原无此乐曲，乃由人类创造而有。如中国人画山水，并非天地间真山真水，乃由艺术创造而成。

艺术有创造，亦有模仿，但模仿亦是一种创造。如伯牙鼓琴，乃是模仿天地自然之高山流水而成。伯牙之琴声，但已净化其模仿之痕迹，非钟子期则不知其深趣。

中国艺术境界，创造更胜过模仿。如画山水，一山一水，乃经画家百方观察，心领神会，其模仿工夫亦已融化脱尽。跃然纸上者，乃其意境之创造，但亦不得谓与天地间自然山水有不同。

不仅山水，即画人物禽兽虫鱼花鸟，亦莫不然。如画人，颊上三毫，传神阿堵，主要在能传其神，不在其貌。传其貌，此是素描工夫。传其神，则须画家之心领神会，精灵相通。则仍是一种创造，而非模仿。

照相又不同，凭一机械，惟妙惟肖，只是表现，非创造。创造乃人类心灵上事。人生实更近于艺术，而较远于科学。一切人生活动，绝不限于物质与机械，而更贵其有精神与心灵。

天地自然生人，本只生一自然人，亦可说乃一素朴人。继此以下，则贵人类自创自造。固不能违反脱离于自然之素朴，但求加进心灵作用，有所融化，有所改进，以自赴人生之理想。此乃谓之人生艺术。

今天的科学，已能创造出机械人，但绝非一自然人。又想创造出自然人，如人工受孕之类。但亦仅是一自然人，绝不能创造一理想人。人生理想则须其人进入社会，长大成立，种种教育，种种指导，并经其一己之努力进修，乃得完成其理想，亦可称为一文化人。此则仍须艺术创造。

科学家之创出自然人，其种种真理亦早存在，仍是发现，非创造。艺术创造则不仅个人，乃及群体。故必艺术始是理想真人生，而科学则外于人生而仅加以利用。故欲求人生真能赞天地之化育，则必当是艺术，非科学。

中国人在自然科学方面，或较西方落后。但就艺术言，中国人成就更高，非西方可比。换言之，中国人有一套人生理想，即是本于人之自然赋予，而释回增美，以完成一文化理想人。中国古人在此路向上指导人者，已成为一套极精美之人生艺术，此亦可谓乃中国文化大传统之精意所在。

中国人骂人，乃说如你般像不像人，算不算人，你真不是人，如是等等严酷的呵斥，实有深意存在。圆颅方趾，五官四肢俱全，就中国人观点言，有时不算是一人。此似无理，实是有理。人须进入大群，但有人则不入群，正如山水花鸟不入画，便不在画家笔下。其人不入群，则摒诸四夷，不与同中国。故中国人言人，乃指群体生命之全总体而言，不专指各别一躯体言。此亦中国人生艺术一主要宗旨所在。

今再进一步言之。则艺术亦仅有发现，乃在发现人性可能，天地大自然一切可能，乃依随其可能以求演进，非能于自然与人性外可别有所创造。则科学与艺术之相异，仍当更端别论。

3

孟子曰："可欲之谓善，有诸己之谓信，充实之谓美，充实而有光辉之谓大，大而化之之谓圣，圣而不可知之之谓神。"孟子此条，历言人生理想诸境界。人莫不有所欲,然有可欲,有不可欲。其在物者,如饮食衣服宫室车马,其可欲程度皆有限。过此限,则不可欲不为善,而为恶矣。人之所欲在人世界,更亲切深密于其在物世界。如居家,贤父母,贤兄弟姊妹,贤夫贤妻,此最可欲,亦为最善。此善在己,如我得为一贤父母,贤兄弟,贤姊妹,贤夫贤妻,能自信,斯对方亦信之。若我无自信,则人亦于我无可信。一言一行善,而充实之,斯为美。孔子曰:"未见好德如好色者。"色固有美,而德则更美,更可好。居家如此,居乡居国犹然。其德充实光辉,则为一大人。人能有此可欲之德,而充实光辉之,通之人生之大全体,则为圣人。圣人有不可知处,乃为神。颜渊赞孔子曰:"如有所立卓尔,虽欲从之,末由也矣。"颜渊最善学,而犹有欲从末由之叹,此即孔子之圣而不可知处,乃如一神人矣。故中国人生理想乃本于可欲而达于神。

今则举世务于物欲。父母子女暂合即离,各组小家庭,可以不相闻问。兄弟姊妹更不论。结为夫妇前有恋爱,仍是欲。为时亦甚暂。结婚即为恋爱之坟墓,又可自由离婚。今则男女同居,可省一切手续。所欲尽在外,在物不在心。拥有财利,则为富。拥有权位,则为贵。一富人之下,必有数百千万之劳工,故人人皆欲富,而不再计及他人。乃有共产主义,分人为有产无产两阶级。其衡评人心,亦皆以物为标准，而乃以无财为最可欲，亦可怪矣。

论富，必有家别。推行人民公社，则可无家别。论贵，则又有国别。贵于一国之内，不能贵于一国之外。犹太人两千年来无国，今幸有国，不及四十年。但即欲他人无国，蹂躏巴勒斯坦人，推及于全中东，极其能力之所至，当使举世仅有一以色列。此亦如共产主义之世界化，有己无人始为贵。其实并世列国居心皆然，而核子武器则为达此境界之最高凭藉。

今世竞创电脑，又竞造机器人，无人性，无人情，无人心，尽已化人而为物矣。继此益进，当成一物世界，人类世界末日来临，斯世则尽为电脑机器人所宰制。其果有此一日乎？上帝不管恺撒事，则又谁知之。

中国人教人不求富，不求贵，只求为一圣，为一神。求此人生为一圣与神之人生，求此世界亦为一圣与神之世界。求为圣与神，当先求可欲与可信。圣人先得吾心之同然。为父母者，皆欲有孝子孝女。为子女者，皆欲有慈父慈母。孝慈人人可能，人人慈孝，则国治而天下平，亦可无他求矣。今人则竞求利，慈与孝若不如电脑机器人原子弹之更有利。《论语》："子罕言利，与命与仁。"物极必反，使今世界来一第三次大战，原子弹电脑机器人皆不为利。孔子之言重见信，亦见孔子之仁。而孔子则一若预见有今日，此即孔子之智，亦可谓之神通广大矣。

实则电脑机器人原子弹非可欲。拥有一电脑机器人原子弹，而此心仍不安不乐。苟得父母之慈，子女之孝，则此心安乐。故科学非可欲，人之可欲，则主要在求之人，求之心。物与物不相通，惟人与人心与心能相通。圣本训通，通则成其神，斯谓之神通。如人坐电灯下读《论语》，则可神通孔子。此与坐油灯下读《论语》，亦何异？倘以电脑代人脑，则乌得有通神之妙。故以电灯代油灯，此亦可欲。以电脑代人脑，则不可欲。可欲在人在心，而不在物，亦可不烦论而知。

自己不学好好做一人，却欲做出一机器人。教人做出一机器人，何如教人学圣与神。此乃一艺术，非科学。做一机器人，违反自然。学圣与神，则依顺自然。科学违反自然，艺术则依顺自然。中国人重艺术，修心养性齐家治国平天下皆艺术，非科学。

故于中国艺术中求加进西方科学，其事易。于西方科学中求加进中国艺术，其事难。如何好好使用人脑外，再加进电脑，如何好好做人外，再加进一机器人，则可，又易。反之，非不可，但难。

余尝有质世界与能世界之辨。西方科学重物质，乃为质世界。中国艺术重心灵，则为能世界。从质世界言，则人亦一物，其地位至为卑微。从能世界言，则人为万物之灵，天工人其代之，人之地位乃见其高。西方科学自物质不灭转入电子，则亦已开由质转能之端，即当由科学而转进于艺术。但其事难。中国人主神通广大，此非近代西方科学之所能。西方科学又从三度空间转到四度空间，亦可谓由科学转进到艺术一开端。中国人最重时间观，求可久，则电脑远不如人脑，机器人亦远不如自然人。非有人则电脑机器人皆不可久。而原子弹则更要不得。惟有只顾目前，只在三度空间内，此三者始见为有利。从朱子《大学补传》之格物穷理论中，再加入近代西方科学观念，则其事易。若从西方科学观念中，要加入朱子格物穷理之理论，则其事难。换言之，中国孔孟传统观念中尽可加进西方科学。晚清儒有中学为体，西学为用之主张。若必依样葫芦，一尊西方科学，则孔孟自宜在批反之列。

西方科学又与其宗教相对立。然西方社会亦不能只有科学，无宗教，故两者仍并存。宗教亦近似中国人所主心灵之通，但终非一最佳之可欲与可信。故宗教亦近艺术，而终非一最高之艺术。中国古人兼言魂魄。魄属物世界质世界，魂则在能世界心世界中。人死则魄灭而魂存。故中国在人世界中，又能涵有鬼世界。抑且鬼世界更悠久，实可谓鬼世界涵有人世界。中国五千年历史，尽已成一鬼世界，但仍包涵有后世之人世界，不能分别作两世界看。惟鬼世界无可改造，而人世界则仍可改造。中国人正贵此改造。

为子者，贵能干父之蛊。秦始皇焚书坑儒，此下两千年历代君主，再不重蹈其覆辙，此即亦为改造历史。中国人教人做人，重要在改过迁善。以前种种譬如昨日死，以后种种譬如今日生。故鬼世界不为一至善可欲之世界，而人世界则可期望其达于至善可欲，而其本源则仍从鬼世界来。则鬼世界中乃有一神世界。故中国之史学，乃亦成为一最高艺术，非科学，非宗教，非哲学。而亦即科学，即宗教，即哲学。故得成为一神通广大之最高艺术。

中国文学亦可以此意通之。凡中国文学最高作品，即是其作者之一部生活史，亦可谓是一部作者之心灵史。此即作者之最高人生艺术。其他中国一切艺术品，亦必见有其作者之心灵。西方人则放其心于文学艺术中，非能存其心于文学艺术中，此又当辨。

中国人主通，而名则在于别。老子曰："名可名，非常名。"但非孔子所谓"必也正名乎"之名。如父母夫妇兄弟君臣朋友，乃成为中国人伦之大道，正此名，乃可超乎实质人自然人之上而可常。故孔子正名亦即一人生艺术。中国人生与西方异，亦可谓皆从孔子正名之义来。而其主要用心，则仍即孟子之主可欲与可信。

4

西方人分宇宙大自然为真善美三项。哲学科学求其真，宗教求其善，艺术求其美，故亦称美学。中国人不主分，不特立艺术美学一名目。但中国人非不知美。姑以女性言，《诗》曰："巧笑倩兮，美目盼兮"，其美不在目与口，乃在盼与笑，更在盼与笑者之心。使其盼与笑不真不善，则亦无美可言。又曰："窈窕淑女，君子好逑。"窈窕非色，乃其行，其心，其德。故曰："未见好德如好色者。"孟子曰："充实之谓美。"中国人论美，在德不在色。

东施效颦。西施之笑非不美，而颦则尤美，故东施效之。人生有笑有颦，有忧有乐。西方人以悲剧为文学之上乘，然西方人生则终以求喜求乐为目的。求之不得，乃成悲剧。中国则不然，孔子曰："诗可以兴，可以观，可以群，可以怨。"怨乃人文心理中之更高级者。心忧则有颦，怨则更不止于颦。儒家人生最高理想不当有怨。孔子称伯夷叔齐"求仁得仁又何怨"。屈原作《离骚》，司马迁释之曰："离骚者，犹离忧也。"儒家人生理想亦不主有忧。孔子曰："人不堪其忧，回也不改其乐。"周濂溪教二程寻孔颜乐处，乐则人生本体，当为人生一最高境界最高艺术。

道家言人生艺术，较儒家为次。庄周德充符举四兀者，非谓人生残废乃最乐最上品，特谓人生即残废亦有可乐，亦得居最上品，然不如儒家言之平实。宋玉作《悲秋赋》，以为一年四季惟秋气为可悲。后世诗人承其说，历二千年不变。此亦庄生德充符特举四兀者之意。

深一层言之，中国人重忧、重哀、重怨、重悲，乃更过于喜与乐。儒家理想则求化忧怨而为乐。孔颜乐处，亦非一般人之所谓乐。王昭君之出国琵琶，蔡文姬之归国胡笳，非即琵琶与胡笳之吹弹为艺术，亦非即琵琶声与胡笳声之为美。此两人之人生艺术之美乃在其心，乃在其心之有怨。怨何在？就两人生平即知。然不怨天，不尤人，此两人之怨乃在自怨己命。怨命二字，已成俗语，人人能言，不知其中乃有人生最高哲理，人生最高艺术，亦即人生最高之美德。近代国人则仅知寻乐，不知怨，更不知怨命。孔子所谓可以怨，则诚难与今日国人言。

历代相传，贞女节妇皆有怨。即贤妻良母，亦多有怨。苟其平居欢乐自得，喜气洋洋，亦将不显其贤良之所在。此诚中国人生艺术之甚深处，所当缜密体会者。即如观平剧，凡涉女性，其高出寻常处，皆在其有所怨，而又非今人所谓不得其所欲之谓怨。可欲而不得，始可怨。多欲而怨，非孔子所谓之可怨。

女性如此，男性亦然。放翁诗"不如意事常

八九，可与人言无二三"，此亦不可谓无怨。放翁为人，亦可谓能放任自乐一贤人。读其诗，自知其心中之亦有怨。凡中国之大诗人大贤人，果能知人论世，当知其心乃无不有所怨。即大圣如孔子，亦不得谓之独无怨。欲居九夷，此亦有怨。但可怨。仅怨己身之遭遇，而对家国天下，则仍可安可乐。故又曰乐天知命，斯可安分守己。中国之最高人生艺术即中国人之最高修养，最高德性，当于此等处求之。

中国人于浅近日常人生方面，亦非不知其到处有美，并能用种种艺术以完成其美。即如烹饪，举世莫及，至今犹然。《中庸》言"人莫不饮食，鲜能知味"，此即以知味教人。子在齐闻韶，三月不知肉味，曰："不图为乐之至于此"，是孔子亦考究肉味，惟闻韶而知为乐之更甚于肉味。而人生之乐则犹有更甚于闻韶者，此当逐步寻之，乃知其更高境界之所在。

中国诗人好言美酒，唐人诗："葡萄美酒夜光杯，欲饮琵琶马上催"，此诗亦有怨。"劝君更尽一杯酒，西出阳关无故人"，此诗亦仍有怨。中国诗必及饮，但禹恶旨酒，孔子惟酒无量，而不及乱。可知饮酒为欢，非即人生艺术之深处。中国丝织品之美，早已驰誉国外，然中国为衣冠之邦，其美乃更有超乎其质料之上者。居住之美，则尤不胜言。园亭已驾宅第之上。行旅之美，山水之胜，则尤尽宇宙之佳景。然皆由人文化成，非仅自然而止，此则为中国之最美最艺术者。然并无艺术家美学大师著为专书畅发其趣。非通于中国文化传统之大全，则亦无以领会之。

今国人言艺术，则必以西方艺术为准，乃有其风马牛不相及者。姑言绘画，如竹，食衣住行，家具器物多赖之，而不可一日居无竹。庭园欣赏，几于无处无竹。以其挺而直上，虚而有节，历四季之变而不失其常，不开花，不结果，而即此以止。植物中有竹，乃不啻为中国人之至亲密友。画中有竹，尤所常见，乃有专以画竹名者。西方何尝有此。人之有心，自求以己心感他心。中国诗辞文学皆然。故诵其诗辞，必欣赏及其作者。西方小说戏剧皆以其故事之紧张刺激感人心，观者读者亦惟爱其故事，与作者无关。绘画亦然。中国人看一画，必欣赏及其画者。西方人则惟赏其画，不及其人。最多亦赏及其作画之技巧。故一唯心，一唯物。若论书法，则更成中国艺术一特色，非通中国人文之妙，宅心之深，则又何以言书法。其他若丝织，若陶瓷，为中国艺术特色者又何限，皆可以见中国人之心，乃始可以见中国人之巧。非以其巧迷他人之心以求售，乃以己心感他人之心而相赏。是则皆技而进于道矣。至如西方科技发明杀人利器，求威胁人心以强其屈服，则又违道之甚矣。

一国人，一项学问，必由其自己独特处着眼用心。一意抄袭，则诚如东施效颦，效其貌不知效其心，则颦与笑亦复何异。东施自东施，西施自西施，可以移心易性，但不得改头换面。惟今一世人尽知效西方人之笑，不知效西方人之颦，则恐将为东施所笑。而西方人亦仅知有笑，不知有颦，则又恐为西施所笑。要之，笑不如颦，则又谁欤知之？

略论中国音乐

（一）

余尝谓中国人重和合，西方人重分别，此乃中西文化大体系歧异所在。随事可以作证，即论音乐，亦不例外。

中国古人称丝不如竹，竹不如肉，丝竹乃器声，肉指人声。中国人亦知分别人声器声，而乐则以人器声和合为上。金、石、丝、竹、匏、土、革、木，器声中有此八类分别。但金声玉振，则和合此八类，有首有尾，有始有终，会成一体。而器声又必和合之于人声。古诗三百首，必于人的歌唱声中和合以器声。此乃中国音乐之主要所在。自楚辞汉乐府以下，实皆以人声为主，直迄近代无变。西方人则器声歌声终不免有分途发展之势，此则双方不同之显然可见者。

但和合中仍必有分别，而分别中亦仍必求和合。西方乐器中如钢琴，即在一器中亦可演奏出种种分别来，而和会为一，故钢琴可以独立为一声，而自见有种种和合。相传西方钢琴乃由中国之笙传入后演变而来。但笙之为器在中国，则数千年无变。虽亦可独立吹奏，然其声简单，无特别可甚深欣赏处，终必和合于其他器声中，乃始见笙之为用。其他乐器皆然。

如琴为中国主要乐器。诗曰："钟鼓乐之，琴瑟友之。"则琴亦每和合于其他乐器以为声。若其单独演奏，如伯牙之鼓琴，下至于嵇康之《广陵散》，非不擅一世之名，而其传则终不久。又如后代之琵琶，亦可独立演奏，上自王昭君之出塞，下至浔阳江头之商人妇，琵琶声非不飞扬震动于人心，然琵琶声亦终必和合于歌声。而且亦终不能以琵琶声来作中国音乐之代表。故其分别发展终亦有限，较之如西方之钢琴，则远见其不如。

故中国音乐之发展，则必在其和合上求，不能在其分别上求。但在和合中必有一主。西方音乐主分别，在其分别中亦多求和合，而在其和合中则不再有一主，此又双方一大分别。如钢琴可奏种种音种种曲，但其为主者则只是此音此曲，不能在此音此曲外更有主。西方之大合奏，集种种乐器，但所奏只是此曲此调，非别有主。中国音乐则于会合成乐之外又有主。此乃中西文化体系一大分别所在，不可不加以严格之分别。

西方重个人主义,但亦必有社会和合。而于社会和合上,则不能再有主。即如今之所谓民主政治,此非一大和合而何。而于此和合中,则必尽存一切分别。即如大总统,乃政治上一最高领袖,亦必在立法、司法、行政之三权分立中尽其有限之一分权力而止。又有年限,一任四年,再任八年,则必退。故居总统位者,虽有才能而不能尽量呈现其才能。斯可见西方政治理想中,似亦并不以政治人物之才能为主,更无论其德性。即如西方音乐中之大合奏,积数十百人、数十百器以为奏,谁一人谁一器为之主?故惟此奏与彼奏有分别,而每一奏则分别各为一奏。

中国平剧,虽是一大和合,然必以人声为主,而一切器声皆其副。在器声中,又必以京胡为主,而其他尽其副。即论锣鼓声,亦以一小鼓为主,而其他锣声、鼓声尽其副。即就人声论,亦有主有副。如《四郎探母》,此剧中角色极多,但以四郎为主,此外如铁镜公主等皆其副。又如《锁麟囊》一新剧,出场角色尽多,但以薛湘灵一角为主,其余则皆陪衬而已。中国剧本尽如此,亦惟如此,乃可谓之真和合。

《大学》言齐家治国平天下,岂不在求家国天下之和合,然曰:"自天子至于庶人,一是皆以修身为本。"则各自以其身为家国天下和合之本,即以己身为家国天下之中心。《中庸》言:"致中和,天地位焉,万物育焉。"天地万物仍不失其分别之存在，以位以育，则成一太和之境。然和之内，仍有一中，乃始得成其和。苟无中，斯亦无和可言矣。庄子曰："得其环中，以应无穷。"一环即是一和，环有大小，而皆有一中心。使无中心，亦不成环。余此文所言之主，则即是庄子所谓之环中也。

中国乃一士农工商之四民社会，以士为中心，故社会得和合。士志于道，孝弟忠信，仁义礼智，乃人道之大者。惟以道为中心，则人群乃永得其和合。西方个人主义，个人与个人间无道，何得有和合。西方有宗教，然恺撒事恺撒管，政教分离，则宗教亦人生中一分别。西方音乐主要在教堂内，或则在娱乐场合，即中国亦大率如是。惟中国之迎神赛会，以及一切社会之群众娱乐，必求融洽在大道中。而西方则缺此一大道，虽亦仍求和合，终不得一真和合。民主政治乃以两党分立为标准。美国共和党竞选，获大多数，得举出一大总统，而民主党则依然存在与之对立。民主党竞选获大多数，举出一总统，而共和党复依然存在与之对立。其他有并不能两党对立，而多党纷立者，则乱常多于治，其政治安定更不易。以此为例，又何从产生出一大和合之音乐来。

但中国平剧，本亦是一种衰世之音。故其情节及其歌唱皆非和平中正之音，乃多哀怨苦痛之声。即如《四郎探母》一剧，杨四郎被俘番邦，正为欠缺一死，隐姓易名，以求幸存。又得番邦优遇，登驸马之荣位，娇妻之奉侍，可谓已享受了人生无上幸福，难以复加。然而在四郎之内心深处，则天良未尽泯灭，尚有其前半世故家祖国之追忆。事隔十六年，忽闻其老母与其弟又复率领大军近在边境，渴思一见，苦闷万状。而其番妻既悉其夫之隐秘，竟为之盗取令箭，纵其出关。四郎获见其母弟妻妹。而番妻之情深义重，四郎亦不得不重返番邦。萧太后亦竟赦其盗令偷关之大罪，使重享驸马之荣，再留富贵之位。但四郎内心自此以下，将永不得安静欢乐之一日。统观此剧，处处见深厚之人情味，如母子情、母女情、夫妇情、兄弟情，一皆深厚无比。然在极欢乐中，透露出极苦痛来。则正为杨四郎之欠缺一死，大义凛然，乃于剧中丝毫不露。而杨四郎一人之悲情哀思，说不出，唱不尽，听剧人亦仅与以深厚之同情而止。即此可见中国文学与中国音乐之深厚处。

西方文学重事不重情，中国文学则重情不重事。如鲁滨逊漂留荒岛，如何为生，其事描写难尽。然鲁滨逊亦仅求度生，无深情可言。至如杨四郎坐宫一唱，令人低回往复，而以前十六年往事则在不言中交代过去矣。至其前妻，十六年守寡孤苦，剧中亦不见。只在重见四郎之四五句歌唱中吐露。惟其西方文学重事，故音乐歌唱亦分别发展。惟其中国文学重情，乃使音乐歌唱代替了文字记叙，文学之与音乐乃和合为一。而音乐歌唱更占了重要地位，成为文学中主要不可缺之一内容。

更为重要者，乃于《四郎探母》一剧中，又出现了一杨宗保，不仅为剧中增添一小生，令角色益备。更要者，乃为杨门一家忠孝，而老成凋零，死的死了，老的老了。如四郎则陷身番邦，不得再返。乃有一杨宗保出现，接代有人，岂不为杨家将来留一无穷之希望。杨四郎心情在无限绝望中，不意获见其侄杨宗保，较之其见老母，见前妻，见弟妹，更留有无限深情。在杨家一门之将来，可使其安慰无尽，寄托无尽，而此剧亦遂不成为一绝对之悲剧。此尤中国文学之至深妙意所在，而岂无端出现一杨宗保，为一可有可无之角色而已乎。中国平剧中寓有至深妙意者尚多，此则姑举《四郎探母》一剧为例，加以说明。

继此尚有申述者，中国文学重情，故能和合进音乐，而融会为一体。而中国文字又有一大特点，如诗辞之有韵是也。关关雎鸠四句中，即三句有韵。使吟诗者，留有余情不绝之味。所谓一唱三叹，唱者一人，叹者三人，于句末着韵处增叹，遂使此诗句之韵味，益见有余而不尽。故中国音乐乃特重音。即器声亦然。故曰："余音绕梁，三日不绝。"即如平剧，唱辞已毕，而余音则更为回环往复，曲折不尽，乃更见唱功之妙。乐声如是，情事亦如此。如探母一剧中之杨宗保即是其例。中国文化大传统，乃更见其有余不尽之深妙所在。

西方文化如希腊，如罗马，皆及身而止。岂能如中国之春秋战国，如汉唐诸代之有余不尽。西方则有唱而无叹，中国则叹更深妙逾乎其唱。音乐可以代表文化，此亦其例。以中国音乐言，古诗三百首乃是唱，楚辞亦然，汉乐府亦尚然。后世之元曲昆腔平剧则终是叹，今乐不如古乐。是则然矣。乱世衰世，人心之哀怨多于和乐，故如平剧所唱，乃亦使听者心中得一大解放一大安慰，音乐仍不失其陶冶心情之功用。而叹之为用，乃有其不可忽者。余之此意，则亦于文化之大和合处发之。若专就音乐论音乐，则断不能知此。

西方之文学与音乐，在其文化体系中，任务各别。主要在表现技巧与供人欢乐上，则惟有彼此相争，而哀怨之情淡矣。惟男女恋爱过程中有哀怨，然事过则已，哀怨亦不深。果男女双方皆为情死，亦有爱无怨，但已为西方文学之最高上乘。今国人慕西化，故曹雪芹《红楼梦》遂受尊奉。汉乐府"上山采蘼芜，下山逢故夫，长跪问故夫，新人复何如"，短短二十字，哀怨之深，已远胜读全部《红楼梦》。西方音乐供人欢乐则易，养人哀怨则难。惟中国以器乐和合之于歌唱，又和合之于戏剧，而后哀乐之情乃亦借以宣达。西方惟知追寻欢乐，故其人生在一意向前。中国重哀怨之情，故其人生在怀旧恋往。一意向前至无去处绝境，则其人生亦全部终歇。如当前英法，岂不亦将如古希腊罗马。惟其少哀怨，斯亦断前境，只有待美苏之另辟新途矣。中国人知哀怨，则旧情常在，新境易辟。五千年文化传统，绵延起复，其关键全在此。专就音乐论，衰世乱世，情多哀怨，尽宜闲居独奏，而岂必满堂欢乐，乃始为音乐之理想境界乎。平剧中如《四郎探母》之类，则尤其衰乱世为乐之出色当行者。

前清末，余中学同学刘天华，性喜音乐，在军乐队中任大鼓手，同学引以为笑。民国初年在沪习中国乐器。某冬之夜，同学两三人，围炉听其弹琵琶《十面埋伏》，传情传势，手法之妙，常在耳边，积年不忘。及在北平奏二胡，创新把势，一时轰动，全国慕效。然距今数十年，刘天华二胡已渐不闻人演奏。近代风气必求登台，满堂欢腾，始为时髦。中国古乐器如琴如琵琶，以至如二胡，闲居独奏，乃以自怡悦，非以持赠人。亦如中国社会有隐君子，而时风变，众宜异，所谓隐君子，至今则鲜矣。

抑且中国人每事重其意义，轻其技巧。如文以载道，乃以意义言。一为文人，即无足道，则仅以技巧言。如刘天华二胡奏空山鸟语，能使人如闻群鸟鸣声，但非能使人如坐空山而觉山更幽之妙。盖刘天华亦已近西乐之尚技巧矣。空山鸟语之境界与情味，岂能徒于二胡声中奏出。西方人则仅尚技巧，一切小说故事,传奇剧本,乃至音乐演奏,技巧精绝,斯为上乘,而境界情味有所不论。但技巧必历时而变。只此一技巧,历时久,传习多,则技巧不成技巧,故必求变求新。如境界情味则有高下大小深浅之别,其高者大者深者,可以历久而不变,又何求新之有。

其时有人在西方学小提琴,返国演奏,极受欢迎。因小提琴亦如古琴、琵琶、箫、笛、二胡之类,可以单独演奏,可以羼入中国情味,宜其获得大众爱好。非如钢琴与大合奏,与中国情味有如风马牛不相及。然小提琴传来中国似亦闲居独奏为宜,必求登台出风头,则自会与中国旧传统之情味隔绝。孔子言学有为己为人之分,孟子言有独乐乐与众乐乐之别,而今则有博取人乐以为乐之一途,道不同不相为谋,斯则今日国人所当知也。

然则欲求中国音乐之复兴,不当在乐器上求,不当在技巧上求,主要在人心哀乐之情上求。有此情,斯生此音。故中国人论乐必先礼,而论礼又必先仁。即如上论四郎探母一剧,有夫妇、有母子、有兄弟、有家、有国,须有此情,乃有此礼,斯生此乐,斯亦可知中国礼乐仁义文化大体之所在矣。而岂拘拘于考古,乃以见礼乐,一意于哲学思维,乃以知仁义道德之真意乎。音乐亦当和合在文化全体中,则虽小道,亦必有可观,不当分别专在此一节上求之。

（二）

中国古代礼乐并重，而乐必附于礼。礼必见于两人相会，乐则可资独处。故礼主合，乐可分。西方尚个人主义，群聚则赖法，礼非所重。音乐乃见独尊，有音乐家，亦如文学家，凭其技巧，供人娱乐。或人问孟子："独乐乐与人乐乐，孰乐。"孟子曰："不若与人。"此言与人乐，即礼乐之乐。为求与人乐，故必附合于礼，不当过分发展，自不当有其独立地位，而必有其限制。

孔子曰："郑声淫"，淫即言过分。人生当有娱乐，然不当超于礼之外。超礼则谓之淫。孔子又曰："仁者乐山，知者乐水。"水可有淫，有横流冲决堤防以为害。山则静止，无此患。山有阻碍交通，山之南，山之北，可以老死不相往来。然山南山北同可得安居之乐。仁者可居大群而乐，亦可居小群而乐，亦可独居以乐。孔子之曲肱而枕之，颜子之居陋巷是矣。不能安居独处，必求大群相聚，交通既便，淫佚随之。读郑卫之风，较之二南之与豳，其异可见矣。

西方古希腊人内感不足，远出经商，购货者对之无新和感，无尊敬感。获利归来，家居亦觉孤寂，乃外出寻娱乐，借以消遣，并得安慰。乃有剧场乐院之产生。经商惟求牟利，获利以寻欢乐。欢乐之余，再以牟利。人生分作两截。郊外耕稼则为农奴，散居孤寂，交通不便，其人生更无足取。有奥林匹克运动会，亦希腊人一大乐事。若谓希腊人亦有礼，则必在剧院剧场，乃及运动会中始有之。其实亦即是法，乃以便于争，非以求得和。此一风气，直至近代欧洲迄无变。西方人诚如智者之乐水，其常有洪水决堤之患亦宜矣。

中国以农立国，农村为居，勤劳为生，往来交通不便，但有礼乐。曾点言："暮春者，春服既成，冠者五六人，童子六七人，浴乎沂，风乎舞雩，咏而归。"不待有戏场剧院运动会之乐。下逮战国时代，始有都市商业。然如临淄邯郸，大群密集，仍少群聚寻乐之所。冯谖客孟尝君，取铗而歌曰："长铗归来乎！食无鱼。"与之鱼，又歌曰："长铗归来乎！出无车。"中国古人以诗言志，冯谖之歌其诗，即自歌其志，非以歌唱取悦他人。孟尝君门客三千人，鸡鸣狗盗无不有，然不闻有娱乐大会之集合。信陵君、平原君、春申君门下皆然。五口之家，百亩之田，上承祖父，下传子孙，安其居，乐其业，安其土，乐其俗，自给自足，无忧无虑。人各自尊，而相亲相合，即勤劳，即欢乐，人生本身即是一乐，更无在人生中需另求快乐一想法。

故商业社会，志相同而业不同，其所尊在各自之业。农业社会业相同而可志不同，故所尊在各自之志。孟尝君门下食客三千人，而冯谖志不同，乃以其歌自尊自乐。荆轲去秦，送者有风萧萧兮易水寒之歌，乃以抒其敬爱哀悼之情。楚霸王围于垓下，有虞兮虞兮奈若何之歌。汉高祖还下沛，有焉得猛士守四方之歌。凡其歌，皆以见其当时之情志。伯牙鼓琴，或志在高山，或志在流水，惟钟子期知之。钟子期死，伯牙终身不复鼓琴。伯牙之鼓琴，本非供人以娱乐，人之知与不知，亦与伯牙无关。但钟子期死，伯牙每操琴必念及死友，徒增悲伤，故不复鼓耳。十五国风中无楚，楚俗亦有沿途歌唱者，乃有阳春白雪与下里巴人之别。屈原为离骚，则亦自述己志，自抒忧情，而楚辞乃成为中国传统文学一大宗。宋玉不如屈原，不在辞，乃在志。而乐器则更非所重矣。故庄周妻死，鼓盆而歌。庄周情不能已，鼓盆鼓瑟则何论焉。

王昭君出塞，马上弹琵琶。蔡文姬归汉，而有《胡笳十八拍》。王昭君蔡文姬之情志可尊，歌声乐器则其次矣。"丝不如竹，竹不如肉。"肉指歌唱，丝如琴瑟，弹琴鼓瑟，须有技巧。竹如箫笛，吹奏技巧，差于琴瑟。人生不能为寻求快乐而浪耗精力，多费功夫，故音乐在中国不成一项专门学问，亦不成一专家。如丝绸陶瓷，皆关日用，精进不已，惟乐器则不求精进，但求普及，则如箫笛之代替琴瑟是矣。而歌辞则惟求普及于能听，难求普及于能作。中国人生知有种种品级之分乃如此。

"月明星稀，乌鹊南飞，绕树三匝，无枝可依。"此非曹孟德之诗乎？方其八十三万大军南征荆吴，岂不震烁一世。然而曹孟德之诗，则离乡远出，凄凉惶惑，乃古今一寻常人心情。曹孟德之事业为后世人鄙弃，而曹孟德之此诗，则依然为后世所传诵。中国文化深度，当从此等处衡之。今世核武器出现，群嗟以为科学进步，乃不知举世人亦将有无枝可依之厄乎。

唐诗宋词普遍流布中国全社会，一诗一词，初出手，或盛传，或遗弃，此亦当时社会群情众志之一种共同表现，而成为一时风气与教化之本源之一，岂徒供一时之娱乐而已。唐代有三大名诗人，一夕同登酒楼，三女伎陪坐侍饮。三诗人各命其侍伎唱一诗，乃三伎所唱，即各是其三人之作。此三诗人乃大欢若狂。然此三伎初不识此三客。此一故事，何等动人。酒楼歌伎，皆由官设。但此等伎，亦皆有修养，其所唱皆当世负盛名之作，正见一时群情之所归。但当时实无文学批评一名目，亦无开大会颁奖之事，亦无群舆为名歌星之事。风气之异，亦可证中国文化传统有其深处，为近代国人竞慕西化之所难想象者。

宋代秦少游贬官，途中宿长沙驿馆，歌伎伺饮，命唱。所唱即少游词。心喜，命续唱。仍唱少游词。又命唱，又然。问所唱三词皆一人作，汝知之否。曰知。问识其人否。答，我乃驿馆一歌伎，焉能识京师名宦。少游因问何以独唱其词。答，生平所好惟此。少游曰，予即其人也。今因贬官南来，明晨即行。遂相约再遇而别。及少游卒于藤，伎忽梦见少游，即送其丧于途，归而自缢。如此伎，欣赏文学，深情独钟，又岂寻常可及。

元代始有剧曲，登台表演，而剧场乃为群众集合求乐之所。近代国人提倡新文学，乃认此为迹近西化，竞相推崇，奉为中国新文学开始之一端。然此风至明初，即告衰歇。昆曲继之，则改于家庭堂屋中红毡毯上演出。清代继起，剧场又兴，平剧尤风行。倘无元清两代之剧场，则中国一部文学史，又少一项可与西方相比拟处，岂不更增国人之羞惭。然同为一中国人，生于三代及汉唐宋明之盛世者，平居自安自乐，不烦再求群众集合求乐之场所。蒙古满洲入主，人心不安不乐，乃有此等出门离家群集求乐之事，乃得与西方人相比，亦诚其意外之荣矣。

惟剧场演出，终亦以情事唱辞为重，歌声乐器为副。乐器更无创新。昆曲以一笛为主，平剧以一京胡为主，乐器既非精制，亦不需高深技巧，而锣鼓则更属简陋，岂能与西方钢琴等器相比。近代西方维也纳西乐创兴，乃于舞蹈场中伴奏，获酬赏，音乐成为一项专门学问，亦有音乐专家，实亦如一商业而止。

西方音乐重技巧，或奏弹乐器，或歌唱，个人团体皆然，非积年练习不可。中国音乐则重在情味，僧寺中暮鼓晨钟，须何技巧。听者心头则别有一番情味，"姑苏城外寒山寺，夜半钟声到客船"，而寒山寺一钟，遂亦留名千古。近代日本人，偷窃以去。但放置日本全国任何去处，此一钟亦何特别情味可言。亦惟仍放寒山寺，乃有千数百年传统无穷之情味。又如祢衡之击鼓骂曹，鼓非难得，祢衡一击，此故事亦近两千年常在人心头，此乃为中国之音乐。白居易诗浔阳江头之舟中商人妇，夜弹琵琶，其声亦历千年而情味无穷。同一琵琶，灯红酒绿，宾客满堂，一弹千金，然其情味则非矣。苏东坡游赤壁，客有吹洞箫者，其声呜呜然，亦历千年而仍在。故凡中国音乐，必和合在某一环境中，而始见其特有之情味。音乐乃实际人生中一部分，非超人生而独立。音已散，而人生情味独存，遂若音犹存，使人追念不已。故中国文化中之音乐，乃在中国之传统人生中表其情味，倘离去中国文化，而独立成为一音乐专家，则犹风马牛之不相及矣。

余尝谓中国人重内，西方人重外。中国人重和合，西方人重分别。惟其重在内之一心，人心相同，则易见其和合矣。惟其重在外物上，物与物不相同，则易见其有分别矣。音乐亦然。重在器上，心受限止，不得自由称心以成声。练习技巧，愈见工深，心则全在器上，乃更不见其本心之存在矣。故中国音乐必和合在其整体人生中，如牧童在田野牛背上，俯仰天地，一时心感，扪笛吹之，此笛声即牧童心声，即牧童当时之全体人生声，亦即古往今来全体人生中之一声。一旅客之长笛一声身倚楼，亦如此矣。乐器愈简单，而乐声愈自由。声相感斯心相感。今虽未闻其声，犹可由吾心想象得之。故西方音乐，可称客观存在。中国音乐，则必兼主观，此亦其一别也。

惟中国音乐重在人心，故重歌唱。而一人唱更必有三人叹，乃见其和。孔子唱于前，而两千五百年来之中国人叹于后。一部中国文化史，正如听一场歌唱，不外一和字。西方则无此境界，无此情味，有唱无叹，其他尚复何言。刘天华二胡即其证。最近有人吹中国笛，加入美国一交响乐团，得为主角。西方人听之，群为醉心。盖笛与二胡之为器，制造简单，可以灵活使用。中西乐互为影响，此下应可有变。惟听西方音乐，如智者之乐水。听其一进行曲，正如有人在迈步向前。听中国音乐，则如仁者之乐山。"水流心不竞，云在意俱迟。"天地生人，中西双方性格不同，情味亦异。国人一意好学西方，恐终不免有"虽欲从之，末由也已"之叹。此诚一无可奈何之事也。

（三）

中国重和合，西方重分别，一切学问亦然。如礼乐，修身齐家治国平天下皆须礼。礼之和合范围大，故中国人极重礼。乐则附带于礼而见其功用，故遂连称礼乐。西方人仅在各事件上分别有各套仪式，没有一番意义，故礼亦不成一项学问。音乐则独立成为一项专门学问，其受重视远过于礼。

古诗三百首为后代中国文学鼻祖，实本附随于礼。每一诗必经歌唱，则乐又附随于诗。其所唱则辞为主，声为副。孔子曰："郑声淫"，非谓郑风诸诗皆淫辞，乃谓郑风乐声过分了，使人爱听其声，而忽略了其辞。此是说音乐性能超过了文学性能，而渐有其分别独立之地位，乃为孔子所不取。但孟子则曰："今乐犹古乐也。"此谓音乐渐趋独立，亦非不可，只要保留着音乐的原始本意便得。

中国师字即从瞽者教乐来。孔子亦常鼓瑟鼓琴，但孔子教其子伯鱼则曰："学诗乎""学礼乎"，可知当时为学，孔子意当先诗先礼，而乐附随之。盖中国人之学，主要在人与人相处，心与心相通。若专在声音上来求，则疏失其本矣。故音乐一门，中国人终以次要视之。

孔子在卫鼓瑟，有过其门外，听其声而知其意者，此人终不易得。伯牙鼓琴，或志在高山，或志在流水，惟钟子期知之。孔子曰："人不知而不愠，不亦君子乎。"我自鼓琴，非求人知。然而伯牙心情亦可原谅。如西汉之扬雄，北宋之欧阳修，其学有不为当时人所知，而曰后世复有扬雄欧阳修，则必好之矣。西方乐谱多流传后世，而中国人之乐谱则往往失传。如古诗三百首，亦各有谱，而后世均失传。但诵其辞，斯知其意，乐谱之亡，未为大失。故中国文学，三千年来，犹能保存其大传统。

春秋以下，唱诗之乐已不传。然如冯谖之唱食无鱼，易水之歌之唱壮士不复归，项王垓下之歌力拔山兮气盖世，汉祖之歌大风起兮云飞扬，当时歌谱亦皆不传。直至汉武帝，始立乐府之官，搜集全国各地民谣，由官府制为乐谱。然后世亦只传其辞而失其谱。魏晋以下，古诗复兴，四言改成五言。当时可歌，亦应有谱。如魏武帝之歌"月明星稀，乌鹊南飞"，想象当时歌声，大体亦承袭古代，但亦未有传谱。

唐诗有律有绝，各地歌女得其辞即能唱，亦因有谱，如李白之云想衣裳花想容之诗是也。后起之词，其唱格律较严，每一词必有谱，但今亦失传。宋词以下，又有元明之曲，以及晚清后平剧之歌唱。今惟昆曲与平剧之谱尚传。试就中国文学与音乐之和合成为一体言之，则古代辞之地位，实居音上。而后代则音之地位，有渐转而居辞上之趋势。据唱谱之传不传，即可知。若就中国传统文化之理想言，则实今不如古。

国人论文学，谓中国旧文学乃贵族性封建性官僚性，不如西方文学为民间性，此则远失之矣。谓中国文学乃就上层逐渐及于下层则可。然如诗之有风，汉之有乐府，亦皆自下层进入上层。中国自始即为一大一统之国家，一切岂上层贵族与官僚之所能专。故中国一切学问，实不应有上下之分，而每见其自上而下。中国学问之自上而下，则正为中国文化之特长。

今专就元明以下言，自元剧，明代昆曲，直至晚清以来之平剧，以及各地之地方剧，可谓音乐与文学相配合，依然是承续旧传统，而音乐歌唱方面则发展更为旺盛，已远逾孔子所谓郑声淫之程度。然每一歌唱，则必以戏剧内容为主。而每一戏剧，又必以忠孝节义为其共同题材。则三千年后之平剧，以及各地之地方剧，实与三千年前古诗三百首与礼乐之关系，依然传统相承，可谓无大变化。孟子之所谓今乐犹古乐，亦仍有其相当之意义矣。今人则必倡为白话诗，又提倡音乐之独立发展，倘能熟考国家民族自己文化传统之意义，而善加运用，则亦绝非无发展之新途径，又何必尽舍其旧，而一惟新之是谋乎。

今再论白话。礼有洒扫应对，应对不仅当慎其辞语，亦当慎其音吐。余近年双目盲，不能读报，时听电视节目，偶亦听连续剧。剧中人对语，十六七近似嬉笑怒骂。《中庸》言"喜怒哀乐发而中节之谓和"，喜怒之情流露在外，最好不至于笑骂。若是放声大笑，破口大骂，则更要不得。不中节则失其和，则并此喜怒之情亦要不得矣。孔子赞颜渊曰："贤哉回也，贤哉回也。"孔子斥冉有曰："求非吾徒也，小子鸣鼓而攻之可也。"此见孔子之喜怒，但皆不流为笑骂。今之连续剧中之笑骂，每放声，每破口，亦自谓其有情有理。但非礼，则终不免于不中节而失和。

鲁迅为近代新文学大师，每一文脍炙人口。其为《阿Q正传》，尤获传诵。其用阿Q一词来讽刺国人，可谓不庄严，不忠厚之至。其尖酸刻薄，尤超乎嬉笑怒骂之上。其病在流入人心，为害风俗。此则须深通中国文化大义，乃知其不宜之所在。

余初次赴日本，遇其开全国运动会，以鸣打两大锣开端，继之以西方军乐队。窃喜其犹能保留东方旧传统。今日国人模仿西方古希腊，亦举行奥林匹克运动会，必有圣火递传。窃谓改以大锣，仍可远地传递，而不失夫子木铎之遗意，岂不更胜于圣火。此殆谓之善变，亦岂守旧不变之谓乎。

又在三十年前，大陆以地方剧制为电影，有《梁山伯与祝英台》一片，以绍兴调演出，轰动香港及南洋各地。香港某电影公司改以黄梅调拍摄，来台放映，备受欢迎。两大学老教授，一看此片七次，一看八次。片中一女名演员来台，万人空巷迎候。看此影片七次之老人，亲持旗列队伍中。今距此影片开始放映已近三十年，仍然在台重映。即此一小节，可见一民族一社会，有其传统心情在，不知不觉，牢固而不可拔，深沉而不可见，而实为其文化之大本大源之所在。非发掘到此，非体悟到此，又何得轻言文化之改革。

中国人一切皆贵一种共通性，而音乐尤然。每一吹奏歌唱，声入心通，使吹奏者歌唱者与听者，各有一分自得心，更何名利权力之种种杂念存其间。即如平剧，其每一剧之制作者，果为何人，今多不可考。剧中所唱，无论为二黄西皮，孰为此调之创始人，今亦无可考。其实如古诗三百首，其作者亦多不可考，可考者惟一二人而止。其乐谱谁为创作人，更不可考。即如楚辞，除屈原宋玉外，其他作者亦多不可考。如汉乐府，如《古诗十九首》，作者亦多不可考。不仅如此，《论语》编者究系何人，岂不亦不可考。《老子》作者，《中庸》《易传》之作者，《庄子·外杂篇》之作者，究系何人，岂非同一不可考。此乃中国传统中，人人必读之几部大书，而同无作者编者之姓名，则中国人又何尝重视其私人之名。

至论音乐，即在当时，歌唱声吹奏声散入空间，即不复闻。其时尚无留声机收音机等之发明，而吹奏者歌唱者乐此不已，此所谓自得其乐，非有他念也。近代西方音乐则每一曲调之谁为其创始人，必明白分别无误，此亦中西双方人心不同一明证。继今而后，果其创造一新学说，作为一新诗文，或吹唱一新歌调，而先为自己一人之声名计，则其内涵自必当远异于本篇之所述，此诚不可不知。音不可传，而辞可传，故中国人重辞甚于重音。此乃指辞之内容传世言，非指作者之传名言。作辞者，志在传其辞，非为传其己之名。立德立功立言，其不朽皆在公，非在私。此又不可不辨。

故中国人重实，又更重虚。如治平大道，最实又最虚。至于朝代兴亡，为汉为唐，此起彼伏，则不足计。音乐亦最实，又最虚。《小戴礼记》有《乐记》篇，备论古人对乐之观念。谓乐以象德，又谓乐通于政通于教，其义深矣。《乐记》曰："乐可以善民心，其感人深，其移风易俗，故先王著其教焉。夫民有血气心知之性，而无哀乐喜怒之常。应感起物而动，然后心术形焉。是故志微噍杀之音作，而民思忧。啴谐慢易繁文简节之音作，而民康乐。粗厉猛起奋末广贲之音作，而民刚毅。廉直劲正庄诚之音作，而民肃敬。宽裕肉好顺成和动之音作，而民慈爱。流辟邪散狄成涤滥之音作，而民淫乱。"乐之感人心如此，斯其所以能通于政教也。夔之司乐，其为政之意义则更大。师旷教乐，与孔子之教又不同。中国人论学尚通，亦必知其别。惟不当过尚别而不求其通耳。

平剧中有《三娘教子》，歌声哀怨，听者泪下。然岂得即以其歌为教。孟母断机，即以教子，然必使其子出而从师。故谓音乐乃文化中一项目则可，即以音乐代表文化则大不可。把音乐一项目与其他项目尽作平等看，亦不可。即如书法绘画，与音乐同属艺术，然仍得分别看，不当作平等看。音乐属声，动而虚。书法绘画见之形见之色，则比较静而实。心则动而虚，物则静而实。物不如心，故书法绘画论其在文化深处亦不得与音乐相比。中国人合称礼乐，而书法绘画则不与焉。中国后代以书法绘画名家而流传后世者多矣，然乐师传名则甚少，但岂得谓音乐之不如书法与绘画。即如立德立功立言，功与言皆有实可见，德则不能与人以共见。孔子门下如子路子贡子游子夏，皆有实可见，独颜子无可见，而颜子最为孔门七十弟子之冠。知及此，则知中国文化大传统之精义所在矣。

今论书法与绘画，亦皆有德可象。观王羲之之书法，必隐约可见王羲之之为人。观颜鲁公之书法，必隐约可见颜鲁公之为人。今人之学书，乃忽其德而习其术，则其于中国书法之真精神亦远矣。画又不如书。画中有物，而书中无物，惟超乎象外，乃能得其环中。故中国画亦贵能超。画山水，非画山水。画鸟兽虫鱼花卉林木，非画鸟兽虫鱼花卉林木。若仅求其形似，则绘画不如摄影，今日发明了照相机，则绘画一艺宜可废矣。中国人画山水，则画山水之德。画鸟兽，亦画鸟兽之德。如画中梅兰菊竹，称为四君子，可知乃画其德，非画其形。画中之德，实即画家之德。中国人谓诗中有画，画中有诗，则绘画与文学亦相通，亦通在其德。诗无德，亦非诗之上品矣。德者，得也。韩昌黎谓"足于己，无待于外之谓德"。足于己无待于外，自安自乐，亦惟自知。音乐则在诸艺术中境界最高。故乐即乐也，外发之声，即其内心之声，故曰："乐以象德。"而岂仅供人娱乐之谓乎。

诸艺术中，惟音乐为最切于人生，以其与人心最能直接相通。故音乐不仅能表现其人之个性，而尤能表现时代，于是有治世之音与乱世之音之分别。平剧起于晚清，其为衰世乱世之音亦可知矣。斯人居衰乱世，其心不安不乐，一到剧院，观听之余，斯心稍安稍乐，又能导此心一正路，此则平剧之可贵也。如改听昆曲，似不如平剧之动人。实则昆曲亦为衰世乱世之音，而较平剧为稍愈。其音较平较淡，以笛声较之二胡声，其相异处亦较可见矣。然则又如何追复古乐为治世盛世之音乎？从来大儒注意及此者亦不少，而惜乎皆无以达其志而成其业。

孔子曰："志于道，据于德，依于仁，游于艺。"中国人惟重一人生共同大道。修齐治平乃己之德与仁，即立己立人之本，亦大道之本也。庄子言："道术将为天下裂。"大道贵同不贵异，即庄老道家亦作如是观。艺亦人生所不可无，然艺有六而道则一。孔子当时，乐即六艺之一，亦德亦仁，然亦仅为小道，仅可游而止。大道之行，必由有大德大仁之贤人君子，为之领导而渐进。故必待治世盛世，乃有治世盛世之音。非可谓有治世盛世之音，乃可领导此世以达于治与盛。故中国人教人为学，亦不以乐为先。抑且人之哀怨则易有歌，人之和乐且安，若转不易有歌。如听平剧，哀怨深处，即歌唱之佳处。待到欢喜团圆，则歌声亦息。郑声淫，斯见其世之衰。然则亦可谓音乐正盛于衰世乱世，乃能越乎礼而特盛。若治世盛世，则乐亦仅附随于礼，不能大有所发扬。故处三娘之境，乃有三娘之唱。若处境平安，又何来有此唱。然则以音乐而独立言之，则自中国人观念言，乃于拨乱反治处始见其功用耳。是则又为游于乐之一艺者所不可不知也。

今则音乐自成一专门之学，仅供人以娱乐，以暂忘其内心之苦闷。亦如运动会，世愈乱，则参加运动会音乐会者日多，然皆无意于导人一入德之门。则运动日繁，音乐日盛，而此世仍可以益乱益衰，此又不可不知矣。

（四）

1

中国人非不具专门知识，如农田水利皆是，然其事皆属公。更有属于私者，乃更为大公之本，如修身齐家，乃各人各家之私，而为每人每家之大公。故修齐之道，其尊又在农田水利之上。治平之道，更见为公，然乃从修齐之道来，不从农田水利诸项专门知识来。中国人在此分知识之本末轻重。又如医药治病，亦属专门知识，虽亦人人所需，而中国古人亦终以次等视之。算数星历，农事所需，亦属专门知识，中国古人亦仍以次等视之。

又如法律，亦属一种专门知识，孔子曰："听讼吾犹人也，必也使无讼乎。"凡属专门知识，只须专精于此，较易及格。今人进大学修法律系，四年毕业，亦即为法律专家矣，即可任听讼之职。但如何能使人无讼，则无此一项专门知识，而其意义与价值则实远在法律专家之上。此为中国人观念，大值发扬。

今再明白言之，西方知识重在物，重向外求，故重分门别类之专家。中国知识重向内，向心求，故无门类可分。听讼，专求之现行法律即可。使无讼，则属人心问题。以己心识他心，此乃中国人所认为之第一大通识。故凡属专家,实当属于唯物论。通才通识,则必为一唯心论。柏拉图之理想国,自幼童即为之分别,判定孰当治农,孰当从军,孰当为他事,一一如机械,由人分配,此非视人如物乎。实则商人亦视对方如一物,只求赢利,对方人心情则非所重。农人视田中五谷百蔬,亦如家人子弟般,时其寒暖,调其润枯,晨夕无忽。双方心理不同,斯其文化传统之所由大异也。

由于知识分别,乃连带引申人品分别。樊迟问为农为圃,孔子曰:"小人哉,樊迟也。"樊迟所问乃一种农业专门知识,而孔子讥之为小人。孔子又曰:"中人以上,可以语上。中人以下,不可以语上。"人分上中下三等,实亦以知识分。孔孟儒家言"士尚志""志于道",道则属通识,非专门知识之比。后世经史子集皆必归于道,亦即归于通识。人而不通,何以为学。凡求通,皆须本乎心。通于人心斯谓之道义。专一求之物,则为功利,非道义。此乃中西文化大异之所在。

西方一切专门之学,以物理学为主,而数学实为之基础。中国一切通才之学,以心理学为主,而音乐实为之基础。中国之传统心理学,与西方近代心理学不同,不在此详论。中国古人重礼乐,未有礼而无乐者。孔子之终日不舍其琴瑟,亦可谓之重乐矣。中国人言知心,亦言知音。中国后人或于音乐一项稍疏，未闻学人必通乐。然中国文言亦尚声，中国之文学尤以音为重，如诗是矣。散文亦寓有音乐妙理，故读其文玩其辞亦贵能赏其音。高声朗诵，乃始得之。晚清曾国藩编《古文四象》一书，分文章为阳刚之美与阴柔之美，又分纯阳纯阴，次阳次阴，共四象。何以识之，则贵能诵。中国古文，字句章节，长短曲折，亦皆存有音乐妙理，非精究熟玩者不能知。今人务求变文言为白话，但白话中亦有语气，有音节，亦同寓音乐妙理，不可不知。

杜诗吟成一个字，捻断数根须。言吟则其重音可知。僧推月下门，推无声，门内或不知。僧敲月下门，敲有声，门内易知。推敲之辨，亦辨在声。苏东坡《赤壁赋》："客有吹洞箫者，倚歌而和之，其声呜呜然，如怨如慕，如泣如诉，余音袅袅，不绝如缕，舞幽壑之潜蛟，泣孤舟之嫠妇。"曹孟德周郎赤壁之战，近千年前之历史声，亦可在此洞箫声中依稀传出。与东坡同时，欧阳永叔作《秋声赋》，亦以声音象征人生，与东坡之以洞箫赋赤壁，用意亦相似。上推之《诗经》三百，乐声即人生，即史声。庄周《齐物论》，亦以风声比拟人生。一线相承，大意如此。

中国音乐中尤重余音，长笛一声人倚楼，余音绕梁，非笛声之不绝，乃吹笛者心声之不绝。中国诗必押韵，不仅赋体，其他如颂，如祭文，如箴，如铭文，皆押韵，皆以声传心。惟韩退之《祭十二郎文》不押韵，而哀伤之心亦传达无遗。此乃中国散文之精妙处。故中国人常言文气。气则以声传。今日国人力戒言旧文学，仅知有文字，不知有声音气象，旧文学之精妙处，则尽失之矣。

即专论元剧昆曲，何一不主声。流为平剧则更显。余尝谓平剧乃人生之舞蹈化，图绘化，音乐化。实则更以音乐为主。人物之贤奸高下，事情之哀伤喜乐，莫不寄于声。即全剧亦只一片乐声而止。故谓中国人生乃一音乐人生，亦无不可。而平剧歌唱之最着精神处，则尤在其余音缭绕，往复不绝。而中国古人所谓之流风余韵，乃人生一至高境界，今国人亦复不加理会。所谓音乐人生，换言之，实即艺术人生，亦唯心的人生。西方则音乐歌唱戏剧各别分途。戏剧不以歌唱表达，则情味不深厚。歌唱不兼戏剧表演，则不落实不真切。音乐离了歌唱戏剧，则仅得为人生中技巧表达之一项，绝不能使人生音乐化，或音乐人生化。西方音乐尚器，亦可谓是唯物的，乃离于人心以自见其美妙，而西方人生则亦可谓是唯物的人生。故西方人生又可谓之乃数理的人生，物则莫不可以数计也。

于是人物高低，事情大小，亦皆从数字分。财富收入多，即见其人地位之高。财富收入少，即见其人地位之低。甚至一切人生大道，孰得孰失，孰是孰非，亦以举手投票之多少数为定。西方尚多数，而中国则尚少数。曲高则和寡，阳春白雪之与下里巴人，其多少数之所判亦可知矣。又如西方各项运动比赛，优劣莫不以数字定。两人赛跑，所差不到一秒钟，而胜负判。试问人生优劣胜负岂果在此。

语言亦属声，声有雅俗，即在其所通之广狭，故语言必求雅，文字亦然。如古诗三百首，今一小学生尚有能诵而通其意者，此之谓大雅。今国人则必尚俗，不尚雅，是必令人唱下里巴人，不许人唱阳春白雪也。人群相处，自一家至一国，乃至一天下，莫不有公亦当兼有私，不能有公而无私。数字计算客观属公，音声欣赏主观属私，必令人尚公而无私，乃为近代国人提倡西化之主要点。然吾中华民族积四五千年语言文字不变，而抟成一广土众民大一统的民族国家，此惟尚雅不尚俗之故。而西方则语言屡变，文字各异，疆土分裂，以有今日，则为尚俗不尚雅之故。今日国人对此雅字亦惟知厌恶，而不知其所解。故今日国人亦惟倡时代化，不倡历史化。时代即是一俗，历史乃成一雅。声音亦以雅化人生，此乃人生之最高艺术。今日国人则并此而不知矣。

声音亦发自物，目视耳听主要仍在取于外物以为用，惟喉舌发声，乃为其生命之自表现。鸟兽耳目其功能有胜于人者，但其喉舌发声不如人，斯为下矣。马克思论人生，主要仅在两手，亦为其运用外物。而不知口之为用，其于人生之意义价值为更大。两手仍偏在物，惟口始转进到心。西方人亦非不知心，其文学必高谈男女恋爱。然中国之诗则曰："关关雎鸠，在河之洲"，关关乃雎鸠和鸣之声，则中国人言恋爱，亦首及声。又曰："琴瑟友之，钟鼓乐之"，是中国人之夫妇人生，亦当如一音乐人生。此则西方人所不言。诗又有之曰："呦呦鹿鸣"，中国人言朋友，亦以鹿鸣为比。苏东坡又言："大江东去，浪淘尽千古风流人物"，此亦谓千古英雄人物淘尽在大江之浪声中。若谓江浪可以淘尽千古人物，则为唯物观念矣。中国人生乃为一音乐之人生，故好言风声风气，又言声气。近代西方社会学又宁及此一声字气字，于是中国人言风气，遂亦为西方所不解。

中国言教化，亦譬之于音乐。如天将以夫子为木铎是也。僧寺中有暮鼓晨钟，做一天和尚撞一天钟。又手敲木鱼，木鱼声亦即佛法所在。唱声南无阿弥陀佛亦即佛法所在。是宗教信仰亦重在声，故有观世音菩萨之称号。今人则仅知观物，不知观音矣。要之，生命在音乐中透露。宇宙乃一大生命，亦即一大音乐场。人生亦宇宙之化声。大圣大贤，即天地之知音。于何悟人，则古诗三百首以下骚赋文辞诗词剧曲亦其选矣。

王维之诗有曰："雨中山果落，灯下草虫鸣。"枯坐荒山草庐中，雨中果落，灯下虫鸣，声声入耳，乃使我心与天地大生命融凝合一。诵中国诗此十字，亦如读西方一部哲学书，又兼及自然科学，生物学。着语不多，而会心自在深微处。此为音乐人生与数理人生物质人生之境界不同，亦即双方文化不同之所在也。

余在对日抗战期中，曾返苏州，侍奉老母，居耦园中。有一小楼，两面环河，名听枫楼。一人独卧其中，枕上梦中，听河中枫声，亦与听雨中山果灯下草虫情致无殊。乃知人生中有一音的世界，超乎物的世界之上，而别有其一境。

余又自幼习静坐，不仅求目无见，亦求耳无闻，声属动而静，色则静而动，无声无色，又焉得谓此心之真静。佛法言涅槃，乃人生之寂灭，非人生之静。中国人理想所寄，在静不在灭。故中国禅宗必重"无所住而生其心"。心生则声自生，故中国佛法终至于禅净合一。一声南无阿弥陀佛亦不得不谓中国文化人生中一心声矣。但中国文化人生尚有其最高第一层心声，读者幸就本文再审思之。

2

中国人重声，乃亦重名。名亦声。孔子曰："必也正名乎。"夫妇父子兄弟君臣朋友五伦，皆重名。舜父顽母嚚弟傲，皆以杀舜为快，而舜终以成其大孝之德。后世有百孝图，父母各异，子女各异，而其孝行则一。故孝乃为抽象名词，有其共通性，而具体事实则各不同。

老子曰:"道可道,非常道。名可名,非常名。同谓之玄,玄之又玄,众妙之门。"是异必出于同,同则无可名,而有其常。周濂溪《太极图说》:"无极而太极",西方人于万物之上求太极,则为其宗教信仰之上帝。然非无极。又于物物之上求太极,如哲学研求真理。上起苏格拉底柏拉图亚里士多德,中有康德黑格尔,下迄近代以哲学名家者数十百人,各持一说,然真理究属何等样,则无定论。如科学研究自然,发明家更多,然亦各有发明,自然究属何等样,亦仍无定论。则知有太极,不知有无极。

孔子为中国之至圣先师,颜子孟子为亚圣,后儒为一世师者何限。孔子以前亦有圣,亦可师。尧舜以前曾读何书来,此则无极而太极也。当知有具体世,有抽象世。西方人谓由具体生抽象,中国人则谓由抽象生具体,此大不同。

天最抽象,一切物则皆由天生。性最抽象,一切德则皆由性立。名最抽象,一切实则皆由名成。即虚生实,无生有。故人生当由虚无中,引生出种种事态。如歌与哭,乃为情感哀乐之最真实者。同一歌,可歌出种种乐。同一哭,可哭出种种哀。即如同一孝,可演出种种行。其同处则谓之本,谓之源。

孔子曰:"执其两端,用其中于民。"庄子曰:"得其环中,以应无穷。"中亦一名,非具体,乃抽象。

乃虚无，非实有。中国人乃以己之一心为宇宙万状之中。圣人先得吾心之同然，心与心同，此一中乃即在正反彼此之两端一圆之四环而为中。故一歌一哭，乃可穷人生之万态，而无不尽。《中庸》曰："致中和，天地位焉，万物育焉。"一歌一哭，而中和可致。故曰"通天人，合内外"，"人皆可以为尧舜"。此即人生之最高艺术。

故歌与哭，乃人生之太极。歌哭何由来，则人生之无极。人能善体此无极，此非最高艺术而何。

今再论平剧，剧情角色脸谱道具唱腔道白，乃至锣鼓管弦，谁为之一一作规定，今多不可考。然登台者如谭鑫培，如梅兰芳，生旦净丑，各各擅名于一世，传誉于无穷，此亦一无极而太极也。西方如莎士比亚，数百年演剧者莫能比，此亦有太极无无极。实有则人所争，虚无则众所忽。中国人言太平大同，人各一太极，实亦一无极，则又何由而得臻此。

即如运动，人争冠亚军。故求富，必为一资本家。求强，必为一帝国。马克思主唯物史观。凡西方之艺术，必外见于物而心为之奴。一歌一哭，亦尽从外面环境特殊遭遇来。中国歌哭则从心来，从天来，从极寻常处来，此之谓中庸。极高明而道中庸，此亦无极而太极也。最中庸处乃是最艺术处，一观中国平剧，斯可得其趣旨矣。一听平剧中之歌哭，斯可得其玄妙矣。反之己心而自得，则斯可见其真实矣。

观西方剧,可使其心常在剧。观中国剧,可使其剧常在心。又如恋爱,西方人把心放在所恋爱之对象身上,中国人则将所爱存之己心。此心一放一存,此亦中西人生艺术一不同。

钱穆作品系列
（二十四种）

《孔子传》

本书综合司马迁以下各家考订所得，重为孔子作传。其最大宗旨，乃在孔子之为人，即其自述所谓"学不厌、教不倦"者，而以寻求孔子毕生为学之日进无疆、与其教育事业之博大深微为主要中心，而政治事业次之。故本书所采材料亦以《论语》为主。

《论语新解》

钱穆先生为文史大家，尤对孔子与儒家思想精研甚深甚切。本书乃汇集前人对《论语》的注疏、集解，力求融会贯通、"一以贯之"，再加上自己的理解予以重新阐释，实为阅读和研究《论语》之入门书和必读书。

《庄老通辨》

《老子》书之作者及成书年代，为历来中国思想学术界一大"悬案"。本书作者本着孟子所谓"求知其人，而追论其世"之意旨，梳理了道家思想乃至先秦思想史中各家各派之相互影响、传承与辩驳关系，言之成理、证据凿凿地推论出《老子》书应尚在《庄子》后。

《庄子纂笺》

本书为作者对古今上百家《庄子》注释的编辑汇要，"斟酌选择调和决夺，得一妥适之正解"，因此，非传统意义上的"集注"或"集释"，而是通过对历代注释的取舍体现了作者对《庄子》在"义理、考据、辞章"方面的理解。

《朱子学提纲》

钱穆先生于1969年撰成百万言巨著《朱子新学案》，"因念牵涉太广，篇幅过巨，于70年初夏特撰《提纲》一篇，撮述书中要旨，并推广及于全部中国学术史。上自孔子，下迄清末，二千五百年中之儒学流变，旁及百家众说之杂出，以见朱子学术承先启后之意义价值所在。"本书条理清晰、深入浅出，实为研究和阅读朱子学之入门。

《宋代理学三书随劄》

本书为作者对宋代理学三书——元代刘因所编《朱子四书集义精要》、周濂溪《通书》及朱熹、吕东莱编《近思录》——所做的读书劄记，以发挥理学家之共同要义为主，简明扼要地辨析了宋代理学对传统孔孟儒家思想的阐释、继承和发展。

《中国思想通俗讲话》

本书意在指出目前中国社会人人习用普遍流行的几许概念与名词——如道理、性命、德行、气运等的内在涵义、流变沿革。及其相互会通之点。并由此上溯全部中国思想史,描述出中国传统思想一大轮廓。

《现代中国学术论衡》

本书对近现代中国学术的新门类如宗教、哲学、科学、心理学、史学、考古学、教育学、政治学、社会学、文学、艺术、音乐等作了简要的概评,既从中西比照的角度,指出了"中国重和合会通,西方重分别独立"这一中西学术乃至思想文化之根本区别;又将各现代学术还诸旧传统,指出其本属相通及互有得失处,使见出"中西新旧有其异,亦有其同,仍可会通求之"。

《中国学术思想史论丛》

共三编八册,汇集了作者六十年来讨论中国历代学术思想而未收入各专著的单篇散论,为作者1976—79年时自编。上编(1—2册)自上古至先秦,中编(3—4册)自两汉至隋唐五代,下编(5—8册)自两宋迄晚清民国。全书探源溯流,阐幽发微,颇多学术创辟,系统而真切地勾勒了中国几千年学术思想之脉络全景。

《黄帝》

华夏文明的创始人:黄帝、尧舜禹汤、文武周公,他们的事迹虽茫昧不明,有关他们的传说却并非神话,其中充满着古人的基本精神。本书即是讲述他们的故事,虽非信史,然中国上古史真相,庶可于此诸故事中一窥究竟。

《秦汉史》

本书为作者于1931年所撰写之讲义,上自秦人一统之局,下至王莽之新政,为一尚未编完之断代史。作者秉其一贯高屋建瓴、融会贯通的史学要旨,深入浅出地梳理了秦汉两代的政治、经济、学术和文化,指呈了中国历史上这一辉煌时期的精要所在。

《国史新论》

本书作者"旨求通俗,义取综合",从中国的社会文化演变、传统的政治教育制度等多个侧面,融古今、贯诸端,对中国几千年历史之特质、症结、演变及对当今社会现实的巨大影响,作了高屋建瓴、深入浅出的精彩剖析。

《古史地理论丛》

本书汇集考论古代历史地理的二十余篇文章。作者以通儒精神将地名学、史学、政治经济、人文及民族学融为一体,辨析异地同名的历史现象,探究古代部族迁徙之迹,进而说明中国历史上各地经济、政治、人文演进的古今变迁。

《中国历代政治得失》

本书分别就中国汉、唐、宋、明、清五代的政府组织、百官职权、考试监察、财政赋税、兵役义务等种种政治制度作了提要钩玄的概观与比照,叙述因革演变,指陈利害得失,实不失为一部简明的"中国政治制度史"。

《中国历史研究法》

本书从通史和文化史的总题及政治史、社会史、经济史、学术史、历史人物、历史地理等6个分题言简意赅地论述了中国历史研究的大意与方法。实为作者此后30年史学见解之本源所在,亦可视为作者对中国史学大纲要义的简要叙述。

《中国史学名著》

本书为一本简明的史学史著作,扼要介绍了从《尚书》到《文史通义》的数部中国史学名著。作者从学科史的角度,提纲挈领地勾勒了中国史学的发生、发展、特征和存在的问题,并从中西史学的比照中见出中国史学乃至中国思想和学术的精神与大义。

《中国史学发微》

本书汇集作者有关中国历史、史学和中国文化精神等方面的演讲与杂论,既对中国史学之本体、中国历史之精神,乃至中国文化要义、中国教育思想史等均做了高屋建瓴、体大思精的概论;又融会贯通地对中国史学中的"文与质"、中国历史人物、历史与人生等具体而微的方面做了细致而体贴的发疏。

《湖上闲思录》

充满闲思与玄想的哲学小品,分别就人类精神和文化领域诸多或具体或抽象的相对命题,如情与欲、理与气、善与恶等作了灵动、细腻而深刻的分析与阐发,从二元对立的视角思索了人类存在的基本问题。

《文化与教育》

本书乃汇集作者关于中国文化与教育诸问题的专论和演讲词而成,作者以其对中国文化精深闳大之体悟,揭示中西传统与路线之差异,指明中国文化现代转向之途径,并以教育实施之弊端及其改革为特别关心所在,寻求民族健康发育之正途。

《人生十论》

本书汇集了作者讨论人生问题的三次讲演,一为"人生十论",一为"人生三步骤",一为"中国人生哲学"。作者从中国传统文化入手,征诸当今潮流风气,探讨"心"、"我"、"自由"、"命"、"道"等终极问题,而不离人生日常态度,启发读者追溯本民族文化传统的根源,思考中国人在现代社会安身立命的根本。

《中国文学论丛》

作者为文史大家,其谈文学,多从文化思想入手,注重高屋建瓴、融会贯通。本书上起诗三百,下及近代新文学,有考订,有批评。会通读之,则见出中国一部文学演进史;而中国文学之特性,及各时代各体各家之高下得失之描述,亦见出作者之会心及评判标准。

《新亚遗铎》

1949年钱穆南下香港创立新亚书院。本书汇集其主政新亚书院之十五年中对学生之讲演及文稿,鼓励青年立志,提倡为学、做人并重,讲述传统文化之精要,阐述大学教育之宗旨,体现其矢志不渝且终身实践的教育思想。

《晚学盲言》

本书是作者晚年"目盲不能视人"的情况下,由口诵耳听一字一句修改订定。终迄时已92岁高龄。全书分上、中、下三部,一为宇宙天地自然之部,次为政治社会人文之部,三为德性行为修养之部。虽篇各一义,而相贯相承,主旨为讨论中西方文化传统之异同。

《八十忆双亲 师友杂忆》

作者八十高龄后对双亲及师友等的回忆文字,情致款款,令人慨叹。读者不仅由此得见钱穆一生的求学、著述与为人,亦能略窥现代学术概貌之一斑。有心的读者更能从此书感受到20世纪"国家社会家庭风气人物思想学术一切之变"。